Dominación y Legitimidad Política en Hispanoamérica

DOMINACION Y LEGITIMIDAD POLITICA EN HISPANOAMERICA

Un Estudio de la Historia de las Ideas Políticas en la Experiencia
Colonial y la Formación del Estado Nacional en Chile

Pablo Rolando Cristoffanini

AARHUS UNIVERSITY PRESS

Indice

Introducción

Esta investigación, surgió del desafio personal que la instauración de un régimen
militar en Chile en 1973 ha significado para mi como para tantos otros chilenos.
¿Es este régimen una ruptura con todo el pasado histórico nacional, con la tradición democrática que Chile ha tenido desde su fundación como nación independiente, como, en innumerables ocasiones, en entrevistas declaraciones y documentos han sostenido los opositores del régimen?, o ¿existe en el trasfondo histórico
común experiencias, ideas y legados institucionales no democráticos en los cuales
el gobierno militar ha encontrado inspiración y apoyo?

Como historiador, me ha parecido que los años en que encontró lugar la génesis
del Estado Nacional es – en este contexto – un periodo interesante y fructífero de
analizar. En efecto, liberada de la dominación española la élite criolla chilena, y
las hispanoamericanas en general, quedaron con las manos libres para conformar
la sociedad e instituciones de acuerdo a sus convicciones. Fue en aquella época en
la cual se construyeron los fundamentos de la actual nación.

A menudo y largamente se ha insistido en que las élites hispanoamericanas y la
chilena – sobre todo en obras de procedencia europea y norteamericana – adopta-
ron las ideas y esquemas provenientes de la Revolución Francesa y de los Estados
Unidos; las intenciones democráticas y la adhesión a las nuevas y modernas ideas
por parte de las élites dominantes estaría, luego, fuera de duda, aún más, estas
ideas habrían contribuído al desencadenamiento de las llamadas "Revoluciones de
la Independencia". La organización institucional de las naciones hispanoamericanas de acuerdo a esta visión tendría su fundamento en el constitucionalismo
angloamericano y francés. No obstante, cualquiera que conozca la historia de Latinoamerica, aunque sea superficialmente, puede percatarse de que ésta, desde la
Independencia hasta hoy, ha estado caracterizada por la sucesión de caudillos y
dictaduras. Se intenta explicar esta paradoja mediante el agregado de una nueva
tesis: La Latinoamérica "real" con sus caudillos, dictadores y dictaduras no ha
logrado alcanzar aún estos ideales ya trazados desde muy temprano, ha existido
entonces una contradicción entre las dos Latinoaméricas la "ideal" y la "real".

En el caso chileno, en el cual me concentro, a poco de trabar conocimiento con
la organización institucional que los padres fundadores de la nación chilena se

9

esforzaron por erigir y con su práctica política, se puede percibir que su adhesión – cuando existía – a la "modernidad" (ideas que exaltaban al individuo, y la democracia) era tenue y formal, y en este aspecto me atrevo a afirmar que el panorama es más o menos similar en toda hispanoamerica; las diferencias entre los próceres y las élites políticas se reducían a matices, las similitudes eran profundas.

Se podría creer que Chile ha sido precisamente la excepción en el contexto Latinoamericano, y no hay duda de que por su estabilidad política esta nación ha ocupado un lugar singular. Postulo que esta estabilidad se ha debido no tanto al éxito en cuanto a la incorporación del liberalismo y la democracia como a la recreación ingeniosa del legado institucional e ideológico hispano.

Las hipótesis centrales que vertebran esta investigación son las siguientes:

El movimiento de Indepencia en la América Española no fue precedido de una crítica sistemática del sistema de dominio absolutista, de las instituciones, de la legitimidad y las ideas ligadas a él. Antes de la invasión napoleónica de España, que descabezó el sistema, no se puede constatar una acción organizada por parte de las élites criollas, encaminada a socabar la legitimidad del monarca.

Lo anterior acentúa la importancia de ocuparse de los cimientos institucionales e idelógicos erigidos por el dominio español. El liberalismo y la democracia política estuvieron estrechamente vinculados en el plano institucional a la experiencia feudal y en el ideológico a la Reforma y más especificamente a la acción de las sectas disidentes.

La América Española no compartió experiencias vitales del feudalismo europeo occidental, me refiero a: a) la descentralización política mediante la delegación de poderes por parte del soberano a los señores territoriales, b) el carácter contractual de las relaciones de vasallaje que presuponía que el vasallo fuese un hombre libre, es decir no sujeto al poder patrimonial de un señor, y c) una división de poderes basada en un cierto equilibrio entre la representación política de los estamentos privilegiados y el monarca. América, sus territorios y gentes, fueron incorporados como patrimonio del monarca castellano y el tipo de dominio ejercido tuvo consecuentemente un carácter patrimonial. Este es un hecho esencial y de suma importancia para la comprensión de la actuación de los caudillos latinoamericanos, de "derecha" e "izquierda", que precisamente han tratado a sus países y conciudadanos como parte de sus posesiones personales.

La Reforma, por otro lado, especialmente por la acción de las sectas disidentes, contribuyó decisivamente al desarrollo del individualismo, del pluralismo y de las libertades y derechos de la persona humana. En hispanoamerica el catolicismo en su versión hispánica no vió desafiada su hegemonía por la acción de grupos cristianos disidentes. Este catolicismo, cuya matriz ideológica era el neotomismo, postulaba en su filosofía política que el Príncipe/gobernante no sólo era superior al ciudadano sino también al reino/sociedad, que la ley para el Príncipe/gobernante tenía sólo un valor directivo y sostenía la primacía de lo general (la sociedad) sobre el individuo (lo particular), también abogaba por la unidad religiosa del reino como una meta fundamental.

Este acervo ideológico-institucional – del que me ocupo en los dos primeros capítulos de la primera parte – formaba parte del universo significativo de los próceres de la independencia, de las élites políticas y los primeros hombres de estado hispanoamericanos. Me parece, por estas razones, equivocadas las conclusiones de estudiosos europeos -como Simon Collier en su "Ideas and Politics of Chilean Independence 1808-1833", pág. 168 acerca de que las ideas políticas de los líderes independentistas eran individualistas y liberales y de que el elemento hispánico tenía poca importancia. En mi opinión, se comete el error de confundir el hecho que algunos de estos líderes habían leído y conocían a los pensadores políticos liberales y el constitucionalismo norteamericano con su adhesión irrestrictra a estos ideales. Una presentación de los escritos y declaraciones de los participantes en el movimiento de Independencia de Chile, como las que han hecho latinoamericanistas europeos – sin una incorporación del trasfondo Ibérico y sin un acercamiento a la esencia del liberalismo y la democracia – no es suficiente para concluir sobre las convicciones políticas de la élite criolla postindependentista en este país.

Mi lectura de las Constituciones me ha permitido apreciar el rechazo al liberalismo y al constitucionalismo democrático aunque fuera a un nivel mínimo de estos conceptos. Considerando los factores que he venido mencionando se puede postular que teoría y práctica política en Hispanoamérica y en Chile no han estado tan divorciadas como se ha pretendido. La concentración del poder en una instancia o persona, la primacía del bien público sobre el individuo, el énfasis en la unidad y homogeniedad, la relatividad de las garantías y libertades individuales, todo ello está en concordancia con principios y experiencias originarias.

Lo sostenido anteriormente no significa que comparta una visión de Latinoamerica o Chile como sociedades reclusas e inalterables, lo que afirmo es que las corrientes de pensamiento e influencias europeas y norteamericanas llegaron a insertarse en sociedades con una matriz ideológica e institucional bien configurada y en muchos aspectos de signo opuesto, entablándose relaciones complejas y conflictivas.

Mi investigación partió ligada a un marco teórico que explica el surgimiento de diferentes formas de gobierno: dictadura y democracia a partir de factores socio-económicos: Barrington Moore y su "Social Origins of Dictatorship and Democracy". La teoria de Moore ayuda sin duda a percibir la relevancia de ciertos factores en el sentido que favorecen uno u otro tipo de régimen político; sin embargo considero que algunos de estos factores son un tanto obvios. Pocos discreparán, por ejemplo, de que la concentración de el poder económico en una élite esencialmente agraria y la existencia de sistemas laborales preindustriales conformaban una situación poco favorable para el desarrollo de la democracia en Chile. En todo caso – y esto no implica descartar la posibilidad de que otros investigadores lleguen a resultados novedosos y con fuerza explicativa, a partir de un enfoque que privilegia los aspectos socioeconómicos – comenzé a atisbar la importancia que para la comprensión de formas de gobierno y tipos de legitimidad autoritaria tiene el estudio de las instituciones e ideas y esta perspectiva fue conformando el eje de mi investigación.

El liberalismo y la democracia, en su versión moderna, son una invención de la cultura europea occidental y me ha parecido necesario precisar – en la parte segunda – el significado de estos conceptos dentro de esta tradición para no cometer el error que ,a mi juicio, cometen algunos autores al calificar a líderes políticos de liberales en base a la autoproclamación de ellos o la constatación de que aquellos líderes conocían a los pensadores liberales europeos. El liberalismo y la democracia eran muchas veces sólo una fachada que ocultaba el caudillismo e ideales autoritarios, en Chile e Hispanoamerica.

Los gobiernos liberales han sido, en Chile y Hispanoamerica, en ocasiones los más centralistas y dictatoriales en la historia de sus países. Las acciones de los políticos y caudillos liberales no implican, sin embargo, que en el plano de las ideas no haya existido una auténtica tradición liberal, nombres como Lastarria en Chile y Sarmiento en Argentina, son suficientemente conocidos.

Cuando se intenta hacer aceptable y obedecida la autoridad y establecer cierta estabilidad, la legitimidad democrática – basada en el respeto y la sujeción de los gobernantes a normas y estatutos que delimitan su esfera de poder y a la voluntad popular expresada en el sufragio libre y secreto – es una de las alternativas posibles, al lado de ella existen varias otras:

La carismática, los caudillos con sus dones y dotes personales de coraje, arrojo, capacidad de dirección en el combate, etc. Carrera es en Chile el representante más preclaro de este tipo de legitimidad.

Legitimidad por dominancia, es decir, el principio aceptado de que el líder capaz de hacerse valer, inspirar temor y respeto y mantenerse en el poder utilizando todo tipo de recursos, empleando diferentes tácticas y apelando a principios profundamente arraigados, tiene derecho a ejercer el poder.

Legitimidad por resultados, que pueden ser la tranquilidad y el orden público, el progreso económico, la justicia social, etc.

Estos últimos tipos de legitimidad son más decisivos para la comprensión de la cultura política del período y (en medida significativa) posterior en Hispanoamerica en general y Chile en particular. En este sentido las distinciones de Max Weber, y autores que en él se basan, entre distintos tipos de legitimidad han sido de gran utilidad para mi investigación como también lo ha sido la distinción hecha por Weber entre dominio patrimonial y feudal para captar la especificidad del dominio español en América.

La parte dedicada a la formación del Estado Nacional se centra en dos períodos y figuras como la de O'Higgins y su Gobierno y la de Diego Portales y la instauración del no sin razón denominado Estado Portaliano. Ambos son los grandes fundadores, O'Higgins no sólo fue el primer jefe del Estado Nacional sino también el líder militar que contribuyó decisivamente a la independencia de la región. Por sus convicciones en cuanto a que la concentración del poder en el Ejecutivo y muy especialmente en el jefe de éste era el camino apropiado para lograr la estabilidad política y asegurar la realización de otros ideales, O'Higgins fue un predecesor de Portales, su carisma no obstante descansaba principalmente en sus cualidades como líder guerrero y una vez consolidada la independencia, éste no fue suficiente para mantenerlo en el poder sobrepasando las diferencias que habían surgido entre él y la oligarquía.

El período que sigue a la caida de O'Higgins, marcado por las disputas de grupos políticos que no respetaban las reglas establecidas, ni las elaboradas por ellos mismos, la falta de espíritu público, el caudillismo militar que vuelve a asomar cabeza, abrieron el camino a Diego Portales, el inteligente creador de un sistema y estilo político que lo trascendieron, dejaron huellas profundas en la historia nacional y contribuyeron a configurar lo peculiar de Chile en el contexto latinoamericano. Portales, por sus dotes personales, su profundo arraigo en el carácter nacional, su identificación con principios orgánicos estuvo en condiciones de aplastar el caudillismo – aunque ello le costó la vida – y de lograr una estabilidad política duradera en base a la recreación ingeniosa de la tradición hispánica. Al hombre y sus ideas, al tipo de Estado que brotó de los esfuerzos de él y sus colaboradores está dedicada una parte considerable de esta investigación.

En un comienzo, producto de la insatisfacción con explicaciones anteriores, mis esfuerzos estuvieron concentrados en detectar, constatar y darme cuenta de las diferencias entre la tradición hispanochilena por un lado y la protestante liberal por otro. Este es un primer paso necesario; el peligro de esta estrategia de investigación es que se corre el riesgo de dar por terminado el problema cuando ha quedado más o menos claro lo que Hispanoamerica y Chile no eran, mis energías por ello se volcaron posteriormente a tratar de entender lo que esta región y esta nación realmente eran. El universo significativo de sus próceres y primeros hombres de estado, las instituciones que ellos de acuerdo a su peculiar trasfondo histórico se esforzaron por erigir; ésta, considero, es una visión que entrega mejores perspectivas y permite un acercamiento realmente fructífero a la problemática que he intentado dilucidar.

Por lo que respecta a las fuentes y aparato bibliográfico, cabe decir algunas palabras. Esta investigación no pretende dar cuenta en forma exhaustiva de un período determinado (p. ej. el Gobierno de O'Higgins, Portales como ministro, etc.) sino que es de un estudio selectivo que intenta esclarecer el significado de temas centrales de la cultura política, como la legitimidad, en una época determinada y en un período determinado, el cual, ya he precisado al comienzo. He tratado entonces de basarme, en lo posible, en fuentes primarias relevantes y decisivas para la comprensión de las concepciones y práctica política de los grandes fundadores del Estado Nacional.

Así los capítulos sobre O'Higgins y su administración están basados en el Epistolario del Prócer, en diversos volúmenes del llamado Archivo de don Bernardo O'Higgins, Gacetas oficiales del Gobierno de O'Higgins y en las Constituciones elaboradas durante los años en que estuvo en el poder. Estas últimas constituyen documentos decisivos (en mucho mayor grado que los discursos o artículos propagandísticos) de las concepciones de los padres fundadores acerca de la forma de ejercer el poder, la legitimación de éste, la relación estado-individuo, etc. Las Gacetas, por su parte, han sido evaluadas como documentos irremplazables cuando se trata de conocer el sentimiento público y la ideología del Gobierno.

Para el período en que Portales ejerció una influencia decisiva, en forma directa o indirecta, sobre los asuntos de Gobierno, he utilizado los tres volúmenes de su Epistolario. Son ellos una rica fuente de informaciones no sólo sobre las ideas políticas del padre fundador sino también de su forma de ser, de su humor y en general de los dotes y atributos que formaban parte de su carisma y que calaron tan hondo en el alma nacional de los chilenos. Las "Ideas y Confesiones de Portales" publicadas por Silva Castro también contienen artículos y escritos de provecho.

Gracias a la amabilidad de las autoridades del Archivo Nacional pude, en mi corta estadía en Chile, ubicar un número de fuentes manuscritas que se encuentran en el Archivo del Ministerio del Interior y son de gran importancia para este período. Ha sido un arduo trabajo descifrar estos manuscritos microfilmados.

La figura y obra de Portales fue, ya en el siglo pasado, fruto de apasionadas polémicas en las que participaron los más destacados representantes políticos e intelectuales del liberalismo chileno como José Victorino Lastarria y Benjamín Vicuña Mackenna. Este último escribió una voluminosa biografía sobre Portales que, en la opinión del historiador británico Simon Collier, quizá no ha sido superada como portarretrato del ministro. A mi modo de ver – que fundamento en los capítulos pertinentes – esta obra de Vicuña Mackenna se sitúa en una zona intermedia entre entre un trabajo histórico y un novelón, las fuentes son repetidamente forzadas por el autor para extraer conclusiones que no encuentran sustento en ellas. Los conceptos que utiliza son confusos y erróneos, así califica a Portales como demócrata en una página, agregando en unas lineas más adelante que el ministro amaba los gobiernos absolutos.

Esta biografía de Mackenna – como su trabajo sobre O'Higgins en conjunto con M. L. Amunátegui – son por otra parte, fuentes extraordinariamente valiosas para la comprensión de la mentalidad de los liberales chilenos. Mackenna sentía una gran admiración por los caudillos militares que se autodenominaban "liberales" y aceptaba sin reservas sus acciones no democráticas ya que la legitimidad de éstos, en el sentir de Mackenna, descansaba en sus cualidades carismáticas: gallardía, arrojo, apostura, marcialidad, nobleza, popularidad, ingenio, dureza, etc. La visión que entrega del gran ministro es, en general, positiva y se siente fascinado por la inteligencia, audacia, consecuencia, elegancia, apostura, dotes mujeriegos, astucia y patriotismo de Portales, todas ellas cualidades que hacen que Mackenna lo situé muy por encima de sus contemporáneos y lo juzgue con otras medidas.

Curiosamente, el paralelo conservador de la obra de Mackenna, los cuatro tomos de "Historia de Chile bajo el Gobierno del Jeneral don Joaquín Prieto", publicada a mediados de 1870 es un trabajo mucho más equilibrado. Aunque Sotomayor Valdés, en gran parte, sigue la disposición de la biografia de Mackenna, sus juicios son en general más cuidadosos y sobrios y su tratamiento de las fuentes refleja un esfuerzo mucho mayor por dar cuenta con objetividad de las situaciones y personajes históricos.

Veinte páginas de "La Fronda Aristocrática" de Alberto Edwards (publicada en 1928) – genial ensayista y político conservador – permiten entender mejor la esencia de los méritos de Portales y el alcance de su obra que quinientas de las de Vicuña Mackenna.

José Victorino Lastarria, la más grande figura intelectual de los liberales chilenos, – y quizá el más destacado intelectual de la historia nacional chilena – entrega en su "Don Diego Portales: Juicio Histórico" una crítica dura, concisa, sustanciosa y bien argumentada. Su contribución – positiva como visión alternativa – se resiente un poco debido a su falta de espíritu crítico frente a las actuaciones de los "pipiolos/liberales" chilenos que con sus violaciones de normas, estatutos y reglas del juego democrático y la actuación anarquizante de sus caudillos, hicieron posible y deseable el sistema de dominación eregido por Portales.

Finalmente dentro de esta representativa selección, no puedo dejar de mencionar el trabajo de Simon Collier "Ideas and Politics of Chilean Independence 1808-1833". Se trata de un libro descriptivo, prolijo y serio. Collier mediante procedimientos a los que me he venido refiriendo – y en base a la lectura paciente y numerosa de periódicos de la épocal – llega a conclusiones acerca de la escasa importancia de trasfondo hispánico en el discurso político de la élite chilena y de su adscripción entusiasta a las ideas del liberalismo e individualismo. Estas afirmaciones son discutidas en varias partes de esta investigación, baste aquí enunciar que mi trabajo trata de mostrar la validez de postulados diametralmente contrarios: el escaso impacto de las ideas liberales y del individualismo en los ideales políticos de la élite criolla y los padres fundadores y en la organización institucional que ellos erigieron. Espero que esta contribución ayude a hacer más compresible sucesos y personajes de la historia chilena y latinoamericana que, vistos con los parámetros de la experiencia institucional y política de la Europa Occidental y la América del Norte, son escasamente entendibles.

Capítulo I
Fundamentos político-religiosos

Trescientos años de dominio español en América no podían haber pasado sin dejar una impronta duradera en el continente: un mismo monarca, un idioma y religión indiscutidamente preponderantes contribuyeron a entregarle a este vasto conglomerado humano y geográfico una homogeneidad poco vista. También en el terreno que me interesa, esta larga experiencia dejó huellas profundas; me refiero a los fundamentos religioso-políticos.

El problema a este respecto consiste en delimitar aquellos fundamentos vitales que influyeron decisivamente en la conformación de valores, creencias empíricas y símbolos a partir de los cuales se ha entendido la organización política y social y la relación de la sociedad con el individuo.

I.a Constructores del cimiento teórico, político y religioso

Por las razones que entrego a continuación me parece importante volver la mirada a los grandes constructores intelectuales del cimiento teórico político y religioso sobre el cual se construyó el Imperio Español y las sociedades hispanoamericanas: los escolásticos renacentistas españoles, término con el cual se designa a los pensadores políticos (todos ellos pertenecientes a órdenes religiosas) del siglo XVI en España. Esta proposición de centrar la atención sobre esta fuente de pensamiento podría ser objetada mediante la afirmación de que la Ilustración y otras corrientes de pensamiento europeas habían, a la hora de la Independencia, barrido todo vestigio de influencia católica-medieval en Iberoamérica. Parece, sin embargo, importante señalar que estos movimientos de ideas no llegaron a insertarse en un vacio ideológico cultural. Las sociedades hispanoamericanas a la hora del impacto de estas corrientes estaban ya conformadas por una matriz de pensamiento y acción que arrancaba de una visión aristotélica-tomista del individuo, la sociedad y el mundo. Acerca del impacto de las concepciones de los neotomistas sobre América Latina se puede encontrar opiniones de estudiosos del área que fundamentan el interés de ocuparse de ellas. Richard Morse, historiador norteamericano, ha dicho sobre Francisco Súarez – figura central del neotomismo español – que:

17

The evidence suggest...that his writings are symptomatic of a postmedieval Hispano-Catholic view of man, society, and goverment wich is by no means superseded in modern Spanish America.[1]

A juicio de Howard J. Wiarda, estas ideas no sólo sobrevivieron a las Reformas Borbónicas inspiradas en la Ilustración y a la separación de la madre patria a comienzos del siglo XIX, sino que también:

One still finds powerful echoes and manifestations of the earlier corporate-organic framework in virtually all contemporary regimes and institutions in Latin America and in their underlying political fundations.[2]

Finalmente Octavio Paz, poeta, escritor y brillante ensayista, sostiene:

Aunque en el siglo XVIII esta filosofía (la neotomista, P.C.) se desvaneció en el horizonte intelectual de América Latina, las actitudes y los hábitos que le eran consustanciales han persistido hasta nuestros días.[3]

I.b Sobre la influencia del liberalismo en la América Hispana

También parece necesario cuestionar – es uno de los propósitos de esta investigación – las interpretaciones que se han hecho acerca del impacto del liberalismo sobre las élites criollas a comienzos del siglo XIX.

Existen razones sustanciales que permiten problematizar una difundida tesis: la organización política de las sociedades latinoamericanas es un derivado de la inspiración ideológica del constitucionalismo francés y angloamericano. Esta tésis ha tenido como consecuencia que el área en cuestión haya sido considerada como escindida entre una América Latina "ideal" – gobiernos cuya sustancia y estructura estarían basadas en las fuentes ideológicas mencionadas – y una "real" con regímenes autoritarios y dictatoriales, cuya existencia habría que explicar al margen del campo de las ideas, ya que estaría fuera de duda la aspiración democrática de las élites políticas latinoamericanas desde la Independencia. Algunas muestras de lo que vengo afirmando:

John J. Johnson en su artículo, "The Latin-American Military as a Politically competing Group in Transitional Society", afirmó:

The intellectual had had the first opportunity to provide a viable political system (a partir de la Independencia, P.C.)....they were students of the Enlightment and felt strong antipathy for the authoritarianism of the colonial which had deprived them of practical experience in the art of government. Their ideological commitment to individual liberty encouraged them to look to the French Revolution and the independence movement in the English colonies for political formulas. By 1820 they had manufactured charters that were rational in every detail but failed to harmonize theory and practice.

R.A Humphreys en "Latin America: The Caudillo Tradition", g.151, sustenta:

> The Constitution of every Latin America state is framed in their light (del gobierno democrático representativo, P.C.). And, though there have been deviations from the norm, the long history of constitution-making in Latin America reveals, as Mr. Kingsley Davis has remarked, a 'persistent effort to give greater reality to the democratic ideal' and to block, by legal prescription, every nook and cranny of possible abuse. Yet it is an ideal world that most of these documents describe.

Nuevas investigaciones han objetado, no obstante, sustancialmente el enfoque anterior. Así Glen Dealy en su trabajo "Prolegomena on the Spanish American Political Tradition" tras un cuidadoso examen de las tempranas Constituciones hispanoamericanas concluye que el liberalismo político del siglo XVIII fue rechazado casi uniforme y abrumadoramente por los primeros hombres de Estado hispanoamericanos.[5]

Se trata del rechazo a ideas tales como: la real autonomía y contrapeso de los diferentes poderes estatales, el pluralismo religioso, al carácter inalienable de las libertades políticas y garantías individuales, es decir, la idea de que éstas no deben estar sujetas a la calificación de un poder estatal con la facultad de suspender o derogar estas libertades bajo circunstancias determinadas.

El choque entre las ideas liberales europeas y norteamericanas con una matriz de pensamiento hispano católica de signo opuesto, que ha tenido como efecto una escasa influencia práctica del liberalismo político en la organización, sustancia y funcionamiento de los gobiernos del área, ha sido un problema señalado por intelectuales nativos, pasados y presentes. Camilo Henríquez, figura importante del movimiento independentista chileno, afirmaba que un sistema republicano de raigambre democrática estaba en contradicción con la educación, costumbres y hábitos de una sociedad formada en la tradición hispánica.[6]

La constatación de Henríquez no iba mal encaminada como se puede apreciar de la evaluación siguiente hecha por Octavio Paz más de 150 años más tarde:

> La ideología liberal no fue una verdadera solución. El nacionalismo de los republicanos era una superficial imitación del nacionalismo francés, su federalismo – copia del norteamericano – era un caciquismo disfrazado; su democracia, la fachada de la dictadura. El cambio de ideología tampoco se tradujo por un cambio de las estructuras sociales y, menos aún de las psíquicas.

I.c Una Cultura Católica Común

Por las razones entregadas me parece que una forma más fructífera de enfocar el problema es el no quedarse en la constatación de que las élites políticas criollas que participaron en el movimiento independentista habían leído y conocían a los pensadores liberales franceses e ingleses de la época, sino ir más allá y preguntarse:

19

¿Cómo los percibieron y aplicaron?. En esta empresa no puede dejar de soslayarse el trasfondo constituído por una cultura católica común.

Pocos negarán, p.ej., la importancia de la Reforma con su quiebre del monolitismo religioso para el posterior desarrollo de la libertad y tolerancia asociadas con el liberalismo. Un pensador de orientación marxista tan original y refinado como Ernest Bloch señalaba que tras el "Bill of Rights" norteamericano – sobre el que, posteriormente, se basó la declaración de los Derechos del Hombre y el Ciudadano francés – se encontraba la libertad de conciencia religiosa estatuída por los colonistas de la América del Norte.[8]

Por otro lado, el pensamiento político católico – religión oficial y excluyente de los nuevos Estados hispanoamericanos – proporciona una clave importante para comprender como las nuevas ideas fueron adoptadas. Sin la incorporación de esta vertiente de pensamiento es difícil comprender el énfasis en la unidad y homogeniedad y no en la pluralidad y diversidad,[9] el bien común sobre el individual, la subordinación del individuo a metas colectivas, el carácter condicionado de los derechos del hombre, la debilidad de los órganos de control humano para pedir cuentas a los detentores del poder, la asociación de las virtudes cívicas con las religiosas, etc.

I.d Escolásticos Renacentistas Españoles

Por los argumentos entregados, me parece pertinente el volver la mirada hacia los escolásticos renacentistas españoles o neotomistas, precisando que se trata de una parte de la herencia político-cultural hispánica y de ella voy a presentar sólo algunas ideas principales.

Importantes figuras dentro de este movimiento fueron jesuitas como Francisco Suárez (1548-1624), Roberto Bellarmino (1542-1621), Luis de Molina y los dominicanos Domingo de Soto y Francisco de Vitoria. Suárez y Vitoria emergen como los pensadores más significativos. A las clases de el último asistían miles de estudiantes que más tarde ocupaban puestos importantes en la administración, la Iglesia y Universidades de España y las colonias. Suárez, por su parte, ejerció una influencia intelectual decisiva sobre el desarrollo institucional de la América Española. La Universidad de México llegó, por ej., a crear una Cátedra Suareziana.

I.d.1 Contexto en que surgen

Debe de recordarse que, en la época a la cual me vengo refiriendo, la Iglesia Católica sintió amenazado su edificio doctrinario por nuevas fuerzas ascendentes: el humanismo renacentista, el desarrollo independiente de las ciencias naturales, y la Reforma. Esta situación dió origen al desarrollo de dos tendencias dentro de la Iglesia Católica: una que intentaba reconciliar las doctrinas básicas del cristianismo con las nuevas fuerzas y otra que propugnaba una vuelta al cristianismo medieval sin alteraciones. Esta última terminó por imponerse y se tomaron medidas externas e internas para hacer frente al desafío. Entre las primeras, está la elaboración del Index (lista de los libros que les estaba prohibido leer a los legos) y entre las segundas hay que incluir el renacimiento del Tomismo en España, nación que casi no se vió afectada por fuerzas que fueron decisivas en la conformación del mundo moderno: la Reforma protestante, la Revolución científica y el surgimiento del individualismo político.

Bajo el reinado de Felipe Segundo (1556-98) España, en guerra con los Países Bajos, experimentó un renacimiento de su espíritu militar convirtiéndose una vez más en la defensora de la fe y sus soldados, los campeones en armas de Cristo y la Iglesia Universal. Las dos fuerzas que debían sustentar a la Iglesia en su lucha por sobrevivir eran la Inquisición y la Orden de los Jesuítas. El fundador de esta última, Ignacio de Loyola, decretó que en teología debían ser seguidas las enseñanzas de Tomás de Aquino y en filosofía las de Aristóteles.[10]

I.d.2 Movimiento Ambivalente

El escolasticismo renacentista en España – respuesta de la Iglesia a los desafíos que he señalado – fue un movimiento ambivalente. Por un lado podemos observar una faz conservadora en cuanto se trató de una vuelta al rico legado del escolasticismo aristotélico del siglo XIII, que es utilizado por la Iglesia en su lucha contra las ideas del Renacimiento y la Reforma; pero este movimiento contuvo a su vez nuevos elementos por cuanto se experimentó un desarrollo -a la luz de nuevas corrientes e ideas de la filosofia tomista del derecho, el Estado y la sociedad. Es este aspecto que me interesa aislar, ya que constituye un desarrollo peculiar iberoamericano.

Se ha dicho que, así como las ideas de John Locke encontraron un terreno más propicio en los EE.UU. de Jefferson que en la Inglaterra del siglo XVII, así la filosofía de Santo Tomás fue más relevante para la España del siglo XVI y sus posesiones ultramarinas que para la Europa feudal del siglo XIII.[11]

I.g Conceptos Fundamentales

A continuación presentaré algunos conceptos fundamentales de los filósofos políticos españoles del siglo XVI, que me parece importante acentuar en el contexto de la problemática que vengo tratando.

I.g.1 Un sistema jerárquico de leyes

Los filósofos políticos españoles del siglo XVI adoptan la jerarquía tomista de las leyes. En lo más alto del sistema se sitúa la ley eterna que existe en Dios, es el principio racional del universo y la fuente y origen de todas las leyes temporales, seguida por la ley natural escrita en la memoria de los hombres y creada por la participación en la ley eterna, a través de aquella, ellos distinguen el bien del mal. Finalmente encontramos la ley divina positiva (escritura) que complementa el derecho natural, y la ley humana positiva: derecho canónico y civil.[12]

La afirmación de que el origen del derecho natural está en Dios le entrega a éste autoridad divina y le confiere fuerza obligatoria. Se asume que el derecho natural existe entre todos los pueblos en tanto que fue instituido por Dios como una norma natural por la cual el hombre puede regirse, también es establecida una distinción entre el derecho natural y la conciencia. El primero contiene normas generales de conducta, mientras la conciencia dicta lo que se debe hacer en cada caso particular. La conciencia puede estar errada al considerar algunas veces como ley algo que no lo es, el derecho natural no puede equivocarse ya que Dios no puede errar en prohibir aquellas cosas que son malas en sí mismas, contrarias a la razón natural (aquí razón = instinto) y prescribir aquellas cosas que son buenas en sí mismas.

De acuerdo con estas concepciones, la sociedad y el cuerpo político aparecen predeterminados por un conjunto de reglas externas cuya legitimidad última es la interpretación religiosa católica. Ello, unido a la falabilidad de la conciencia, deja poco lugar a procedimientos electorales y al consenso logrado por las conciencias individuales. Si la conciencia humana puede confundirse y errar, la legitimidad de un resultado electoral es, por lo tanto, débil y cuestionable.

I.g.2 El Monarca y la Comunidad Política

Existe acuerdo acerca de que el poder para gobernar es otorgado por Dios, este poder residía originariamente en la comunidad; pero ella lo ha transferido al rey. Al igual que su maestro Tomás de Aquino, los escolásticos renacentistas españoles muestran en general preferencia por la forma monárquica de gobierno, por la cual se argumenta desde diferentes perspectivas: a) una comunidad humana y perfecta, se afirma, debe tener una cabeza a la cual el cuerpo de la comunidad debe someterse. El poder de los muchos resultaría en la confusión más grande, porque cada miembro individual perseguiría sus propios intereses que, a menudo, son opuestos al bien común. b) La monarquía es también defendida por analogía: Cristo le dio a su Iglesia una organización monárquica y Dios mismo gobierna el universo como una especie de monarca. Cuando el poder ha sido transferido al rey, él es vicario de Dios y por la ley natural debe de ser obedecido. Al entregarle el poder al monarca, la comunidad se somete a sí misma y se priva de su anterior libertad. Por la misma razón el rey no puede ser desprovisto de su poder:

> Una vez traspasado el poder a la persona del rey, ese mismo poder le hace superior incluso al reino que se lo dió, pues al dárselo se le sometió y se privó de su anterior libertad, como consta en su tanto en el caso del esclavo. Por la misma razón no puede el rey ser privado de ese poder, pues adquirió verdadero dominio de él, a no ser que acaso ese poder degenerase en tiranía y por ella pueda el reino hacerle justamente la guerra.[13]

La trasferencia de poder de la comunidad al príncipe no es una delegación sino una abolición, es decir, la total concesión del poder que antes residía en la comunidad. El imperio de la ley vale sólo parcialmente para el Príncipe. La ley, se nos recuerda, tiene dos efectos: directivo y coercitivo. El rey está bajo el poder directivo de la ley, debe obedecerla porque es justa; pero no bajo el poder coercitivo. El no puede obligarse a sí mismo, no es obligado directamente por Dios, ni por la comunidad, nadie puede obligarlo.

La aspiración de la sociedad humana es la verdadera felicidad política y ésta no puede ser alcanzada sin una buena moralidad. La sociedad es dirigida hacia la felicidad por medio de las leyes civiles y por ello éstas deben guiar hacia lo moralmente bueno. El Príncipe necesita de la virtud porque debe promulgar leyes que tienen que ver con todas las virtudes.

Se puede deducir de estas ideas que las posibilidades de la comunidad política de pedir cuentas o remover pacíficamente al detentor del poder político son escasas. Además, al no existir una doctrina de separación o equilibrio de poderes, queda un amplio espacio abierto para la concentración de él en una sola instancia.

A la sociedad humana se le asigna un fin y una meta: la verdadera felicidad política; los medios para alcanzarla son las leyes con un contenido moral bueno. El resultado factual de esta concepción es el énfasis en la virtud del gobernante – no en el apoyo popular – que elabora y promulga las leyes adecuadas para alcanzar el fin ya definido.

Es también significativo observar que el interés individual es concebido como opuesto al bien común, idea que proviene de Aristóteles y Aquino, los cuales sostenían la primacía del bien común sobre el individual. El alcance de estas ideas puede ser percibido con mayor claridad si se las contrasta con las nociones de la tradición protestante al respecto. En esta última, el autointerés económico, político y social arranca del autointerés religioso, lo que ha sido posible porque en la conceptualización protestante, el bien privado y el común son vistos como coincidentes y no como opuestos.[14]

El punto de vista católico-tomista, por su parte, converge con opiniones sobre la relación entre el individuo, el Estado y la sociedad que mencionaremos a continuación.

I.g.3 La Relación entre el Individuo, el Estado y la Sociedad

Suárez, quizá el más destacado de los escolásticos renacentistas españoles, habla de la libertad humana en tres diferentes sentidos: a) libertad de albedrío, es decir libertad de una necesidad interior, tales como apetitos sensitivos e impulsos recibidos de Dios, b) libertad de la esclavitud debido a que ninguna persona (en la naturaleza de las cosas) tiene dominación sobre otra, c) libertad del poder político con respecto a cierta persona, cuando la comunidad perfecta es libre es decir cuando no ha transferido aún su poder a un individuo humano particular. Las dos últimas libertades deben de ser entendidas como pertenecientes al derecho natural negativo, que comprende instituciones concernientes a un estado de cosas que puede ser cambiado.

Suárez explica así que en el estado de inocencia la esclavitud no existía y sólo con posterioridad a la caída original se convierte en una institución social.

Isaiah Berlin sustenta que ante una de las problemáticas centrales de la política: la de la obediencia y la coerción, dos concepciones centrales sobre la libertad han sido defendidas.[15] En la noción que él designa como "negativa", noción relativamente moderna, la libertad es entendida como el área dentro de la cual el hombre puede actuar sin ser obstruido por otros. Mientras más amplia es el área de no interferencia, mayor es la libertad. Se da por sentado que el área de libre acción de la persona humana debe de ser limitada por la ley; pero filósofos políticos como Locke en Inglaterra, Constant y Tocqueville en Francia, suponen igualmente – afirma Berlin – que debe de existir un área mínima de libertad personal, la cual bajo ningún pretexto debe de ser violada. De ello se deriva que una frontera de demarcación entre el área de vida privada y la autoridad pública debe de ser trazada.[16] Entonces, libertad, en el contexto significativo de estos autores, significa libertad *de*, ausencia de interferencia más allá de la cambiante, pero siempre reconocible frontera. La concepción "positiva" de libertad, de acuerdo a Berlin, es más antigua y la encontramos, entre otros, en los escolásticos, Rousseau, Kant, Hegel y Marx. La libertad está aquí ligada al deseo del individuo de ser su propio ser, de que sus actuaciones estén guiadas por propósitos propios y conscientes, no por fuerzas externas, llámense ellas instituciones, creencias, pasiones o neurosis. Los medios para liberarse de la tiranía de ellas pueden ser el autoperfeccionamiento, la razón, el análisis y la comprensión.

A menudo – como en los escolásticos – esta concepción se basa en una visión de la naturaleza humana que ve a ésta escindida entre un "yo real" o "ideal" (el lado más elevado y noble de la naturaleza humana, identificado con la razón) – contrapuesto al yo "empírico" (el lado más bajo de la naturaleza del ser humano, el de las pasiones, deseos y gustos) que debe de ser controlado y disciplinado para dar paso a la naturaleza más elevada y real.

A los dos "yo" se les representa luego separados por un abismo aún mayor. El verdadero "yo" es entonces concebido como algo más grande que el individuo: una Iglesia, raza, Estado, etc., cuya voluntad debe de ser impuesta a los miembros individuales en beneficio del yo real que estos últimos no siempre pueden percibir debido a su falta de iluminación, ignorancia o corrupción; por ello la represión en nombre de la "voluntad colectiva", es posible y justificable.[17]

Una ilustración de estas ideas la podemos encontrar en Suárez. Según él, la caída original causó un deterioramiento general de la naturaleza humana, un debilitamiento de la voluntad en relación con los apetitos sensitivos y la emancipación de la sensualidad del poder de la razón. De ello se deriva que el poder directivo de las leyes no es suficiente y que el poder coercitivo es necesario. Los seres humanos deben ser obligados, por el miedo al castigo, a observar el orden legal. Súarez escribió:

En las leyes es mucho más frecuente la asignación de un castigo que la promesa de un premio, y eso porque es moralmente más necesaria, dado que los hombres en su mayoria son inclinados al mal y se dejan guiar por sus pasiones, y por eso lo más frecuente es tener que reprimirles con el temor del castigo.[18]

Lo problemático de estas concepciones de la naturaleza humana es que son suposiciones no basadas en constataciones empíricas Súarez afirmó, p.ej., que era natural a ella: una inclinación a la vida social, el que el hombre esté sujeto a un superior que lo gobierne y que sólo la obediencia hace la voluntad humana perfecta.[19]

El énfasis en la obediencia es compartido por casi todos los escolásticos. Soto, Vitoria y Suárez afirmaron que, en general, es mejor obedecer leyes injustas o tiránicas que desobedecerlas.[20]

Otro punto común en estos pensadores políticos – religiosos, es la idea de una sujeción del individuo a la voluntad colectiva o a los fines colectivos. Ello se puede constatar en las analogías que hacen con el orden natural, en el cual: "Cada parte es dirigida a su propia totalidad como lo imperfecto es dirigido a lo perfecto", o con el cuerpo humano, "las partes están al servicio del cuerpo entero".[21]

La difusión de la verdadera religión, legitima el uso de la fuerza, el castigo y la compulsión, porque sin la verdadera religión el ser humano no puede desarrollar la moralidad y la virtud que le son naturales. Uno de los argumentos centrales de los escoláticos renacentistas españoles es el postulado de que la unidad del reino demanda una unidad religiosa.

Suárez, que Wilenius califica como el campeón del antiindividualismo, sostienen que tanto las posesiones individuales del ciudadano como su persona, acción y aún su vida, están a la disposición del Estado de acuerdo con los requerimientos del bien común. En conformidad con estas ideas de la naturaleza humana y de la relación individuo – Estado, los derechos de la persona humana (en la tradición escolástica: derecho a la mantención y preservación de la propia vida, el derecho a preservar un buen nombre y reputación, al matrimonio, a la vida social, etc.) no son concebidos como inalienables.

Notas y referencias

1. R. Morse, "The Heritage of Latin America", pág.155 , en: *The Founding of New Societies* by Louis Hartz, New York 1964.
2. "Toward a Framework for the Study of Political Change", en: "The Iberic-Latin Tradition: The Corporative Model", *World Politics* 25:1, 1972-73, pág. 213
3. Octavio Paz, *Tiempo Nublado*, Barcelona 1986, pág. 166
4. En: *The Role of the Military in Underdeveloped Countries*. Princeton 1962, pág. 93.
5. En la *Hispanic American Review* 48:1 (1968., pág. 43.
6. Ver Ricardo Donoso, *Las Ideas Políticas en Chile*, Santiago, 1967, pág. 38.

7. Octavio Paz, *El Ogro Filantrópico*, Barcelona, 1979, pág. 63.
8. Ernest Bloch, *Derecho Natural y Dignidad Humana*, Madrid, 1980, págs. 66-67.
9. Sobre este tema veáse el artículo de Glen C. Dealy: "The Tradition of Monistic Democracy in Latin America", *Journal of the History of Ideas*, July 1974, págs. 625-646.
10. Uno de los mayores logros de Tomás de Aquino (1225-1274). fue su interpretación de Aristóteles de modo que éste coincidiese con las enseñanzas cristianas. El impacto de las enseñanzas de Aquino no debe de ser subvalorado, lo cual puede inferirse de hechos como los siguientes: ya en 1567 Pio V le concedió el título de maestro de la Iglesia, y a fines del siglo pasado y en el presente los siguientes Papas – entre otros – han recomendado la adhesión y difusión de las enseñanzas e ideas de Santo Tomás en los establecimientos educacionales: León XII en Acterni Patris (4.VIII.1879., Pio X en Doctoris Angelia (29.VI.1914. y Pio XII en Animus Noster Gaudio (17.X. 1953.. veáse Sister M.C. Claudis I.H.M.: *Dictionary of Papal Pronouncements*, New York 1958, págs. 14, 18 y 52, ver también Svend Clausen: *De vestlige Statsteorier*, Copenhague 1952, pág. 76.
11. Richard Morse, *The Heritage of Latin America*, págs.155-56 y G.Dealy, "The Tradition of Monistic Democracy", págs. 627-628.
12. Véase Bernice Hamilton, *Political Thought in Sixteenth-Century Spain: A study of the political ideas of Vitoria, de Soto, Suárez, and Molina*, Oxford 1963, pág. 5.
13. Francisco Suárez, *Tratado de la leyes y de Dios Legislador*, Madrid 1967, 6 vol., Libro III, pág. 208.
14. Glenn Delay, *The Tradition of Monistic Democracy*, pág. 636.
15. Isaiah Berlin, *Four Essays on Liberty*, Oxford University Press, 1969, págs. 118-172.
16. *Four Essays on Liberty*, pág. 124.
17. *Four Essays on Liberty*, págs. 132-133.
18. *Tratado de las leyes y de Dios Legislador*, Libro I, pág. 81.
19. Reijo Wilenius, *The Social and Political Theory of Francisco Suárez*, Helsinki 1963, págs. 108-109.
20. Bernice Hamilton, *Political Thought in Sixteenth Century Spain*, págs. 48-49.
21. Citado por Bernice Hamilton, *Political Thought in Sixteenth Century Spain*, pág. 30.

Capítulo II
La Organización Institucional

Los viajes de descubrimiento y expediciones de Conquista rebalsaron ampliamente las posibilidades financieras de la Corona Española, que sufragó pocos de ellos. En general fueron impulsados mediante la empresa privada de conquistadores empujados por el afán de lucro y por la fe. En ningún momento, no obstante, la empresa de conquista y colonización fue dejada en manos de la libre iniciativa de individuos y grupos particulares.

Desde un comienzo este gigantesco proyecto tuvo un carácter estatal y la Corona Española se movilizó rápidamente para poner cotos a las aspiraciones señoriales y deseos feudalizantes de los conquistadores. El mismo Colón encendió la ira de la reina Isabel al entregar a sus vasallos, "los indios", como esclavos; la orden fue revocada, y en 1500 el descubridor fue trasladado a España como prisionero.[1]

II.a Dominación patrimonial en Castilla y su Imperio de ultramar

La incorporación de los territorios americanos y su gente al cristianismo en su versión católica y a la civilización europea fue obra de la monarquía castellana, reino que por su población, territorio y poder militar era hegemónico en la Península Ibérica y que al mismo tiempo en virtud de sus posesiones costeras en el norte y el sur de la Península constituía una potencia marítima y militar.[2]

El hecho que la América Española surgiera como la obra administrativa, legal y política del absolutismo castellano es algo que debe ser observado con atención.

A la hora de la Conquista, Castilla era una monarquía patrimonial y centralizada que no estaba dispuesta a tolerar en los territorios de ultramar la recreación de un sistema feudal con las características que éste tuvo en el occidente europeo.

Max Weber consideraba el patrimonialismo como una forma tradicional de dominación que él contraponía al feudalismo. Esta distinción puede ayudar a dilucidar ciertos rasgos característicos de España y su Imperio de ultramar. Weber se refería a una organización estatal patrimonial cuando:

> El soberano organiza en forma análoga a su poder doméstico el poder político y, por tanto, el dominio sobre los hombres y territorios extrapatrimoniales, sobre los

súbditos políticos, dominio en que no puede utilizar, como en el poder doméstico la fuerza física" y agregaba, "La mayoría de todos los grandes imperios continentales hasta los umbrales de la Epoca Moderna e inclusive dentro de esta misma época han ofrecido rasgos patrimoniales bastante acusados.[3]

Frente al patrimonialismo situaba al feudalismo:

En oposición a la amplia esfera de la arbitrariedad y de la correspondiente falta de estabilidad de las posiciones de poder dentro del patrimonialismo se encuentra la estructura de las relaciones feudales. El feudalismo es un caso límite de la estructura patrimonial en el sentido de la estereotipación y fijación de las relaciones entre los señores y los vasallos.[4]

Aunque ideas y prácticas feudales penetraron en España desde el norte de Europa con los caballeros peregrinos y guerreros, se puede afirmar que en Castilla y León estuvieron ausentes rasgos esenciales del feudalismo europeo occidental tales como: la mediatización de las relaciones entre el soberano patrimonial y sus súbditos por la interposición entre ambos de señores territoriales con plenos poderes políticos, y la institución del subvasallaje. En Castilla y León los señores no tuvieron el privilegio de acuñar moneda, un vasallo no podía adquirir relaciones contractuales con uno o más señores; los lazos entre súbditos y Estado no fueron reemplazados por lazos personales entre vasallos y señores.[5]

II.a.1 Implicancias de los ritmos de Reconquista

Los ritmos de la Reconquista de España ocupada por los moros, marcaron la fisonomía de los diferentes reinos. En los territorios de la corona de Aragón (Cataluña, Aragón y Valencia) la temprana reconquista permitió la canalización de energías hacia el comercio, conviertiéndose Barcelona en un importante centro comercial del Mediterráneo. Allí se desarrolló una burguesía mercantil que hizo valer sus opiniones e influencia en los asuntos del reino.

Castilla, por su parte, era un reino pobre, de hidalgos que intentaban imitar a la alta nobleza guerrera y en el cual predominaba una mentalidad de honda raíz aristocrática, ajena a la intervención en el comercio y la industria que eran consideradas como deshonrosas.[6]

Bajo el señorio patrimonial, existe una tendencia del Príncipe a someter ilimitadamente al poder señorial a los súbditos políticos extrapatrimoniales, así como a tratar las relaciones de dominación como una posesión personal correspondiente a su poder doméstico. El éxito de estos intentos depende de factores tales como la eficacia del aparato militar y burocrático del Príncipe y de las influencias religiosas.

II.a.2 Poderío de la Corona Castellana

Durante el reinado de los Reyes Católicos (1479-1504, apr.) se creó, con base a la antigua organización paramilitar de la Santa Hermandad, una milicia leal a los soberanos y activa a través de todo el reino, ya en 1496 uno de cada doce habitantes de Castilla entre los veinte y los cuarenta y cinco años era enlistado en el servicio militar del Estado. Esta milicia real que puede ser vista como el fundamento de una fuerza armada moderna significó un rudo golpe para la nobleza.

Otras reformas que constriñeron el poder de ésta fueron introducidas: la prohibición de imitar el estilo real de escritura, de portar las armas reales en sus escudos, ser atendidos por guardias personales, eregir fortalezas sin la autorización real, finalmente los duelos fueron estrictamente prohibidos.[7]

Las Cortes – cuerpo representativo de la nobleza, clero y estado llano – fueron convocadas más espaciadamente y su influencia se redujo a un grado mínimo.

Durante la campaña en contra del reino moro de Granada, los Reyes Católicos obtuvieron una bula papal que les confirió el derecho de proponer personas para los obispados y el de conceder todos los beneficios eclesiásticos. Se les concedió también los diezmos de los moros que fueran convertidos.

El sometimiento de la nobleza y la consolidación burocrática y militar de la corona castellana estuvieron acompañados de un fortalecimiento de esta última en lo concerniente a materia religiosa.

Siguiendo este modelo, los monarcas lograron, por una bula de 1501, que se les trasfiriera los diezmos de los aborígenes y habitantes de las nuevas regiones conquistadas en ultramar, a cambio, ellos velarían por las construcción y dotación de las iglesias.

La bula del 28 de Julio de 1508 concedida por el Papa Julio II estableció de hecho el patronazgo universal español en América. En virtud de él, la Corona adquirió amplias atribuciones sobre la vida espiritual de las colonias en América: el monarca autorizaba la fundación de iglesias, monasterios y hospitales, nombraba obispos y sus encargados delimitaban las reparticiones eclesiásticas e investían a los clérigos en sus cargos precisando sus funciones.

II.a.3 Inexistencia de rasgos decisivos del sistema feudal en hispanoamerica

Los territorios americanos fueron incorporados como patrimonio de los monarcas castellanos. Esta situación originaria permite comprender por qué, características principales del feudalismo europeo occidental no estuvieron presentes en la América Española, me refiero a: a) la descentralización política mediante la delegación de poderes por parte del soberano a los señores territoriales, b) el carácter contractual de las relaciones de vasallaje, las que presuponían que el vasallo fuese un hombre libre, es decir, no sujeto al poder patrimonial de un señor, y c) una división de poderes basada en un cierto equilibrio entre la representación política de los estamentos privilegiados y el monarca. La importancia de este hecho adquiere su pleno significado a la luz de la observación hecha por Weber:

El feudalismo significa una "división de poderes". Y no sólo, como   la de Montesquieu, una división cualitativa y basada en la división de trabajo, sino simplemente cuantitativa. La idea del "pacto" político como fundamento de la distribución política de poderes, idea que ha conducido directamente al constitucionalismo, se halla en cierto sentido primitivamente preformada.[8]

II.a.4 La organización estatal patrimonial en América

El pesado andamiaje de una organización estatal patrimonial fue trasladado a los nuevos territorios para asistir a la conquista y colonización, por consiguiente, desde los inicios junto al conquistador – que no cuestionaba el derecho de propiedad hereditaria del monarca sobre los territorios americanos y su gente – encontramos al funcionario real y al eclesiástico velando por los intereses políticos y la misión espiritual del soberano.

Todo el amplio espectro de decisiones necesarias para el funcionamiento de las colonias emanaba del poder real: leyes, decisiones administrativas y judiciales, reglas organizativas para la actuación de las autoridades civiles y eclesiásticas, sistemas de tributos e impuestos, defensa, escuelas y universidades. Obra imponente fue la emprendida por los monarcas españoles; frente a la heterogeneidad del mundo americano postularon y persiguieron, no sin éxito, la homogeneidad en todos los campos: una fe, un idioma, un soberano. Esta voluntad unitaria y centralizadora es la que subyace tras su amplia e inmensa labor, cuyos logros han sido sintetizados por Octavio Paz:

> La presteza con que el Estado español – eliminando ambiciones de encomenderos, infidelidades de oidores y rivalidades de toda índole – recrea las nuevas posesiones a imagen y semejanza de la Metrópoli, es tan asombrosa como la solidez del edificio social que construye. La sociedad colonial es un orden hecho para durar. Quiero decir, una sociedad regida conforme a principios jurídicos, económicos y religiosos plenamente coherentes entre sí y que establecían una relación viva y armónica entre las partes y el todo. Un mundo suficiente, cerrado al exterior pero abierto a lo ultraterreno.[9]

II.b Sociedades Estamentales

Las sociedades hispanoamericanas surgidas de la conquista y colonización no tuvieron un carácter estamental en un sentido estricto, al carecer de cuerpos representativos como las Cortes españolas – que contrapesasen el poder del monarca; no obstante podemos hablar de una sociedad estamental en un sentido amplio, es decir, una sociedad constituida por grupos bien definidos y compartimentados, con privilegios, atribuciones, derechos y deberes específicos, todos ellos conectados con la institución de la corona: los eclesiásticos y militares con sus fueros especiales, los negros e indios.

En el caso de estos últimos, la corona intentó por diversos medios incorporarlos, protegerlos y preservar sus comunidades que eran consideradas como pieza central del engranaje imperial. Indudablemente las distancias eran lo suficientemente grandes e intenciones y realidad no se correspondían. Los abusos, la extrema explotación de los pueblos nativos y la destrucción de sus culturas son un hecho sobre el cual existe una extensa literatura.[10]

La corona tenía un real interés en la protección de los habitantes nativos, hecho que adquiere sentido si se tiene presente el propósito de ella de impedir el establecimiento de señoríos feudales y el que la propagación de la fe cristiana a las gentes de las nuevas regiones formaba parte del fundamento legitimador de la dominación de Castilla en América.

La presencia de la Iglesia Católica sirvió no sólo para, en algunos casos, denunciar las brutalidades de los españoles y aliviar las condiciones de vida del indio sino – algo quizá más esencial –, les entregó un sistema de orientación alternativo y un lugar en un nuevo universo, rotos ya los lazos con sus antiguas culturas y derribados sus dioses.

II.c La encomienda: Una institución de compromiso
Una buena ejemplificación de la confluencia de factores que he venido mencionando la encontramos en "la encomienda"[11] institución que satisfacía diversas exigencias: recompensa a los servicios de los conquistadores y sus descendientes, obtención de tributos para los colonistas y la corona, utilización y preservación de la fuerza de trabajo indígena e incorporación del indio al cristianismo.

El encomendero se comprometía a velar por el bienestar material y espiritual de los indios que se le encomendaban y a defender militarmente la región, a cambio recibía los tributos debidos a la corona: especies, prestaciones laborales o dinero. A partir de mediados del siglo XVI, existió una clara tendencia a la sustitución de las prestaciones en trabajo por pagos en dinero como medio de presión para incorporar a los indios a una economía monetaria.

Lo que me interesa recalcar aquí es que la encomienda, a pesar de ciertos parecidos con el señorío feudal, fue en América una institución derivada de un Estado patrimonial. En ella estuvieron ausentes las características jurídicopolíticas del señorío territorial de Occidente: el poder judicial ejercido por el señor, la inmunidad frente al poder del Estado y el "Bann", es decir el poder de proscripción del señor. El soberano mantuvo celosamente su supremacía judicial, además la encomienda no era como el feudo una posesión hereditaria, sino que se le otorgaba por un número limitado de vidas al término de las cuales revertía a la corona, faltaba en ella también el carácter contractual de las relaciones feudales que significaba una garantía de la posición ocupada por el feudatario. La encomienda fue más bien una prebenda concedida por el soberano patrimonial a los súbditos meritorios.

Se puede sostener que la organización estatal patrimonial española actuó como un dique de contención de las tendencias y aspiraciones feudalizantes de los conquistadores y puso al alcance del indio la justicia real y una orientación espiritual, por insuficiente que todo ello fuese. Al desaparecer la influencia del Estado español, los indios quedaron a la merced de las aristocracias criollas, expuestos plenamente a las fuerzas del despoje puestas en marcha por la conquista.

II.d Legitimidad del monarca

El poder del monarca español en América no se basaba exclusivamente en el elemento militar. En general se puede afirmar que la dimensión castrense desempeñó un papel secundario durante los trecientos años de existencia del Imperio. Los soldados de la conquista, escribe Konetzke, se sentían campeones del rey hispano, y agrega:

> Ningún conquistador, por prestigioso que fuera, podía contar con que sus hombres también lo seguirían en una revuelta contra la casa reinante y lo servirían como instrumentos para la fundación de un poder independiente. Cuando un conquistador osó poner en práctica tales intentos de rebelión abierta contra los soberanos, su fracaso fue rápido.[12]

La rebelión organizada por Gonzalo Pizarro, con ocasión de las Leyes Nuevas que abolían las encomiendas, fue aplastada sin que el monarca enviara fuerzas militares. Esto se logró por la intervención de un funcionario real, Pedro de la Gasca, cuyo desempeño éxitoso fue posible principalmente debido al hecho de que los conquistadores no conocían otra fuente de legitimidad que la emanada de la Corona.

La comprensión de la situación mencionada surge al incorporar el siguiente factor : el soberano estaba vinculado a sus súbditos, dominados por él, en virtud del consenso acerca del derecho del monarca a ejercer el poder; una convicción sustentada en la visión del rol del Príncipe de acuerdo al derecho castellano, en el desarrollo de la doctrina acerca del derecho divino de los reyes y en el carácter y funcionamiento de la organización burocrática imperial.

La concepción del derecho castellano remontaba al derecho romano cuyos principios éticos y universalistas fueron apropiados por Castilla en virtud de su tardía función – en el contexto de los reinos hispánicos – de su liderazgo en la lucha en contra de los infieles y la obtención de una rápida hegemonía en la Península Ibérica.[13]

De acuerdo a las concepciones romano-castellanas, las leyes escritas eran una expresión de ideales a alcanzar más que una sistematización de las costumbres sociales y de las tradiciones; en concordancia con ello el rol del monarca, como líder de una misión espiritual, era el de interpretar el dogma y traducirlo en principios concretos de comportamiento.

En nombre de la justicia cristiana, el monarca determinaba la ley del reino; porque perseguía el bien común y gobernaba de una manera justa, cristiana y equitativa, exigía absoluta obediencia; el desobedecerlo era ir en contra de la voluntad de Dios. El rey de España como ejecutor de la voluntad divina decidía qué era mejor para los intereses de su pueblo y cómo obtener justicia y lograr la felicidad de la nación.

La idea de la Corona como elaboradora de la ley y suprema institución política estaba ya contenida en las "Siete Partidas" (1256-1265), y los monarcas castellanos no tardaron en gobernar a través de ordenanzas y decretos, primero con la ratificación de las Cortes, posteriormente, a pesar de los alegatos de éstas, de tal manera consolidaron la supremacía del poder central.

La ya existente idealización de la Corona – un efecto de sus amplias atribuciones morales, legales y políticas – se vio reforzada en el siglo XVII por una fuerte corriente de nacionalismo eclesiástico, ello llevó consigo una cierta modificación de la escolástica al ser desarrollada la doctrina del derecho divino de los reyes.

Escolásticos como Suárez sostuvieron que el poder de la sociedad de gobernarse a sí misma procede originalmente de Dios y llega al rey de forma mediata procedente de la comunidad, en consecuencia, calificó a la institución de la monarquía y la selección del soberano/gobernante como un problema de la ley humana. Dijo Suárez en efecto:

> Vitoria....piensa que se debe decir en absoluto que el poder real es de derecho divino y que, previa la elección de los hombres, es Dios quien lo da. Pero lo contrario enseñan Bertrand, Dietro y Castro, y sin duda ésta es la verdad si nos referimos al poder real en su sentido formal y tal como se halla en un solo hombre, pues este poder de gobierno político considerado en sí mismo, sin duda proviene de Dios, según he dicho, pero el que se halle en este hombre determinado, según se ha demostrado, es por entrega del Estado mismo; luego desde este punto de vista es de derecho humano. Asimismo que el gobierno de tal Estado o religión sea monárquico es de institución humana, según se ha demostrado antes; luego la monarquía misma proviene de los hombres. Seña de ello es que, según el pacto o convenio que hacen el reino y el rey, el poder de éste es mayor o menos; luego proviene sencillamente de los hombres.[14]

Ideas como las anteriores son rebatidas en las "Observaciones Theopolíticas" fechadas en 1689 cuyo autor, Juán Luis López, un legalista zaragozano, había sido encargado, por el Virrey del Perú, de comentar la "Recopilación de Indias". En las mencionadas Observaciones López hace ciertas afirmaciones que ilustran lo que vengo planteando. Los reyes sostenía ,obtienen el dominio y gobierno de sus reinos de Dios y no de los pueblos que los eligieron. Curiosamente el autor cita en apoyo de su posición el siguiente juicio de otro famoso escolástico, Vitoria: "Afirmo que los Reyes tienen el poder sobre sus vasallos por Derecho Divino y Natural, y no por la voluntad de la República ni de sus mismos súbditos". López apoya su tesis también en el párrafo siguiente de las Siete Partidas de Alfonso X (1221-1284): "Todo home debe ser sometido a los Reyes, porque son puestos por mano de Dios y el Poderío que han de él lo reciben."[15]

De la defensa de esta doctrina, se deriva una serie de consecuencias prácticas: 1) el realce de la majestad real; se sostenía, p.ej., el derecho de los reyes de España a ser nombrados antes que los obispos en la colecta de la misa, 2) los reyes son independientes en todo lo temporal; no existe en esta esfera una subordinación al Papa, idea que por lo demás ya se encuentra en los escolásticos renancentistas españoles, 3) y quizá lo más decisivo en cuanto a expresión del poder ejercido por los monarcas en materias eclesiásticas, se les atribuye la protección del culto, la custodia de la observancia de los cánones y de la disciplina eclesiástica, con derecho a convocar los concilios nacionales y confirmar sus cánones, etc.

La estabilidad y unidad del Imperio Español, que tanto ha asombrado a sus estudiosos, descansaba, fuera de la fundamentación religioso-política que he bosquejado, en la forma en que el aparato administrativo estaba organizado y funcionaba.

II.e Centralización y flexibilidad administrativa

Una de las características del Estado patrimonial, en el sentido weberiano del término es el que a la administración política del reino/Imperio se le considera como una cuestión puramente personal del soberano. Este rasgo concuerda bien con la realidad vivida durante la dominación española en América. Bajo ella, las posesiones americanas estuvieron completamente subordinadas a las decisiones del monarca y de sus consejeros que operaban sobre "tabula rasa" en materias administrativas, legales y políticas que concerniesen a ellas.[16] El soberano aseguraba su dominio por medio de una absoluta centralización de las decisiones en su persona y en el Consejo de Indias que actuaba directamente bajo su mando, y a través de una serie de procedimientos a los que aludiré.

En el ápice de la organización administrativa se hallaba el rey y el Consejo de Indias que, por delegación real, ejercía suprema jurisdicción sobre todas las fases de la administración colonial: legislativa, financiera, judicial, militar, eclesiástica y comercial. En las colonias actuaban como agentes del monarca los virreyes, las audiencias, la Iglesia y los funcionarios de la Real Hacienda. Entre estas autoridades no funcionaba una jerarquía estricta de poderes, tampoco existía una línea de demarcación fija entre sus funciones; todo ello significaba en la realidad control, vigilancia mutua y querellas permanentes que redundaban en un fortalecimiento del poder central.

Los virreyes y gobernadores, representantes de la autoridad ejecutiva del rey, tenían el comando militar, supervisaban los asuntos seculares de la Iglesia y presidían las Audiencias. De hecho el poder de los virreyes y gobernadores estaba limitado por el de otras instancias que mantenían un contacto directo con el Consejo de Indias.

Las Audiencias tenían una doble función como cortes de justicia y cuerpos políticos. En su calidad primera eran las más altas cortes de apelación en las colonias, como organismo político supervisaban al virrey/gobernador e informaban al Consejo de Indias acerca del desempeño público y conducta personal de éstos. Las Audiencias actuaban además como organismo consultivo de virreyes y gobernadores y en el caso de muerte súbita de ellos, asumían el mando supremo del gobierno hasta que llegara un reemplazante desde la Península.

La Iglesia, protectora y evangelizadora de los indígenas, era otro centro de poder en las colonias; en la esfera de la legislación indiana, los virreyes debían tener en cuenta las opiniones del clero. La base real del poder de la Iglesia radicaba en sus lazos con la Corona, ella actuaba en realidad como una rama de la administración real y estaba bajo el control directo del rey ante el cual era responsable.

Los Cabildos eran otra institución importante en las colonias. El derecho de pertenencia a ellos constituía un privilegio de un reducido sector de la población, fundamentalmente el de las élites criollas; indios y mestizos estaban excluidos. Los cabildos expresaban los intereses e ideas de las aristocracias terratenientes de las colonias.

Es importante enfatizar que no sólo los representantes de la Corona – virreyes, audiencias, Iglesia, funcionarios de la Real Hacienda – tenían contacto con el monarca a través de la correspondencia con el Consejo de Indias, también los Cabildos, los encomenderos y ciudadanos educados lo hacían protestando contra las instituciones coloniales o funcionarios reales, y haciendo proposiciones de todo tipo de proyectos al monarca.[17] Este actuaba como árbitro de los conflictos entre los grupos e individuos que componían el reino, y a él podían dirigirse todos aquellos que buscaban la satisfacción de un agravio o deseaban ayuda para proteger sus intereses. Se esperaba del rey que reformara, cambiara, o anulara cualquiera medida que él mismo o alguno de sus funcionarios hubiera tomado en el pasado, si ella entraba en conflicto con lo que se consideraba que era la obligación principal del soberano: gobernar equitativamente.[18] Este principio encontraba su expresión en la famosa sentencia, "se obedece, pero no se cumple", que significaba que una ley, orden o decreto emitido por la Corona era obedecido en las colonias por los agentes y los súbditos de ella – es decir la autoridad del monarca para gobernar y legislar sobre sus territorios era reconocida – sin embargo, la ley o decreto en cuestión no era ejecutada porque su cumplimiento, se suponía, crearía conflictos e injusticias que el monarca no podía desear, ya que era ampliamente aceptado que este último no podía cometer injusticias con pleno conocimiento de causa.

La facultad de posponer órdenes reales a partir de este tipo de consideraciones se encontraba oficialmente estatuída en las Leyes de Indias que consagraban el derecho de los súbditos a desatender la ley escrita cuando se estimase que el rey había carecido de las informaciones necesarias para dictar una resolución equitativa y justa.

En general puede decirse que esta disposición le confería flexibilidad al sistema, acompañada de una centralización de la autoridad.

Otros medios utilizados por el soberano para mantener la unidad de su dominación y asegurarse la lealtad de los funcionarios hacia su persona fueron la "residencia" y "la visita."

A la residencia estaban sujetos todos los funcionarios del Imperio, desde los virreyes y gobernadores hasta el último funcionario; consistía en un procedimiento secreto y un juicio público. Bajo el primero, el juez de residencia, basándose en actas e informes, verificaba si el funcionario había cumplido con los deberes de su cargo o había cometido faltas. Durante el juicio público cualquier persona, español ó indígena, podía presentar sus quejas o acusaciones en contra del funcionario sometido a la residencia. Este tenía la oportunidad de justificarse y hacer comparecer testigos de descargo. En caso de ser encontrado culpable el funcionario en cuestión se exponía a multas, prisión o confiscación de sus propiedades.

La institución de la residencia, ya mencionada en las Partidas de Alfonso X y desarrollada por los Reyes Católicos para fortalecer el poder de la Corona, subsistió a la caída del Imperio Español y fue utilizada en el período postindependencia como un mecanismo de control de los detentores del poder político. Estos últimos eran responsables ante el nuevo poder central – no importaba su procedencia – y no – como en un sistema democrático – ante los ciudadanos electores que sancionan el desempeño de funciones de sus representantes con la reelección o la remoción.

La "visita", otro medio de controlar a los funcionarios reales era una investigación secreta sobre el desempeño de éstos. Podía estar restringida a un funcionario o a una provincia o consistir en una visita más general que comprendía un Virreinato entero o el distrito de una Audiencia, los que entonces eran investigados. El visitador, enviado con amplios poderes, estaba facultado para examinar todos los aspectos de la administración e interrogar a cualquier magistrado desde el virrey y obispo hacia abajo.

Las medidas que he venido presentando no han sido algo sólo peculiar del Imperio Español, las encontramos también en otros ejemplos históricos de dominio patrimonial.[19] Bajo esta categoría podemos asimismo ubicar la prohibición a virreyes y jueces de audiencias en 1515 – extendida en 1582 a gobernadores, corregidores y alcaldes mayores – de que ellos o sus hijos se casaran con personas nacidas en su jurisdicción, con el objeto de impedir la creación de lazos que dificultaran el cabal cumplimiento de las obligaciones inherentes al servicio en la administración del monarca.

La falta de un ethos burocrático desarrollado, que historiadores especializados en el área echan de menos[20] es, de la misma forma, algo consustancial a la organización política patrimonial en la cual no se conoce el sentido de la competencia del cargo ni el de autoridad o magistratura en el sentido actual de estos términos. También es peculiar de este tipo de organización lo siguiente:

> La separación entre los asuntos públicos y los privados, entre patrimonio público y privado, y las atribuciones señoriales públicas y privadas de los funcionarios, se ha desarrollado sólo en cierto grado dentro del tipo arbitrario, pero ha desaparecido a medida que se difundía el sistema de prebendas y apropiaciones.....De un modo general falta en el cargo basado en relaciones de subordinación puramente personal la idea de un deber objetivo. Lo que existe en este sentido desaparece completamente al ser considerado el cargo como una prebenda o como una posesión apropiada. El ejercicio del poder es en primer lugar un derecho del funcionario. Fuera de los límetes fijados por la tradición sagrada, el funcionario decide también, lo mismo que el príncipe, de acuerdo con los casos, es decir, según su merced y albedrío personales.[21]

II.f Características esenciales de la América Española Colonial

El conjunto de la situación esbozada confirió a la América Española una serie de características que me interesa poner de relieve:

Durante tres siglos se conoció sólo una fuente de poder político, la Corona, desde la cual irradiaban todas las decisiones esenciales para el funcionamiento de las sociedades coloniales. Este poder, al que me he venido refiriendo, encontraba su legitimación en la tradición, la religión y el rol conferido al monarca en la concepción romana – española del derecho. El poder del monarca descansaba asimismo – en menor grado – en un aparato militar y – en mayor grado – administrativo, leales a su persona.

La forma en que estuvo organizada la dominación, como un Estado patrimonial, determinó también que no se desarrollaran ciertos rasgos sustanciales del feudalismo europeo occidental, que han sido importantes en la perspectiva del posterior desarrollo del constitucionalismo y la democracia en esa región: la descentralización política por medio de la delegación de poderes, la división y balance de poderes, y la noción de contrato con garantías rigurosamente estipuladas y contraídas entre hombres libres – no sometidos al poder patrimonial de un señor – contenidas en la institución del vasallaje.

La dependencia de instituciones y personas, en lo concerniente a su poder y legitimidad, de la relación con el soberano, derivó en la falta de un sentido de responsabilidad colectiva en las colonias y en la ausencia de un sentimiento de constituir una comunidad articulada. Cuando surgía una situación problemática o una tarea política debía ser efectuada, los colonistas de la América Española no se sentían culturalmente obligados o institucionalménte empujados a actuar por sí mismos. La respuesta a los problemas era el referirlos al monarca que tenía el poder y el deber de encontrar solución a ellos y satisfacer los agravios.

El rol del soberano como moderador y árbitro de conflictos, junto con la posibilidad estatuída de desobedecer las leyes cuando se estimara que ellas estaban en contradicción con el deber principal del monarca – el gobernar equitativamente redundaba – en la dificultad de los súbditos de desarrollar sentimientos antagónicos hacia el soberano. A partir de esta situación se hace posible explicar el hecho que el símbolo de la autoridad real haya permanecido inquebrantado y de que mantuviese su carácter sagrado durante los trecientos años de dominio colonial, a pesar de las críticas a un gobierno que muchas veces era considerado ineficiente, cruel y estúpido.

El slogan que reflejaba la naturaleza y mecanismo del sistema era el comúnmente utilizado: "Viva el rey!, Muera el mal gobierno!".[22] En este contexto es ilustrativo señalar que las rebeliones coloniales rara vez estuvieron dirigidas en contra de la Corona. Tupac Amaru – líder de una famosa rebelión indígena en el siglo XVIII – al condenar y ejecutar al Corregidor de Tinta sostuvo hacerlo en nombre del monarca; su catolicismo ferviente y su monarquismo eran actitudes comunes en los mestizos de la época.[23]

Conflictos internos, devoción y afecto al monarca fueron entonces dos constantes de la experiencia colonial en la América Española.

Las Reformas Borbónicas en el siglo XVIII, intento de modernización defensiva de España, significaron un reforzamiento de las tendencias que he señalado. La Guerra de Sucesión, provocada por la muerte de Carlos II en 1700, obligó, a una España débil y en retroceso en el concierto europeo, a hacer concesiones a Inglaterra y Francia para obtener de ellas el reconocimiento de su dominio imperial en América. A la primera se le otorgó el derecho de abastecer con esclavos a las colonias españolas y a venderles un volumen estipulado de mercancías. Los franceses lograron la tolerancia tácita de sus mercados en España y la posibilidad de una cooperación económica y política en contra de los ingleses.

Los esfuerzos hechos por los Borbones en el siglo XVIII para fortalecer a España replanteando las relaciones con las colonias y el rol de ellas y de la metrópoli, son un intento de respuesta a la situación referida.

En una primera fase se trató de la definición de las vias para llegar a la meta deseada: un mayor control nacional de la economía de la metrópoli y la de las colonias. Se consideraba necesario para lograr estos propósitos el recobrar las concesiones comerciales otorgadas a las naciones europeas, enfrentar más adecuadamente las presiones europeas en lo que se refería a la necesidad de metales y materias primas provenientes de las colonias españolas, como asimismo el desarollar las posibilidades de estas últimas como consumidoras de manufacturas. Dentro de estos mismos propósitos debemos situar el énfasis puesto en el fomento de la agricultura y manufacturas españolas para salir al encuentro de las demandas domésticas y coloniales.

Para realizar esta política se siguió una linea marcadamente mercantilista: a) la creación de un cuerpo de intendentes revestidos con amplios poderes militares y fiscales cuya misión comprendía una mayor racionalización de la recolección de impuestos y la reducción de barreras al comercio interregional con el fin de lograr un aumento de la proporción de productos españoles hacia las colonias, b) el fomento de las manufacturas mediante subsidios estatales para la producción de finos artículos de lana y seda, porcelana y tapices, c) la formación de compañías comerciales con privilegios a los cuales se les asignaba sectores especiales del mercado colonial.

Durante la segunda mitad del siglo XVIII, la vieja y restrictiva estructura comercial fue desmantelada, se rebajaron las tarifas y se abolió el monopolio del comercio con las colonias sustentado por Cádiz y Sevilla. En 1765 se permitió el comercio entre un número de puertos españoles con puertos del Caribe. El comercio libre entre España y América se extendió a Buenos Aires, Chile y el Perú, y en 1789 a Venezuela y México. Lo anterior estuvo combinado con la extensión del comercio libre de esclavos a partir de 1789 y el permiso para comerciar con colonias extranjeras desde 1795, y con veleros neutrales desde 1797. La política seguida tuvo como resultado un aumento del valor y volumen del comercio colonial, un incremento de las entradas guvernamentales por concepto de impuestos de venta, tarifas aduaneras y en virtud del monopolio estatal del tabaco y el mercurio, y un notorio crecimiento de la producción artesanal y manufacturera española.

En las colonias, no obstante, el aumento del comercio libre significó la ruina de mercaderes, el drenaje de dinero de las colonias y la muerte de industrias locales.[24]

El intento borbónico de levantar y vigorizar España acentuó las tendencias que he venido mencionando. El sistema de intendentes de inspiración francesa contaba entre sus intenciones principales la centralización y el mejoramiento de la estructura de gobierno y la restauración de la integridad y el respeto por la ley en todos los niveles de la administración. La administración colonial bajo los Borbones fue reformada y se intentó reafirmar y consolidar los principios patrimonialistas. Se atacó y condenó los lazos familiares de los funcionarios reales con familias de las élites criollas, el que los miembros de Audiencias fuesen originarios de la provincia o ciudad en que estas Cortes estaban situadas y el que presidencias de Audiencias, Gobernaciones y Capitanías Generales fuesen ocupadas por criollos. Quejas de este tipo llevaron a que se expurgasen Audiencias y a que funcionarios de la Corona fueran removidos.

La piedra angular sobre la que se apoyaron las reformas borbónicas fue la convicción, compartida por los consejeros y ministros del rey y el monarca mismo, de que el mejor medio de alcanzar el resurgimiento de España era por medio de una monarquía poderosa que removiese todo bolsillo de independencia y eliminase todos los privilegios sociales, eclesiásticos y municipales que estuviesen fuera del alcance de la Corona. Esta convicción implicó una oposición por parte de la Corona a instituciones corporativas que disfrutaban de privilegios y situación especial, el ejemplo más destacado lo constituía la Iglesia, cuya misión religiosa era soportada por los poderosos fundamentos constituidos por sus fueros y riquezas.

Los monarcas borbónicos intentaron poner al clero bajo la jurisdicción de las cortes seculares y en este proceso limitaron crecientemente la inmunidad eclesiástica. La orientación de la Corona respecto a estos problemas produjo la expulsión de los jesuitas en 1767, éstos disfrutaban de derechos especiales e independencia económica en virtud de su propiedad de haciendas y otras actividades económicas exitosas.

En los umbrales de la Independencia, las características institucionales centrales del Imperio Español en América sobre las que he llamado la atención, lejos de desvanecerse se vieron fortalecidas y experimentaron un resurgimiento.

El trasfondo político religioso e institucional con sus contenidos – veneración y legitimidad del poder central y dominio patrimonial unido a un fundamento religioso que ponía énfasis en metas colectivas y la subordinación del individuo a ellas – constituían parte importante del universo significativo de los líderes de la Independencia y de los primeros hombres de Estado de la América Española. En base a estos fundamentos es como intentaré mostrar, que leen, interpretan y aplican las nuevas doctrinas como, por ej., el liberalismo.

Notas y referencias

1. Lesley B. Simpson, *Los Conquistadores y el Indio Americano*, Barcelona 1970, pág. 18.
2. Richard Konetzke, *América Latina la Epoca Colonial*, 1978, pág. 99 y Claudio Véliz, *The Centralist Tradition of Latin America*, Princeton, 1980, pág. 31
3. Max Weber, *Economía y Sociedad*, Fondo de Cultura Económica, México, 1983, págs. 759-760.
4. *Economía y Sociedad*, pág. 810.
5. Richard M. Morse, "The Heritage of Latin America", pág. 145, en Louis Hartz, *The Founding of New Societies*, New York 1964, págs. 123-177.
6. Historia de España Alfaguara II, Madrid 1981, J.A. García de Cortazar, *La época medieval*, pág. 434.
7. Véliz, *The Centralist Tradition*, págs. 36-37.
8. *Economía y Sociedad*, pág. 281.
9. *El Laberinto de la Soledad*, México 1973, pág. 91.
10. Una visión que acentúa los aspectos negativos de la dominación española se encuentra en S. Stein & B. Stein, *The Colonial Heritage of Latin America*, New York 1978. Una obra temprana, pero bastante equilibrada sobre la relación españoles e "indios" es la de Harold Osborne, *Indians of the Andes: Aymaras and Quechuas*, London 1962. Un tratamiento serio y reciente del tema lo entrega – desde una perspectiva marxista – Steve Stern en, *Peru's Indian Peoples and the Challenge of the Spanish Conquest: Huamanga to 1640*, Madison 1982.
11. Sobre la encomienda puede consultarse: Richard Konetzke, *La Epoca Colonial*, pág. 160-181, Charles Gibson, *Los Aztecas bajo el dominio español 1519-1810*, Siglo XXI, México 1978, págs. 63-86, Véliz, *The Centralist Tradition*, págs. 52-53 y los Apéndices

I y IV del libro de Lesley Byrd Simpson, *Los Conquistadores y el Indio Americano*.12. *La Epoca Colonial*, pág. 145.

13. Francisco José Moreno, *Legitimacy and Stability in Latin America, A Study of Chilean Political Culture*, New York y London 1969, pág. 6.
14. *Tratado de las leyes y de Dios Legislador*, Tomo II, Libro III, págs. 207-208.
15. Las dos últimas citas se encuentran en el artículo de Mario Góngora, "Estudios sobre el Galicanismo y la 'Ilustración Católica' en América Española", págs. 78-79, en: *Estudio de Historia de las Ideas y de Historia Social*, Valparaiso, Chile, 1980.
16. S. Stein y B. Stein, *The Colonial Heritage, pág. 70.*
17. John Leddy Phelan, "Authority and Flexibility in the Spanish Bureaucracy", pág. 56, *Administrative Science Quarterly*, Vol. XLIV , June 1960, págs. 47-65.
18. F. Moreno, *Legitimacy and Stability in Latin America*, pág. 30.
19. Veáse, *Economía y Sociedad*, págs. 185-87.
20. S. y B. Stein, *The Colonial Heritage*, pág. 74 y Richard Konetzke, *La Epoca Colonial*, págs. 140-41.
21. *Economía y Sociedad*, págs. 784-785.
22. Veáse, entre otros, F. Moreno, *Legitimacy and Stability in Latin America*, pág. 42.
23. Veáse, Richard Morse, "Toward a Theory of Spanish American Government", pág.78, *Journal of the History of Ideas*, Vol.XV, 1954, págs. 71-93.
24. John Lynch, *The Spanish American Revolutions 1808-1826*, pág. 13, London 1973.

Capítulo III
Liberalismo y Democracia

Uno de los postulados centrales de mis estudios es el siguiente: Los padres fundadores del Estado y la Nación Chilena propugnaban ideas opuestas a las consustanciales al liberalismo político y el tipo de legitimidad al que apelaban no era la democracia.

Para comprender estos postulados, que contradicen las conclusiones de algunos historiadores considerados autoridades en la materia[1], considero necesario explicar qué entiendo por liberalismo político y democracia; por supuesto no se trata de un análisis exaustivo de estos conceptos, sino de una presentación de ciertas características vitales. Sin una clarificación de las expresiones utilizadas se comete la falacia de calificar a personas como liberales o demócratas en base a la constatación de que conocían los textos de los pensadores liberales, los leían y citaban o hacían declaraciones de simpatía con respecto a esos ideales.

III.a Postulados Básicos del Liberalismo Político

Entre las creencias básicas y fundamentales defendidas por el liberalismo político clásico se encontraban: los derechos del individuo, el constitucionalismo, las libertades políticas y la libertad religiosa.

El problema que ocupó la mente de los pensadores del temprano liberalismo fue la delimitación de las esferas de acción del Estado y del individuo. Partidarios de la mayor libertad posible para el individuo, estos pensadores intentaron trazar una línea de demarcación con respecto a la acción del Estado, en la cual – en su entendimiento – este último no podía traspasar sin vulnerar las fuentes de la personalidad y la energía moral del individuo degradándolo; por ello, en esta tradición, la libertad es entendida como una libertad en contra del Estado, éste no tenía el derecho de controlar las creencias religiosas, de dirigir el pensamiento o de intervenir en la vida económica privada de los ciudadanos.[2]

Entre los derechos del individuo, la libertad de conciencia era considerada esencial, ella implicaba la libertad religiosa y de pensamiento y con relación a los otros individuos, la libertad de expresarse y comunicar su propio pensamiento, la seguridad personal en contra de toda presión, la libertad de movimiento, la libertad económica, la igualdad jurídica y la propiedad.

Los objetivos más importantes del constitucionalismo liberal eran el derecho de oposición, el imperio de la ley y la separación de poderes.[3] Elemento clave en lo que atañe a la separación de poderes es la idea del control y equilibrio mutuo de ellos.

III.a.1 Benjamín Constant

Benjamín Constant, una de las figuras centrales del liberalismo francés, leído y citado por la intelectualidad criolla independentista en Chile[4], ilustra muy bien en sus escritos, algunas de las ideas principales del temprano liberalismo. Preocupado por los excesos del poder sin limitaciones y con la experiencia de la Revolución Francesa en mente, señalaba que el problema central no lo constituía tanto la forma de gobierno, sino la limitación del poder:

> Cuando se establece que la soberanía del pueblo es ilimitada, se hecha al azar en la sociedad humana un grado de poder demasiado grande en sí, que es un mal cualesquiera que sean las manos en las que se deposite. Confiérasele a uno solo, a muchos, a todos, siempre lo encontraremos igualmente perjudicial, culparéis a sus depositarios, viéndoos según las circunstancias en presición de acusar sucesivamente a la monarquía, aristocracia, democracia, a los gobiernos mixtos y al sistema representativo. Pero no tendréis razón; pues lo que debe alarmar es el grado de fuerza que se confía, y no los depositarios que la tienen, el arma que entregamos, y no el brazo que la maneja.[5]

Los límites de la individualidad – que ninguna entidad o autoridad debe poder traspasar – eran también claramente trazados por Constant:

> El pueblo no tiene el derecho de ofender a un inocente, ni tratar como culpable a un solo acusado sin pruebas legales; por consiguiente no puede delegar tampoco a otro este derecho. El pueblo no lo tiene para atentar a la libertad de opinión, a la libertad religiosa, a las salvaguardias judiciales, a las formas protectoras. Ningún déspota, por consiguiente, ninguna asamblea puede ejercer facultad semejante, diciendo que el pueblo lo ha revestido de ella.

Finalmente es valioso mencionar los límites de la obediencia a la ley misma que fija este pensador liberal, importantes de contrastar con el tipo de legitimidad legal esgrimida por los fundadores de los nuevos Estados Hispanoamericanos:

> Si la ley nos prescribiese pisotear nuestras afecciones o nuestros deberes; si bajo el pretexto de una abnegación gigantesca y fictícia, en pro de lo que pudiera llamarse sucesivamente monarquía o república nos prohibiese la fidelidad a nuestros amigos desgraciados; si nos mandase la perfidia con nuestros aliados, o aun la persecución contra enemigos vencidos, sea anematizada la redacción de injusticias y crímenes cubierta con el nombre de ley.[7]

III.a.2 Liberalismo, Feudalismo y Reforma

El liberalismo político encontró su sustento en aspectos peculiares del desarrollo ideológico e institucional de la Europa Occidental. La libertad política, p.ej., estuvo ligada a la experiencia feudal, bajo ella la aristocracia, las comunidades urbanas, los gremios, eran grupos privilegiados, libres cada uno en su propia esfera. Claro está que en la sociedad feudal, la libertad política no era considerada como algo inherente al individuo, sino que era un privilegio que se compraba y vendía.

Estas acciones eran posibles debido al carácter mismo del poder del Príncipe; en efecto la fuente del poder de este último no era diferente al de la aristocracia, surgía en ambos casos de la propiedad a la cual la soberanía política era inherente; las relaciones eran entonces de soberano a soberano, de hombre libre a hombre libre.

Las ideas de garantías y limitaciones del poder central estuvieron – en un sentido amplio – conectadas con las instituciones medievales que moderaron a la monarquía, no en favor del individuo, sino de los grupos privilegiados. En la América Española – como he señalado – no se conoció la descentralización política ni la delegación del poder que caracterizaron al feudalismo europeo occidental. Las aristocracias criollas no tuvieron autonomía, ni garantías ante el poder del monarca; las instituciones en que ellas estaban representadas – los Cabildos – tampoco ejercieron un rol moderador del poder de la Corona, por el contrario estuvieron subordinados a las instituciones representativas del poder monárquico en las colonias.

El liberalismo se benefició además de la Reforma, ésta, independientemente de las intenciones de Lutero y Calvino, y sobre todo por la acción de las sectas disidentes desarrolló el individualismo al cuestionar las jerarquías eclesiásticas, sostener la idea del contacto directo del creyente con Dios y poner énfasis en la validez de la interpretación individual de las Escrituras, sin necesidad de intermediarios. De estas ideas y experiencias surgió la fe y el respeto por la intimidad de la conciencia del hombre y el sentido de confianza y responsabilidad del individuo.[8]

América Latina en general tuvo – bajo el dominio español – un contexto institucional e ideológico diferente al que hizo posible el surgimiento y arraigue del liberalismo, por ello me parece erróneo el creer que la lectura de algunos libros hiciera liberales a los miembros de las élites criollas – que construyeron los Estados nacionales – borrando súbitamente de sus mentes el universo significativo en el que habían estado insertas. Al contrario – como me esforzaré de mostrar – la organización político-institucional que la élite criolla chilena dio al nuevo Estado, tuvo mucho que ver con el contexto recién mencionado y poco con el liberalismo.

III.b Hacia una comprensión de la esencia de la democracia

En lo que se refiere a la democracia caracterizaré su esencia – siguiendo a Max Weber – como una minimización del poder[9] que se puede lograr mediante el sistema de control y equilibrio mutuo de los diferentes poderes – Ejecutivo, Legislativo y Judicial – períodos cortos de duración en el cargo, consultas a la población sobre decisiones sustanciales, etc.

Como forma de gobierno, la democracia en el sentido moderno de la expresión – a diferencia de la que se conoció en la antigua Grecia – tal como surge del desarrollo de la Civilización Occidental, es un sistema de control y limitación del gobierno.[10]

Se pueden establecer niveles de democracia; pero para hablar de ella a un nivel mínimo, se requiere la existencia de un gobierno constitucional – es decir, sujeto a restricciones – que asegure la libertad política, la seguridad personal y una justicia independiente del poder central.

Para lograr el objetivo del control y limitación del gobierno, se hace necesario una prensa independiente de él, la libertad de expresión, información y reunión, el respeto a los derechos de oposición y de las minorías.

A niveles más altos, se puede hablar de la democracia como algo más que una forma de gobierno; entonces ella se convierte en un sistema de vida que tiende a la igualdad de condiciones, oportunidades y puntos de partida.

Cuando en lo sucesivo utilice el concepto democracia lo haré entendiendo ésta en un sentido mínimo.

III.c Barrington Moore y las precondiciones históricas para el desarrrollo de la democracia y la dictadura

¿Existen condicionantes históricas que favorecen el desarrollo de regímenes democráticos y otras que los obstaculizan, creando condiciones propicias para el desarrollo de régimes autoritarios/dictatoriales?. El sociólogo norteamericano Barrington Moore tuvo la audacia de intentar, mediante una investigación sociológica, macrohistórica y comparativa, de entregar una respuesta a estas interrogantes en su obra, "Social Origins of Dictatorship and Democracy", que no sin razón lleva el subtítulo de, "Lord and Peasant in the Making of the Modern World."

Según Moore, la transición a la sociedad moderna/industrial se ha producido por tres vías principales, mediante: *a)* Revoluciones burguesas, *b)* Revoluciones desde arriba, *c)* Revoluciones campesinas. Estas tres vías han desembocado en diferentes situaciones políticas, la primera – los casos de Inglaterra, Francia y los Estados Unidos – en lo que Moore denomina democracia capitalista; la segunda – Alemania y el Japón – en régimes fascistas y la tercera – China y Rusia – en sistemas comunistas.

Estos resultados arrancan de diferentes combinaciones entre – los que Moore considera – los principales actores de estos gigantescos procesos históricos: el poder central, la aristocracia terrateniente, la burguesía y los campesinos.

Las coaliciones fuertes entre la aristocracia terrateniente y el poder central, con una burguesía débil y un estamento campesino débil y reprimido, han constituído

45

la base para soluciones de tipo fascista y una modernización impulsada desde arrriba, los casos de Prusia y el Japón.

La alianza modernizadora, entre la burguesía comercial y la aristocracia terrateniente con un poder central débil y un estamento campesino dividido y transformado, favorece soluciones democráticas burguesas: el desarrollo inglés.

En Francia la alianza entre monarquía absoluta, nobleza y burguesía comercial y financiera, feudalizada en gran parte esta última por la compra de tierras, saltó en pedazos con la Revolución de 1789 que fue un paso decisivo en el largo camino de Francia hacia la democracia.

Debe quedar claro que cuando Barrington Moore habla de revoluciones burguesas – la de Inglaterra en 1642, la de Francia en 1789 y la Guerra Civil norteamericana – lo está haciendo a partir de las consecuencias político-legales de estos eventos y no a partir del supuesto de una burguesía comercial e industrial que sentía su poder económico constreñido por estructuras políticas y jurídicas controladas por la aristocracia feudal y que por lo tanto se veía impulsada a destrozarlas.[11]

Basándose en los casos históricos examinados, el autor enuncia una serie de prerrequisitos y situaciones que han favorecido el establecimiento de formas de organización política democráticas o autoritarias. Precondiciones que han propiciado el establecimiento de las primeras han sido:

a) el que existiese una situación de balance que impidiera el establecimiento de un poder monárquico demasiado fuerte o el de una aristocracia demasiada poderosa.
b) una forma apropiada de agricultura comercial – no basada en sistemas represivos de trabajo – ya sea por parte de un segmento de la aristocracia terrateniente o por los campesinos.
c) la prevención de una coalición aristocrática-burguesa en contra de los campesinos y trabajadores.
d) un quiebre revolucionario con el pasado.[12]

Por otra parte situaciones como las que siguen han desembocado, a menudo, en el establecimiento de regímenes autoritarios o fascistas:

a) la plantación esclavista.
b) la mantención intacta de la sociedad campesina produciendo un excedente que la nobleza agraria puede comercializar.
c) la reintroducción de una segunda servidumbre como respuesta a un aumento del comercio.[13]

Estas dos últimas situaciones han hecho necesario un sistema político represivo para extraer el excedente, mantener a la fuerza de trabajo en su lugar y hacer funcionar el sistema en general.

El intento de Barrington Moore ha sido criticado y discutido apasionadamente

– lo que deja en claro la importancia de la problemática investigada – desde diferentes ángulos y con énfasis distintos. Me limitaré a señalar las críticas que considero de mayor relevancia para la problemática que intento aclarar.[14]

Una debilidad notoria y con consecuencias negativas para los resultados del análisis histórico es la tendencia del autor a explicar todos los conflictos y estructuras políticas como derivados de las luchas y estructuras de clases. Este enfoque unido al alto nivel de generalización que caracteriza su obra le impide, p.ej., ver las importantes disimilitudes entre el proceso de modernización japonés y el alemán.

El primero fue impuesto por una élite burocrático – militar desprovista de propiedad territorial, sin lazos con la aristocracia agraria y en contra de los intereses de grupo de esta última. En el caso alemán el Estado agrario altamente burocratizado y centralizado estaba directamente ocupado por miembros de la élite agraria o personas estrechamente ligada a ella que utilizaron este Estado para responder a los desafíos internos y externos en concordancia con los intereses de esta élite.

En otro contexto histórico-nacional, el conflicto que enfrentó al Parlamento con la Corona en Inglaterra a comienzos de los 1640 no se redujo sólo a un problema de tenencias feudales y concesiones de monopolios por parte de la Corona; aspectos cruciales de esta disputa fueron también: ¿Quién debía ejercer el control sobre las fuerzas militares y la Iglesia?, ¿Quién tenía el derecho a exigir impuestos?, etc.

El Parlamento estuvo en condiciones de hacer valer sus intereses, no sólo porque existía una aristocracia agraria comercializada; es necesario incorporar al análisis hechos decisivos como el que el rey y sus ministros, debido al peculiar desarrollo inglés, no tenían a su disposición una burocracia altamente centralizada y un ejército permanente.

Las situaciones históricas que favorecieron el triunfo de la democracia política estuvieron ligadas a una lucha en contra de las aspiraciones totalizantes del poder central – el caso inglés – o a un ajuste radical de cuentas con el sistema absolutista y sus implicaciones políticas, sociales y económicas; éste fue el contenido esencial de la Revolución Francesa.[15] Ambos procesos precedieron la instauración de la sociedad industrial de mercado o "capitalista". Llamo la atención sobre este hecho debido a que la lectura marxista y leninista de estos procesos ha tendido a homologar democracia y capitalismo.

La Revolución Francesa fue sustancialmente una revolución vuelta en contra de las relaciones económicas de tipo feudal tardío y del absolutismo; en ninguna parte se puede constatar la presencia de una burguesía manufacturera o industrial interesada en liderar una confrontación definitiva con estas formas de organización política, social y económica.

Las tesis de Moore y el debate que siguió a las aguas de la publicación de su obra ayudan a comprender la importancia de ciertos factores que serán mencionados en el capítulo, Panorama de la Sociedad Chilena. De este modo quedan claro los obstáculos representados – en la perspectiva de la instauración de un sistema político democrático como corolario de la Independencia de España – por el poder indiscutido de la élite criolla sobre una sociedad con marcado carácter estamental, la mantención intacta, después de la Independencia, de sistemas laborales propios de un régimen señorial y la estrecha interrelación – proveniencia de las mismas familias – o dependencia de las élites militar y política con respecto a la élite económica. La Independencia – como espero se podrá ver – no llegó a implicar un ajuste de cuentas decisivo con el legado socioeconómico, ideológico e institucional hispánico.

Notas y referencias

1. Ya he mencionado en el capítulo I las opiniones de algunos especialistas en América Latina sobre la influencia del liberalismo y el constitucionalismo angloamericano y francés sobre los líderes de la Independencia, sobre el caso chileno en específico sostiene Simon Collier: "It will by now become clear that the main political ideas of the Chilean revolution were liberal and individualist in character, and that they stemmed from the diverse currents of late eighteenth century and early nineteenth century liberalism..." y agrega "It is difficult to claim that traditional Spanish elements found much of a place in this new system of thought", *Ideas and Politics of Chilean Independence 18081833*, pág. 168.
2. Guido de Ruggiero, *The History of European Liberalism*, London 1927 pág. 51.
3. David G. Smith, "Liberalism", *International Encyclopedia of the Social Sciences*, Vol.4 1968, págs. 276-282.
4. Simon Collier, *Ideas and Politics*, págs. 174-175.
5. Benjamín Constant, *Curso de Política Constitucional*, Madrid, 1968, pág. 4.
6. *Curso de Política Constitucional*, págs. 12-13.
7. *Curso de Política Constitucional*, pág. 10.
8. Sobre el Protestantismo como fuerza espiritual del liberalismo véase Guido de Ruggiero, *European Liberalism*, págs.13-23 y David G. Smith, *Liberalism*, pág. 297.
9. H.H.Gerth & C.Wright Mills, *From Max Weber, Essays in Sociology*, London 1982, pág. 60,
10. Carl Friedrich F., *Constitutional Government and Democracy*, 1946, págs. 123-124 y G. Satori, "Democracy", International Encyclopedia of the Social Sciencies, Vol. 4, 1968, pág. 115.
11. Barrington Moore Jr., *Social Origins of Dictatorship and Democracy*, 1981, pág. 428
12. *Social Origins*, págs. 430-31.
13. *Social Origins*, págs. 433-434.
14. La lectura de las siguientes contribuciones al debate sobre la obra de Moore han influído para conformar las opiniones que expongo a continuación: Ronald P.Dore, "Making Sense of History", *Archives Européennes de Sociologie X*, 1969, págs. 295-305, Joseph V. Femia, "Barrington Moore and the Preconditions for Democracy, *British Journal of Political Science*, 2:1, 1972, págs. 21-46, Theda Skocpol, "Barrington Moore's Social Origins of Dictatorship and Democracy", *Theory and Society*, 2:3, 1975, págs. 1-34, yvind sterud, Capítulo 9 de su libro, *Utviklings Teori og Historisk Endring*, Oslo, 1978.

15. Véase los trabajos de Horstbll og Weigelt, *Frihed og Borgerskab, En undersøgelse af det Borgerlige Samfund og dets civilisationsteori i Frankrig og Skotland i det 18.rh.*, Tesis de graduación, Vols. I-IV, Instituto de Historia de la Universidad de Aarhus, 1982, y "Marxismen, de borgerlige revolutioner og kapitalismen", *Praksis* 13:3, 1983, págs. 18-22.

Capítulo IV
Legitimidad Política

El concepto de legitimidad política es un tema central de la problemática de la cultura política, es decir, del lenguaje mediante el cual el comportamiento político en una sociedad dada es visto, interpretado y entendido.

La importancia de la legitimidad política radica en su conexión con la dominación; sin un fundamento legitimador esta última sería excesivamente inestable. El contenido de la legitimidad política -un conjunto de creencias que hacen que los individuos en una sociedad consideren la distribución del poder político como justa y apropiada para su sociedad[1]-confiere estabilidad al dominio, al entregar elementos para la voluntaria aceptación de los mandatos y el poder ejercido por la autoridad política.

La contribución de Max Weber con respecto a este tema es crucial y por ello ninguna presentación puede prescindir de referirse a los tres "tipos puros" de legitimidad por él sugeridos. En efecto Weber distingue entre:

IV.a Legitimidad legal

En virtud del estatuto el tipo más puro sería la dominación burocrática, la idea básica es que cualquier derecho puede crearse y modificarse por medio de un estatuto sancionado correctamente en cuanto a la forma. Bajo esta forma de dominación se obedece no a la persona en virtud de su derecho propio, sino a la regla estatuida, la cual establece a quién y en qué medida se debe obedecer.

El tipo que ordena es el superior, cuyo derecho de mando está legitimado por una regla estatuída, en el marco de una competencia concreta, cuya delimitación y especialización se fundan en la utilidad objetiva y en las exigencias profesionales puestas a la actividad del funcionario. De estas afirmaciones se podría derivar, p.ej., que el derecho del ministro de Estado en una nación democrática de ejercer el mando se deriva de que un estatuto (la Constitución) establece que el líder de la mayoría parlamentaria tiene derecho de hacerlo, este mismo estatuto delimita por lo demás sus atribuciones determinando en forma más o menos precisa, cuales son sus atribuciones, y por consiguiente en qué tipo de asuntos debe ser obedecido y en cuáles eventualmente no, todo lo anterior independientemente de los atributos físicos, retóricos, o dotes del jefe de Estado en cuestión.

En la América Española, la legitimidad de tipo legal ha sido utilizada para fundamentar la dominación. El problema que debe tenerse en claro aquí es que autoridad legal no significa necesariamente lo mismo que autoridad democrática, por el contrario, en el mundo hispanoamericano lo que se ha intentado legalizar muchas veces es el ejercicio de la dictadura.

Las Constituciones – principalmente las que fueron elaboradas inmediatamente después de la independencia de España – han definido en forma elitista como la exigencia central para detentar la autoridad política, la superioridad moral con preferencia al apoyo popular. Ellas no han establecido de forma clara restricciones al poder gubernamental; los derechos civiles y las garantías indivuales han sido más bien toleradas y sujetos a la discreción de las autoridades estatales y finalmente han centrado el poder, no en el pueblo sino en el Estado.[2] Como se verá, las Constituciones chilenas en general – especialmente las primeras – han compartido estos rasgos.

IV.b Legitimidad tradicional

Se basa en la creencia en la santidad de los ordenamientos y los poderes señoriales existentes desde siempre ("el peso de la noche" fue la expresión utilizada por el padre fundador chileno, Diego Portales, para referirse a este fenómeno). En la dominación fundada, en este tipo de legitimidad, se obedece a la persona en virtud de su dignidad propia, santificada por la tradición: por fidelidad. El contenido de las órdenes está ligado por la tradición, cuya violación desconsiderada por parte del señor pondría en entredicho la legitimidad de su propio dominio, basado exclusivamente en la santidad de aquéllas.

Este tipo de legitimación fue principalmente utilizado en la América Española por la Corona, cuya actividad estaba respaldada por una práctica inmemorial, las instituciones y la fe. Alberto Edwards lo explicó de la forma siguiente:

> El antiguo poder monárquico había durado por siglos: la conciencia de su inmutable
> y majestuosa estabilidad era una parte de su fuerza. Contaba, además, con su apoyo,
> con el prestigio de las creencias.

Los gobiernos posteriores al quiebre del dominio español, indudablemente no podían utilizar este tipo de legitimidad sin más, lo cual no descartó el uso de elementos de ella (el hábito de sumisión al poder central, p.ej.) por parte de líderes talentosos como Portales.

IV.c Legitimidad carismática

Se da en virtud de la devoción afectiva a la persona del señor y a sus dotes sobrenaturales (carisma) y en particular a facultades mágicas, revelaciones o heroismo, poder intelectual u oratorio. Sus tipos más puros son el dominio del profeta, del héroe guerrero y del gran demagogo. Bajo la dominación basada en la legalidad del carisma se obedece exclusivamente al caudillo, personalmente, a causa de sus cualidades exepcionales, y no en virtud de su posición estatuida o de su dignidad.

Dentro de esta categoria se puede, en mi opinión, incluir la obediencia y el prestigio que gozaron figuras conocidas en la historia militar y política de la América Española: San Martín y Quiroga, en la Argentina; Artigas, en el Uruguay, Santa Cruz, en Bolivia y Perú; Pancho Villa, en México, Fidel Castro y Che Guevara, en Cuba; etc. Todos ellos han poseído dotes particulares que los hacían/ hacen respetados, aceptados y obedecidos: coraje, capacidad de liderazgo en el combate, fortaleza física, conocimiento de la geografía, del terreno y sus posibilidades, integridad moral, apostura, etc..

Con el fin de entender la realidad política hispanoamericana, pueden agregarse a los tipos de legitimidad desarrollados por Weber, algunos otros.[4]

IV.d Legitimidad por efecto de la dominancia o el líder maquiavélico

Ella arranca del principio, en este contexto un poco tautológico, que puede ser resumido de esta manera: aquel que está en condición de imponerse y concitar temor y respeto, tiene derecho a ejercer el mando. Se obedece a la persona que, por sus dotes y habilidades, es capaz de retener el mando utilizando variados métodos, movilizando todo tipo de recursos, empleando diferentes tácticas, apelando a principios profundamente arraigados. Es con este contenido, desprovisto del sentido de valor negativo que se le atribuye comunmente a la expresión, que emplearé el término "maquiavélico".

El líder maquiavélico surge en el período que sigue a la caída del dominio patrimonial y la legitimidad tradicional representadas por la Corona española, y debe confrontarse con la disputa de fracciones, la falta de espíritu público y cooperación entre los hombres influyentes; se impone a sí mismo por un personalismo dinámico y una sagaz autoidentificación con los principios originarios locales.

IV.e Legitimidad en virtud de resultados

Ellos pueden ser la obtención de la paz, tranquilidad, el orden, el bienestar nacional y, en el siglo XX, la justicia social.

Lo común de todas las formas de legitimidad política hasta aquí mencionadas es su contenido autoritario, es decir, no democrático. La legitimidad democrática basada en: períodos limitados de permanencia de los líderes políticos en el poder, el apoyo popular, la posibilidad de remoción pacífica y regulada de los detentores del poder político, existencia de una oposición legalizada, respeto del control mutuo y autonomía de los diferentes poderes estatales, etc, ha sido sido la exepción en la historia de Hispanoamérica.

Notas y referencias

1. Recogo aquí la forma en que Peter H. Smith utiliza el concepto de legitimidad política, veáse su: *Political Legitimacy in Spanish America,* pág. 230.
2. Véase el artículo de Glen Delay, "Prolegomena on the Spanish American Political Tradition", *The Hispanic American Historical Review* 48, 1968, págs. 37-58.
3. *La Fronda Aristocrática,* pág. 66.
4. Aunque mi utilización de los tipos de legitimidad que son propuestos a continuación es diferente al que hacen R. Morse y Peter H. Smith me baso en general en sus proposisiones, veánse respectivamente: *"Theory of Spanish American Government"* y *"Political Legitimacy in Spanish America."*

Capítulo V

Panorama de la Sociedad Chilena entre los últimos años del siglo XVIII y los comienzos del XIX

V.a Aspectos geográficos y económicos

¿Qué visión se le presentaba al viajero que llegaba a Chile en los comienzos del siglo XIX?. Con seguridad se percataba del encierro del país. Hacia el norte existía una muralla natural en la forma del desierto de Atacama, hacia el este las imponentes montañas de la cordillera de los Andes, al sur del río Bio-Bio la región en aquel entonces estaba ocupada por los ya célebres araucanos, que los españoles no habían podido someter por la fuerza de las armas. Dentro de los límites delineados se encontraba establecida la inmensa mayoría de la población, calculada en los comienzos del pasado siglo en un millón doscientos mil habitantes.[1]

Las comunicaciones entre el centro político y administrativo, Santiago, y los puntos límites de este territorio podían hacerse rápidamente requerido el caso. Viniendo desde el sur el viajero se encontraba con la región de los grandes bosques, abundante en ricas maderas y suelos fértiles capaces de producir variados granos, zona ocupada por los araucanos. Desde el Bio-Bio al valle de Aconcagua, surgía a su vista la tierra de la vid, los cereales y el aceite, y desde Aconcagua al norte, la región de los metales: estaño, plata, oro y cobre. Las ciudades que llamaban la atención por su importancia eran: Santiago, la sede de gobierno y de la Aduana; Coquimbo, principal puerto de la región minera y Concepción, en el sur. Los caminos por los cuales podían transitar coches eran sólo tres, dos entre Santiago y Valparaíso y uno entre Santiago y Concepción, los transportes de mercancías se hacían sólo a lomo de mulas y en carretas. Las Reformas Borbónicas y más tarde la Independencia habían ocasionado un aumento considerable del comercio con los países europeos y los EE. UU., sin embargo, es necesario tener presente que el consumo de artículos importados estaba fundamentalmente restringido a los grupos sociales privilegiados, como constataba una visitante inglesa:

> But the people of the country are still in the habit of spinning, weaving, dying, and make every article for themselves in their own houses, except hat and shoes.[2]

Un compatriota suyo sostenía una opinión similar:

> Casi exclusivamente en los pueblos grandes y aldeas es donde se usan los artículos europeos, porque la gente del pueblo tiene sus propias manufacturas como los ponchos y sus rudos tejidos de lana y algodón.[3]

El creciente volumen de las importaciones era algo que había preocupado, no obstante, tempranamente a miembros de la élite criolla imbuidos de las doctrinas mercantilistas. El problema ya había sido señalado, a fines del siglo XVIII, por el Síndico del Consulado Real don Manuel de Salas: Chile contaba para financiar sus importaciones sólo con los productos de su suelo.[4] De esta forma las mercancías provenientes de Lima eran pagadas con el envío de trigo y las de Europa con metales.

Chile tenía más comercio que el que necesitaba y podía sostener, concluía en el citado informe Manuel de Salas, los hechos no desmintieron esta apreciación. Bland estipulaba que la suma total de importaciones en 1817 se calculaba en poco menos de cuatro millones de dólares, mientras que no se había exportado por más de dos.[5]

Si de la observación del estado del comercio se pasa al de la técnica y la industria, podemos observar que éstas, comparadas con los niveles existentes al norte de la Península Ibérica, eran consideradas de un bajo nivel de desarrollo. Pocas industrias eran estimadas dignas de ser denominadas como manufacturas, las técnicas e instrumentos utilizados en éstas y en la agricultura eran en general juzgadas como anticuados, groseros y costosos.

En cuanto a la difusión de libros científicos es necesario precisar que ellos – antes de la Independencia – pasaban por el cedazo de la Santa Inquisición de Madrid y la de Lima. Chile antes de su Independencia no contó con una imprenta propia.

V.b La aristocracia criolla

La sociedad chilena del período que me ocupo era una sociedad estamental, jerarquizada y compartimentada, en la cual era muy difícil alterar el estado adquirido por el nacimiento en un determinado grupo social.

En esta sociedad el dominio había sido ejercido – hasta los umbrales de la Independencia – por los funcionarios de la Corona y los miembros de la aristocracia criolla u oligarquía. ¿Quiénes integraban esta última y cuáles eran las bases de su poder y riqueza?. Una parte de ella había hecho fortuna con las concesiones de tierras y encomiendas, este último es, p. ej., el caso de la familia Aguirre que mantuvo por generaciones las encomiendas de Copiapó y Coquimbo y que han continuado siendo hacendados en esta zona en el presente siglo.[6]

En general se puede sostener que la aristocracia criolla estaba constituida por un grupo de familias – de ahí la expresión "oligarquía" – que habían adquirido su poder económico y lo preservaban por medio del ejercicio combinado de distintas actividades económicas tales como, comercio, grandes propiedades rurales y minería. Cuando se emplea el término "familia" se debe tener presente que ésta – en el contexto histórico al que me estoy refiriendo – tenía una connotación más amplia que en la actualidad y era sinónimo de hogar, tierras, nombres y antepasados.

La aristocracia criolla estuvo desde muy temprano interrelacionada, lo que implica que no se puede hacer distinciones entre fracciones económicas claramente delimitadas y con intereses diversos; más importante aún es, quizá, el hecho que los miembros de las élites militar y político-burocrática pertenecían a esta élite económica o estaban ligados a ella por lazos familiares o relaciones de otro tipo.[7]

Ejemplos que ilustran las afirmaciones anteriores abundan. Don Mateo de Toro y Zambrano, último Capitán General de Chile y Presidente de la primera Junta de Gobierno – había desempeñado los cargos de Superintendente de la Casa de Moneda, Corregidor de Santiago y Coronel de Milicias, su fortuna estaba basada en la agricultura y el comercio.[8] José Miguel Carrera, uno de los principales caudillos militares de la época de la Independencia, pertenecía a una familia que había obtenido su fortuna como hacendados y mineros. Otras figuras políticas y militares importantes, dentro del movimiento independentista chileno, como O'Higgins (él mismo hacendado), Egaña y Juan Martinez de Rozas estuvieron asociados con la poderosa familia de los Larraín, comerciantes y terratenientes.[9]

Signos indiscutidos de pertenencia a la élite criolla eran la posesión de mayorazgos y títulos de Castilla. Los primeros llevaban consigo la concentración de los bienes en el primogénito con el fin de conservarlos en la familia; ello perjudicaba a la mayoría de los hijos del fundador y sólo la condición muy elevada de una familia podía justificar tal sacrificio.

Los títulos de Castilla por su parte, por sus elevados precios, sólo podían ser adquiridos por los que contaban con cuantiosos recursos económicos.[10]

Antes de la Independencia de España, la élite criolla mantuvo estrecho contacto con los funcionarios de la Corona, estos últimos eran ligados a los intereses de las familias por medio de uniones matrimoniales.

Esta situación debe ser entendida en el ámbito de una sociedad en la cual el poder central había sido una fuente importante en la adquisición de riquezas – mediante las concesiones de tierras, fuerza de trabajo, monopolios comerciales, etc. – y que continuaba teniendo un papel decisivo en la regulación de la vida económica.

La forma absolutista de administrar la sociedad y la economía, que acabo de señalar, llevó a una extrema concentración de la propiedad, las riquezas y el poder.

Una muestra de las implicaciones de esta situación la encontramos en la siguiente constatación:

Between Santiago and Valparaiso three superior lords, or mayorazgos, possess the soil.[11]

La concentración de la propiedad y del poder político, unida a la concesión de monopolios comerciales mantenía a gruesos sectores de la población sujetos a un régimen con características señoriales o como población "excedente" con respecto a las actividades económicas, todo ello con la consiguiente marginación económica, social y política. A estos grupos me referiré a continuación utilizando una expresión de la época para designarlos.

V.c La situación del Bajo Pueblo
La inmensa mayoría de la población vivía en aquel entonces en el campo, por ello comenzaré con una reseña del Estado de los trabajadores en este sector.

V.c.1 Inquilinos
La concentración de la propiedad agrícola en pocas personas – por medio de las encomiendas, concesiones de tierras, usurpaciones y ventas – obligó a los ex-indios encomendados, los mestizos y españoles pobres a incorporarse a la economía rural mediante el recibo de préstamos o arrendamientos de tierras dentro de las grandes propiedades agrícolas. Este es el origen del "inquilinaje", institución central en el agro chileno hasta el presente siglo.[12]

En un comienzo, la retribución exigida por estos préstamos o arrendamientos era muy limitada. El aumento del valor de la tierra entre finales del siglo XVII y comienzos del siglo XIX supuso, no obstante, un aumento de las exigencias y un deterioramiento de la posición de los arrendatarios o prestamistas originarios, transformados ahora en inquilinos.

El científico francés Claudio Gay que recorrió el país en la década de los 30 del pasado siglo[13] entrega importantes informaciones para la comprensión de la situación de los inquilinos. A cambio del pedazo de terreno recibido y del permiso para mantener algunos animales en la hacienda, ellos debían suministrar prestaciones en trabajo consistentes en:

> Ayudár á los vaqueros en la época de los rodeos, á marcar los animales, á separarlos, á ponerlos en gorda hasta dejarlos finalmente en estado de charqui, limpiar las acequias, trillar el trigo, acompañar á veces al propietario en sus escursiones, hacer algunos mandados y algunos otros pequeños trabajos que le son pagados ordinariamente.[14]

Los inquilinos pagaban, a menudo, también una renta en especie – parte considerable de sus cosechas – a cambio del préstamo de semillas, animales e instrumentos para cultivar su porción de terreno.

La inexistencia de regulación administrativa y de contratos formales los dejaba expuestos a abusos por parte de los hacendados ya fuera por medio de los adelantos concedidos, el subido precio de los arriendos, o la costumbre de los hacendados de retribuir los servicios de los inquilinos con víveres o mercancías de los almacenes de las haciendas evaluadas a precio de monopolio.

El dominio ejercido por los hacendados sobre sus inquilinos se basaba no sólo en el monopolio sobre la tierra, detentado por el primero, sino también en la autoridad que le concedía su posisión de juez – en el caso de delitos menores – y de jefe de milicias.

V.c.2 Peones, Jornaleros o Gañanes

Los peones, jornaleros o gañanes eran una masa permanentemente errante de trabajadores que alternaban el empleo por temporadas en el campo con el trabajo en las ciudades y minas. Su situación – al igual que la de los inquilinos – no experimentó cambios sustanciales como resultado de la constitución de Chile en una nación independiente.

Manuel de Salas, rebatiendo la opinión sobre la pretendida flojera de los gañanes atribuida a su ancestro indígena, afirmaba que era:

> La falta de ocupación que los hace desidiosos por necesidad; a algunos la mayor parte del año que cesan los trabajos; y a otros la mayor parte de su vida que no lo hayan.15

Preocupado por lo reducido de la población chilena Salas entregó una explicación del por qué los peones o gañanes rehuían el tener hijos:

> Huye y detesta una carga que no ha de poder llevar, que hará un autor de unos seres precisamente miserables, que sean como sus padres, vagos, sin hogar ni domicilio ni más bienes ordinariamente que los que apenas cubren su desnudez. Los niños no conocen ocupación, y las cortas labores de las mujeres, después de recibir su precio como limosna, no las alcanza a sustentar.[16]

El Senado Conservador chileno entregó, en 1822, una apreciación análoga al establecer que:

> No hay ocupación continuada para los jornaleros, que sólo a temporadas tienen ocupación transeúnte y precaria; el resto del año gimen sumergidos en la miseria; sus hijos y mujeres carecen de labor.[17]

Es difícil precisar el salario obtenido por los peones en el campo ya que eran retribuidos con alimentos, fichas para el almacén de la hacienda y dinero.[18]

La concentración de los recursos y del poder económico en unas pocas familias, mantenía a gruesos sectores de la población bajo sistemas laborales autoritarios y en una economía que puede ser calificada como primordialmente de subsistencia – la institución del inquilinaje – o – como en el caso de los peones y gañanes – en una relación marginal con respecto al mercado.

Este estado de cosas – producto del legado hispánico que no fue alterado con la Independencia – ponía serios obstáculos a la formación de una clase poderosa de pequeños propietarios y a un mayor dinamismo de la economía.

Al bajo pueblo pertenecían también los trabajadores mineros del Norte, barreteros y peones o apieres que trabajaban por dinero y comida. Los pirquineros vivían cateando las montañas en busca de vetas de mineral o trabajando en lavaderos de oro, en constante deuda con los habilitadores que se reservaban el monopolio del abastecimiento de los víveres y útiles requeridos por los pirquineros: herramientas, yerba, charqui y tabaco.[19]

La falta de valoración del trabajo manual, de preparación y especialización de los artesanos, las pocas utilidades obtenidas en este tipo de trabajo, todo ello redundaba en una producción artesanal que tanto nacionales como extranjeros calificaban como ruda y carente de calidad y gracia.[20]

V.d Prejuicios sociales

En esta sociedad profundamente estratificada, los prejuicios sociales funcionaban como demarcadores de las distancias entre los diferentes grupos y a la vez como mantenedores de ellas.

Una ventana a través de la cual podemos observar estos prejuicios son los "Juicios sobre disenso para contraer matrimonio" que encontraron lugar entre 1778-1803. En ellos los parientes interesados en impedir un matrimonio debían entregar argumentos válidos – en el sentido de poder ser aceptados – que justificaran la descalificación social de la persona objetada.

La ascendencia africana era una de las razones más aducidas para intentar invalidar un matrimonio, las personas con este origen o ascendencia eran calificadas como: "mala casta", "viles" e "infames".[21] Esta prohibición era aún válida en el caso que el otro novio perteneciese a un grupo considerado como socialmente inferior – p.ej, un artesano o un hijo natural – lo que indica que las personas de tez, pelo y hasta reputación negra eran situadas al pie de la pirámide social.

Más importante aún por su amplitud y consecuencias era el desprecio social – que incluía hasta los peninsulares – por las personas que practicaban oficios viles, los trabajos manuales en general.

Se puede apreciar la intensidad del desprecio social en las quejas de los padres cuyas hijas/os pretendían contraer matrimonio con un miembro de una familia manchada por la práctica de un oficio vil. En representación de uno de estos padres aducía un abogado en 1795 dirigiéndose a la Audiencia:

Considere la integridad de vuestra Alteza si será tolerable para los descendientes de estas tan ilustres familias, equiparar las coronas, las mitras, las cruces, togas, títulos, bastones y demás empleos honoríficos, que por timbres y trofeos cuentan en sus casas, con las humildes herramientas del maestro Juan Solís, el carpintero.[22]

Chile en el periodo señalado aparece luego como un país sin diferencias regionales o obstáculos geográficos que pusiesen graves impedimentos a su comunicación interna.

La élite criolla – que concentraba la propiedad y la riqueza – vió aumentada su influencia con posterioridad a la Independencia. La élite militar y política de la nueva nación estaba estrechamente vinculada con el grupo de familias que he denominado como élite criolla por diferentes lazos y ésta supo poner atajo a los intentos autonomistas entre las primeras, cuando se presentaron. El poder de esta última no era cuestionado desde abajo; el monopolio de la propiedad y la riqueza, la autoridad de que estaba investida la élite criolla dejaba poco margen a un cambio del estado en que se encontraba el bajo pueblo.

Notas y referencias

1. Teodorico Bland, *Descripción Económica y Política de Chile en el año de 1818*, Santiago aprox. 1926, págs. 37-38. Bland fue enviado por el gobierno de los EE.UU. como comisionado para informarse sobre la situación y política de las colonias hispanoamericanas con ocasión del movimiento independentista, llegó a Chile en mayo de 1818.
2. Maria Graham, *Journal of a Residence i Chile during the year 1822 and a Voyage from Chile to Brazil in 1823*, pág. 125, London 1824. La Sra. Graham arribó a Chile a fines de 1822 en la fragata británica Doris, su esposo el capitán Thomas Graham había fallecido en el viaje. Maria Graham poseía una vasta cultura, acostumbrada a viajar y observar diversas sociedades, su diario proporciona juicios penetrantes sobre la economía, sociedad, costumbres y mentalidad en el Chile de su tiempo.
3. Samuel Haig, "Viaje a Chile en la época de la Independencia, 1817", pág. 35, en *Viajeros en Chile 1817-1847,* Santiago 1955: pág. 35. Enviado por una casa comercial inglesa, Haig tuvo la oportunidad a su llegada a Chile de presenciar sucesos políticos de trascendencia en relación con la Independencia chilena.
4. Ver, "Representación al Ministerio de Hacienda, hecha por el síndico de este Real Consulado sobre el Estado de Agricultura, Industria y Comercio de este reino de Chile", en, *Estructura Social de Chile*, pág. 143. (estudio, selección de textos y bibliografía de Hernán Godoy Urzua.. Santiago de Chile 1971. Manuel de Salas (1754-1841) abogado y profesor desempeñó diversos cargos políticos y administrativos, fue nombrado por Carlos IV síndico del Consulado, es decir de un tribunal que dirimía en asuntos comerciales, en tal calidad redactó el Informe que utilizo.
5. Teodorico Bland, *Descripción Económica y Política de Chile*, págs. 6162.
6. Brian Loveman, *Chile: the Legacy of Hispanic Capitalism*, New York 1979, pág. 84.
7. Alberto Edwards Vives, *La Fronda Aristocrática*, Santiago 1936, pág. 18.
8. Juan Ricardo Couyomdjian, "Los magnates chilenos del siglo XVIII", *Revista Chilena de Historia y Geografía* 136, pág. 318

9. Mary Lowentsal Felstiner, "Kinship Politics in the Chilean Independence Movement", págs. 72, 74 y 78, *The Hispanic American Historical Review* 56, 1976, págs. 58-80.

10. Jacques A. Barbier, "Elite and Cadres in Bourbon Chile", pág.418, *The Hispanic American Historical Review* 52:, 1972, págs. 416-435.

11. M. Graham, *Journal of a Residence in Chile,* pág. 230.

12. Veáse, H. Aránguiz Donoso, "La situación de los trabajadores agrícolas en el siglo XIX", pág. 5, *Estudio de la Historia de las Instituciones Políticas y Sociales,* nr. 2, Universidad de Chile, 1967, págs. 5-31., Brian Loveman, *Chile, The Legacy of Hispanic Capitalism,* pág. 97.

13. Gay recorrió Chile, por encargo del gobierno chileno, con el objeto de estudiar la flora, fauna, geografía y geología de Chile, y de recopilar estadística relativa a la producción, comercio y demografía. Su contacto con la gente del país y su interés por él, lo llevaron más allá de esos campos como se puede constatar en sus penetrantes observaciones sobre el mundo rural chileno en los dos tomos que dedicó a la agricultura del pais.

14. Claudio Gay, *Historia física y política de Chile, Agricultura, Tomo Primero,* pág. 184, Edición Facsimilar, Instituto de Capacitación e Investigación en Reforma Agraria, Santiago de Chile, 1973.

15. Manuel de Salas, *Representación al Ministerio de Hacienda,* pág. 141.

16. Manuel de Salas, *Representación al Ministerio de Hacienda,* pág. 141.

17. Citado por Horacio Aránguiz, *La situación de los trabajadores,* pág. 9.

18. Arnold J. Bauer, *Chilean Rural Society from the Spanish conquest to 1930,* Cambridge 1975, pág. 154.

19. Véase la representación de don José Antononio Becerra a don Ambrosio O'Higgins Vallenar, pág. 39, en Sergio Villalobos, "El bajo pueblo en el pensamiento de los precursores de 1810", *Anales de la Universidad de Chile,* nr. 120, 1960, págs. 36-49, también Marcello Segall, *Desarrollo del Capitalismo en Chile,* Santiago de Chile 1953, pág. 68.

20. Manuel de Salas, *Representación al Ministerio de Hacienda,* pág. 148 y Samuel Haig, Viaje a Chile, pág. 31.

21. Véase Gonzalo Vial Correa, "Los prejuicios sociales en Chile, al terminar el siglo XVIII", pág. 21, *Boletín de la Academia Chilena de la Historia,* 73, 1965, págs. 14-29.

22. Citado por Gonzalo Vial Correa, Los prejuicios sociales en Chile, pág. 28.

Capítulo VI

El quiebre del sistema imperial y las experiencias de la Patria Vieja y la Reconquista Española en Chile, 1808-1817

Antes de comenzar a tratar los temas centrales de este apartado, me parece necesario presentar suscintamente algunos hechos y personajes que precedieron a la designación del prócer chileno como Supremo Director; sin estos antecedentes se haría difícil comprender algunas de las actuaciones y medidas centrales de O'Higgins que fueron respuestas a problemas que se manifestaron durante la fase de la que paso a ocuparme a continuación.

VI.a Interpretaciones

El proceso de la Independencia Hispanoamericana ha sido, comprensiblemente, un tema histórico que ha preocupado y apasionado tanto la mente de historiadores profesionales como la de aficionados a la historia. Como todo suceso histórico de importancia se ha intentado dar cuenta de él por medio de diferentes explicaciones de tipo casual. La Independencia entonces se ha entendido: 1) A partir de los conflictos entre criollos y peninsulares, debidos a la discriminación que sufrían los primeros cuando se trataba de la nominación a los cargos superiores de la jerarquía administrativa colonial, 2) Como un producto de una situación económica deteriorada bajo los Borbones o a la acción de una "burguesía criolla" interesada en el libre comercio, 3) Como una derivación de la influencia ejercida por las revoluciones francesa y norteamericana.

Lo afirmado en la primera explicación se basa en un hecho indudable; la discriminación que la élite criolla experimentaba cuando se trataba de la ocupación de los más altos puestos burocráticos, militares y eclesiásticos, y el favoritismo dispensado, era una fuente de roces y conflictos que se vió agudizada durante la administración de los Borbones. La pregunta que queda sin respuesta – si se sigue esta interpretación – es la siguiente: ¿por qué este antiguo problema llevó a una crisis política precisamente en los comienzos del siglo XIX?

La segunda tesis es la presentada por los historiadores de inspiración marxista[1]; en este caso se pueden contraponer hechos y argumentos, que son difíciles de soslayar: *a)* los finales del siglo XVIII fueron testigos de un florecimiento de la economía española y de su imperio casi sin precedentes y Chile no fue ajeno a esta tendencia[2] *b)* durante el reinado de los Borbones, el comercio experimentó una liberalización considerable, *c)* los mercaderes en Hispanoamerica, en general, fueron contrarios a esta liberalización.

En Chile, p. ej., – donde la actividad económica se centraba en la producción y venta de bienes agrícolas, productos animales y granos para el mercado peruano fundamentalmente y sólo una relativamente pequeña producción de cobre encontraba salida en los mercados de Buenos Aires y europeos – el libre comercio no constituía una preocupación central para la élite criolla. Ella aspiraba, no obstante, a una cierta libertad económica, en relación a España, para aplicar un programa de tipo mercantilista: expandir y desarrollar recursos, descuidados por la metrópoli; utilizar tarifas protectoras, organizar su propio sistema de impuestos, etc.[3]

En lo que concierne a la influencia de la Revolución Francesa, me parece acertado y preciso el juicio de Villalobos:

> Generalmente se ha exagerado la influencia de las ideas francesas en la gestación de la independencia americana. Ella existió, sin lugar a dudas, pero estuvo reducida a unos cuantos letrados perdidos en la masa pacata de criollos.[4]

Como ya he señalado, pienso que el problema central en este contexto es la aplicación que las élites criollas dieron a las obras políticas europeas y norteamericanas que llegaban a leer. En las aguas de esta temática es importante subrayar que éstas habían sido educadas en un pensamiento neotomista difundido por los jesuitas, y por sus discípulos, después de su expulsión .

La independencia norteamericana tuvo un trasfondo y carácter diferente de la hispanoamericana, y las preocupaciones de sus padres fundadores fueron otras que la de los líderes independentistas y primeros hombres de Estado de Hispanoamerica.

Por estas razones, y otras a las que aludiré, se puede sostener que la independencia de la América Española no obedeció tanto a causas como las señaladas, como a un impulso externo: el descabezamiento del sistema imperial español con la consiguiente crisis de legitimidad. Antes de este suceso no se pueden atisbar acciones conscientes y organizadas por parte de las élites criollas en pro de la autonomía política.

La prisión de Fernando VII y los intentos de Napoleón de imponer a su hermano José como nuevo monarca, crearon un vacío de poder tanto en España como en sus territorios americanos. La aristocracia criolla se sentía ligada a España a través del vínculo del monarca. América fue incorporada en calidad de patrimonio de la Corona Castellana y la persona del rey era objeto de un culto especial. La ausencia del legítimo monarca creó una nueva situación que dió ocasión al replantamiento del problema de la autoridad.

VI.b Reacción en Chile ante la situación de crisis imperial

En Chile, cuando se tuvo conocimiento de la situación en España, la lealtad hacia el que se consideraba el monarca legítimo no fue cuestionada, la discusión se centró en torno a quién, y de qué forma, detentaría el poder hasta que Fernando VII pudiese retomar el mando. Esta discusión debe ser puesta en relación con el interés de grupos criollos por aumentar su participación política en una sociedad en la cual las decisiones en esta esfera tenían importantes consecuencias socioeconómicas.

La base del poder de las autoridades peninsulares se veía deteriorada por el hecho de que provenía directamente del monarca, que ahora estaba ausente sin saberse con certeza cuándo éste podría volver a ejercer su autoridad.

Las primeras acciones encaminadas a aumentar la participación de los criollos en las decisiones políticas – en detrimento de las autoridades peninsulares – fue la destitución del Capitán General, el español García de Carrasco, y su reemplazo por un criollo, el brigadier Mateo de Toro y Zambrano, Conde de la Conquista. La relativa facilidad con que esta transferencia se efectuó tiene que ver con el hecho de que las familias de la aristocracia criolla pudieron organizar una fuerza militar compuesta de sus inquilinos y dependientes, inmensamente superior a la que el gobernador español podía disponer.[5]

El segundo paso dado por los miembros de la élite criolla, que sostenían la conveniencia de su propia organización política hasta el retorno del legítimo monarca, fue la exigencia de un "Cabildo Abierto" – es decir, la reunión de todos los vecinos principales de la ciudad, en este caso Santiago – que tuvo lugar el 18 de septiembre de 1810.

En esta asamblea, que marca el inicio de la denominada "Patria Vieja", José Miguel Infante – una figura política chilena principal de la primera mitad del siglo XIX – argumentó en pro de la constitución de una junta gubernativa – no en base a los escritos de Rousseau, Montesquieu o Bentham – sino mediante la referencia a una de las piezas centrales de la cultura política hispánica, las "Siete Partidas" del rey don Alfonso el Sabio. La ley a la que Infante se refirió, establecía que si el rey había sido cautivado sin haber alcanzado a denominar a un regente, el pueblo debía establecer una junta que gobernase en su nombre.[6]

Esta interpretación concuerda con los argumentos presentados por los escolásticos renancentistas españoles en cuanto a que el poder del rey es el mismo que originalmente fue otorgado por Dios a la comunidad, de lo que se desprende que en la ausencia del rey, el poder retorna a la comunidad.

Este mismo tipo de argumentación lo encontramos en el "Manifiesto de la Junta Suprema de Sevilla de 1808":

> El reino se halló repentinamente sin Rey y sin Gobierno.....El pueblo reasumió legalmente el Poder de crear un Gobierno.[7]

Esta forma de entender el origen del poder enfrentó precisamente a los jesuitas con el absolutismo borbónico y sus pretensiones de que el poder del rey se derivaba directamente de Dios, el conflicto fue una de las causas de la expulsión de la Orden.

VI.c Primera Junta de Gobierno y tendencias en el seno de la aristocracia criolla

El "Cabildo Abierto" del 18 de Septiembre de 1810 culminó con la constitución de una junta compuesta de seis miembros, bajo la dirección de Toro y Zambrano. En ella estuvieron representadas las diversas tendencias y familias de la aristocracia criolla, igualmente se tuvieron en consideración los intereses regionales. Las responsabilidades de esta Junta comprendían: *a)* el salvaguardar la región para Fernando VII, *b)* el reconocimiento de la Regencia – es decir del Gobierno transitorio en España – y el efectuar sus órdenes, *c)* la elección de un congreso que asumiría la autoridad total.

En el seno de esta Junta se desarrolló una fracción que propugnaba cambios más radicales, encabezada por Martínez de Rozas y más tarde apoyada por el poderoso clan Larraín; juntos lograron imponer su posición favorable al envío de ayuda militar a la junta de Buenos Aires. Un contrapeso a este partido, que ha sido llamado el de los "exaltados", lo ejercía en el Cabildo de Santiago, el partido de los "moderados", presidido por José Miguel Infante.[8]

Las tensiones se agudizaron tras un motín organizado por un coronel realista, Tomás Figueroa, que intentó derrocar a las autoridades criollas. El motín fue sofocado y Martínez de Rozas procedió con rapidez y dureza ejecutando al coronel en cuestión y disolviendo a la real Audiencia, que hasta ese entonces había continuado funcionando.

Las posiciones y actuaciones radicales no reflejaban los sentimientos y el parecer de la mayoría de la aristocracia criolla, lo que se desprende claramente de la composición y de las resoluciones del primer Congreso Nacional. La Junta puso como una de las condiciones para ser elegido como miembro del congreso – fuera de las tradicionales exigencias morales, como buena reputación y comportamiento – el que los candidatos debían poseer suficientes medios como para desempeñar sus funciones a sus propias expensas, ya que los delegados no recibirían paga; lo que recuerda a los "honoratiores" de Max Weber.[9] En todo caso, la exigencia en cuestión implicaba que sólo los miembros de la oligarquía podían obtener representación en el Congreso.

Las elecciones otorgaron a la fracción moderada de la oligarquía una inmensa mayoría, liderada por José Miguel Infante y el clan familiar Eyzaguirre-Larraín. El 4 de Julio de 1811, la primera asamblea representativa en Chile juró lealtad al soberano, Fernando VII.

VII.d José Miguel Carrera y los intentos de obtener legitimidad por medio del dominio

La fracción liderada por Martínez de Rosas se negó, no obstante, a aceptar el juicio mayoritario y los procedimientos representativos e impuso por la fuerza una correlación favorable a su causa dentro del Congreso. Ello se realizó por medio de una asonada, el 4 de septiembre de 1811, capitaneada en Santiago por José Miguel Carrera y en Concepción por Martínez de Rozas. Con este acto, el primero pasó a convertirse en la figura central del periodo y su acción puso de relieve problemas característicos de la Patria Vieja: caudillismo, conflictos interfamiliares y rivalidades regionales.

José Miguel Carrera, miembro de una de las principales familias de la oligarquía chilena, constituyó, en esta fase, un buen ejemplo de los intentos de solucionar el problema de la crisis de autoridad creada por el derrumbe del sistema imperial mediante el caudillismo. Carrera no carecía de dotes para este rol, como lo revela la siguiente elogiosa opinión de destacados historiadores y figuras políticas del "liberalismo" chileno del pasado siglo:

> Su numerosa parentela le acariciaba como el orgullo de su nombre. La   plebe admiraba en él al oficial de aire marcial, de mirada atrevida, de gallarda apostura, que el día del movimiento había recorrido las calles al galope de su caballo, dirigiéndolo todo, sin dejarse atolondrar por nada. La tropa, donde sus hermanos dominaban de antemano, le acataba como a un valiente que había combatido en las guerras europeas. El, por su parte, no se descuidaba en atraerse los soldados, cuyos cuarteles visitaba con frecuencia."[10]

José Miguel actuó en concordancia con la tradición patrimonialista en la cual se había educado y vivido. Trató al país como su hacienda y encumbró a su familia a puestos decisivos en la lucha por la supremacía total; a su hermano Juan José le entregó la comandancia del Batallón de Granaderos y al otro, Luis, la de la Brigada de Artillería, a su padre, Ignacio, le asignó el rango de brigadier.

La actuación caudillesca de J. M. Carrera incluyó el disfrute de las hijas de destacados ciudadanos de Concepción, consideradas como botín de guerra, cuando los realistas fueron desalojados de esta ciudad.[11] Esta acción fue una de las causas de los conflictos entre Concepción y las autoridades centrales de Santiago a cuya cabeza estaba Carrera.

El golpe del 4 de septiembre entregó el dominio del Congreso a la fracción de los "exaltados", reunida en torno a los Larraín y Martínez de Rosas, ello se logró mediante el simple método de exigir la renuncia de los delegados moderados y realistas e introducir a los partidarios de la fracción nombrada. Como llevo dicho, J.M. Carrera jugó el papel militar más importante en esta acción, no obstante, el resultado factual fue un aumento del poder político de los Larraín. Esta situación inconfortable para Carrera – aspirante al poder total – la resolvió con un nuevo golpe, en noviembre de 1811, que desalojó a los Larraín de sus posiciones de poder. Como el Congreso, a pesar de estas purgas, todavía le presentara resistencia, al amparo de cañones y fusiles exigió, en diciembre del mismo año, la disolución de éste y la entrega de todo el poder al ejecutivo liderado por él.

Las acciones que he mencionado enemistaron a la familia Carrera con los más poderosos clanes chilenos de la época: los Larraín y el clan Eyzaguirre-Errázuris. En esta experiencia se basa el posterior temor compartido de la oligarquía por la centralización del poder militar en una sola familia. Los actos de José Miguel implicaron también una agudización de los conflictos regionales. La detención de los delegados al Congreso ofendió a la élite sureña y tanto Martínez de Rosas como Bernardo O'Higgins – delegados de la zona sur al Congreso – rehusaron incorporarse a una nueva Junta propuesta por Carrera, y la situación estuvo a punto de desembocar en una guerra civil entre provincias. Carrera logró, sin embargo, superar este peligro y obtuvo finalmente la eliminación de Martínez de Rosas como rival político.

Durante el período en que Chile estuvo bajo la férula de J.M. Carrera, 1811-1813, no todo se redujo a golpes, motines y asaltos; entre otras cosas, durante estos años se fundó una imprenta y se estableció un periódico. Carrera mostró además ser un hábil y enérgico jefe militar cuando llegó la hora de la confrontación con las fuerzas realistas.

El virrey del Perú, Abascal – El Perú era el centro del dominio español en la América del Sur – había actuado con prudencia ante los acontecimientos que tuvieron lugar en Chile. Esta prudencia tenía su origen en el interés del virrey de impedir una alianza de la Junta chilena con la más radical de Buenos Aires, y el temor de ver interrumpidos los envíos de trigo chileno, de los que el mercado peruano dependía. En 1813 existían ciertas condiciones que facilitaban la intervención, entre ellas hay que destacar la derrota de los bonaerenses en el Alto Perú y la ruptura de la ciudad de Valdivia con Santiago, solicitando esta última la protección virreinal.

La intervención virreinal, que tenía como objetivo reasumir el control sobre la Capitanía General de Chile, comenzó con el envío de una pequeña fuerza, apróximadamente unos 800 hombres, que desembarcó en Chiloé, al mando del brigadier Antonio Pareja. Pareja obtuvo considerables refuerzos en Chiloé y Valdivia, y con ellos marchó sobre Talcahuano y Concepción, tomando la primera ciudad tras una débil resistencia y la segunda sin disparar un tiro, hechos que deben ser vistos en el contexto de los conflictos a los cuales me he referido. Ante esta amenaza J. M. Carrera actuó rápida y certeramente[12], y en un breve lapso de tiempo redujo a los realistas, que habían llegado a dominar la mitad del país, a la ciudad de Chillán, recuperando Talcahuano y Concepción.

El sitio de la ciudad de Chillán, por el contrario, no fue tan exitoso y Carrera tuvo que retirarse con cuantiosas pérdidas, el fracaso unido a las penalidades de una guerra aun poco entendida – muertes, destierros, enfrentamientos de chilenos contra chilenos – decidieron a la Junta que había sido nombrada en su ausencia, a exigirle la dimisión del mando del ejército. En su reemplazo se nombró a Bernardo O'Higgins, que por su audacia, arrojo y coraje había concitado los elogios del mismo Carrera:

> El invicto O'Higgins, el primer soldado de Chile, capaz de resumir en sí solo el mérito de todas las glorias y triunfos del Estado.[13]

O'Higgins ofrecía, desde el punto de vista de la oligarquía, dos ventajas: aunque siendo él mismo miembro de la élite criolla, por ser gran propietario e hijo ilegítimo de un virrey, no estaba unido por lazos de parentesco a ninguno de los clanes prominentes, además, su procedencia sureña contribuía a apaciguar los conflictos que se habían suscitado entre Concepción y Santiago.

O'Higgins asumió el mando en un período difícil, con continuas deserciones en el ejército, producto de la falta de identificación de los soldados chilenos con la causa por la cual luchaban; otro problema central lo constituía la eminencia del retorno de Fernando VII al trono, lo cual implicaba una clarificación de los términos de la contienda.

La oligarquía, ante este inminente retorno del monarca, intentó negociar con el virrey una redefinición del lugar de Chile en el sistema imperial, en base al reconocimiento por parte de las autoridades españolas del Gobierno local. La respuesta del virrey fue el envío de una nueva expedición al mando de Mariano Osorio, que encontró a las fuerzas patriotas divididas. En efecto, Carrera había promovido en la capital otra revuelta deponiendo al Director Supremo Lastra – que había ordenado la detención de los Carrera – y desalojando una vez más a los Larraín del poder.

O'Higgins, que se encontraba en el sur, al mando del ejército, se negó a reconocer a la nueva Junta nominada por Carrera y marchó con sus tropas hacia el norte, en las cercanías de Santiago, él al mando de una avanzada – el grueso del ejército había permanecido en Rancagua – tuvo un encuentro con las tropas lideradas por Luis Carrera y fue derrotado. Enterado del peligro representado por Osorio, O'Higgins aceptó, no obstante, ponerse bajo el mando de J. M. Carrera. En una carta del 14 de septiembre de 1814 a este último, lo expresó claramente:

> Ud. debe ocupar el cargo de generalísimo. Es preciso salvar a Chile a costa de nuestra sangre; yo a su lado serviré, ya de edecán, ya dirigiendo cualquiera división, pequeña partida, o manejando el fusil; es necesario, para la conservación del Estado, no perdonar clase alguna de sacrificios.[14]

Producto de un desacuerdo entre J. M. Carrera y O'Higgins, las tropas liderdeadas por el último fueron sitiadas por el ejército realista en Rancagua, y O'Higgins logró apenas abrirse paso a fuerza de sable y escapar del sitio con unos trescientos hombres. Esta derrota marcó el fin de la llamada Patria Vieja. O'Higgins primero, los Carrera después – las tropas de José Miguel desertaron y lo abandonaron – cruzaron la cordillera para buscar refugio en la ciudad de Mendoza, al amparo del general argentino, José de San Martín.

VII.e La Reconquista

La restauración del dominio virreinal sobre Chile, creó una situación cualitativamente nueva al unificar y radicalizar a la oligarquía y al desarrollar sentimientos patrióticos en el campesinado.

Los soldados españoles del regimiento Talavera, compuesto por las heces de la sociedad española, a su entrada en Santiago, saquearon las tiendas y cometieron atropellos y violaciones, ni los santuarios fueron respetados. Este fue sólo un anticipo de lo que le esperaba a la aristocracia criolla, es decir a la parte de ella que no se había refugiado en Mendoza con O'Higgins y los Carrera.

Por expresas órdenes del virrey, las personas asociadas con el Gobierno y las fuerzas militares de la Patria Vieja, fueron arrestadas y enviadas a confinamiento a la Isla de Juan Fernández. Para los miembros de la aristocracia criolla éste fue un choque brutal. El traslado se hizo en condiciones penosas, sometidos los prisioneros – entre ellos figuras líderes de los clanes Larraín y Eyzaguirre – a continuas vejaciones y humillaciones por parte de los soldados españoles, considerados por la aristocracia criolla como sus inferiores sociales. Muchos de los prisioneros eran ancianos y no sobrevivieron las inclemencias que tuvieron que soportar en la Isla de Juan Fernández. Los prisioneros provenientes de Concepción fueron en parte enviados a la isla Quiriquina y en parte a Juan Fernández.

La reconquista española significó para destacados miembros de la aristocracia la muerte o tres años de prisión. Las propiedades de los prisioneros fueron expropiadas y muchas de sus familias se vieron reducidas a la penuria económica y expuestas a los abusos de los soldados españoles.

La confianza en la justicia real, profundamente arraigada – la cual hacía que los representantes de la Corona y no el rey mismo fuesen hechos culpables de la situación – se fue desvaneciendo poco a poco, al constatarse que a pesar de las múltiples gestiones la situación no cambiaba, y que aún por el contrario, con la llegada de un nuevo Capitán General, el español Marcó del Pont, la represión sobre los criollos se extendiera y agudizara.[15]

En el campo, la ayuda prestada a los fugitivos a Mendoza y a las actividades de Manuel Rodríguez fue castigada por los españoles con la quema de cosechas, pastos y viviendas, lo que culminó por desarrollar un sentimiento antirrealista y pro patriótico entre ellos.

La experiencia vivida en este período por la oligarquía, nueva y amarga, hizo madurar la reflexión política, convenciéndola de que un cambio radical de su repentinamente penible situación sólo se lograría con la expulsión definitiva de los españoles, por ello la atención comenzó a ser centrada en las actividades de San Martín, al otro lado de los Andes.

San Martín había llegado a la conclusión de que para lograr la liberación de la América del Sur del dominio español era preciso destruir el centro vital de éste en la región: el virreinato del Perú. Este objetivo se podía lograr, en su opinión, más exitosamente desde Chile y no desde el Alto Perú como se había venido intentando. Por ello concentró sus esfuerzos en la formación del Ejército de los Andes con el propósito de invadir a Chile y posteriormente el Perú. Como comandante de las fuerzas chilenas nombró a O'Higgins.

Manuel Rodríguez desempeñó durante esta fase un rol principal, primero trayendo mensajes desde Mendoza a Chile y obteniendo informaciones para San Martín, más tarde, ante la proximidad de la invasión del Ejército de los Andes organizando una milicia de campesinos que desesperó a los españoles con su guerra de guerrillas, obligándolos a dispersar fuerzas, lo que facilitó la labor del ejército liderado por San Martín y O'Higgins cuando llegó el momento de la confrontación con las fuerzas realistas. Por su valor y fantasía para burlar a las tropas españolas, odiadas por sus tropelías en contra de los criollos, Rodríguez concitó una amplia simpatía convirtiéndose en una figura querida y popular.

El 12 de Febrero de 1817 las unidades patriotas, tras haber cruzado los Andes, inflingieron a las tropas realistas una derrota total, y el 14 entraban en Santiago, con ello se puso fin al dominio de España sobre Chile.

Notas y referencias

1. Véase entre otros a: J.C. Mariátegui, *Siete Ensayos de Interpretación de la Realidad Peruana*, Lima, 1968, Hernán Ramírez Necochea, *Antecedentes Económicos de la Independencia de Chile*, Santiago 1959, y Luis Vitale, *Interpretación marxista de la historia de Chile*, Santiago 1971.
2. Claudio Véliz, *The Centralist Tradition*, págs. 120-121.
3. John Lynch, *The Spanish American Revolution 1808 1826*, London 1973, pág. 128.4. Sergio Villalobos, *Tradición y Reforma en 1810*, Santiago 1961.
5. F. J. Moreno, *Legitimacy and Stability in Latin America*, New York 1969, pág. 79, y Robert M. Haig, *The Formation of Chilean Oligarchy*, Salt Lake City, Utah 1962, pág. 79. 6. *The Formation of Chilean Oligarchy*. pág. 21.
7. M. Giménez Fernández, *Las Doctrinas Populistas en la Independencia de Hispanoamérica*, Sevilla 1947, pág. 61.
8. M. L. Amunátegui y B. Vicuña Mackenna, *La Dictadura de O'Higgins*, Madrid apr. 1920, págs. 52-53.
9. Se llama honoratiores – señala Max Weber – a aquellas personas que "En virtud de su situación económica están en disposición de administrar y dirigir duraderamente una asociación como profesión accesoria no retribuida, o por una retribución nominal o de honores..." y agrega "Supuesto absoluto de la posición de los administradores honoratorios en esta significación primaria de poder vivir para la política sin tener que vivir *de* ella, es un cierto grado de 'bienestar' o independencia económica derivado de sus propios negocios privados. Este lo poseen en su mayor grado rentistas de toda especie:

de tierras, de esclavos, de ganados, de casas y de valores." *Economía y Sociedad*, pág. 233.

10. M. L. Amunátegui y B. Vicuña Mackenna, *La Dictadura de O'Higgins*, pág. 64.
11. Robert M. Haig, *The Formation of Chilean Oligarchy*, págs. 56 y 60.
12. Robert Haig, *The Formation of Chilean Oligarchy*, págs. 53-57, M.L. Amunátegui y B. Vicuña Mackenna, *La Dictadura de O'Higgins*, págs. 73-76.
13. Citado en M. L. Amunátegui y B. Vicuña Mackenna, *La Dictadura de O'Higgins*, pág. 83.
14. *Epistolario de O'Higgins*, ed. por Ernesto de la Cruz, Santiago 1916, pág. 83.
15. *The Formation of Chilean Oligarchy*, págs. 86-87.

Capítulo VII:
Gobierno de Bernardo O'Higgins

VII.a Origen y fundamento del poder sustentado por O'Higgins

Después del triunfo de Chacabuco el general en jefe de los ejércitos victoriosos, San Martín, publicó un Bando en el que se conminaba a la reunión de un cabildo abierto para que procediese al nombramiento de tres electores por cada una de las provincias: Santiago, Concepción y Coquimbo, con el objeto de que éstos procediesen a la designación de una autoridad suprema; "los vecinos" – es decir los notables de la aristocracia criolla – reunidos, acordaron unánimemente elegir como gobernador del reino con facultad omnímoda al general argentino San Martín, elección que fue reiterada a pesar de la no aceptación del prócer argentino al cargo. Al comunicar a San Martín su decisión los representantes de la aristocracia entregaron su opinión en cuanto a la forma de gobierno deseada:

> Es incumbeniencia de Vuestra Exelencia designar el sistema de gobierno que observará: si la dictadura que es la que más conviene en estos momentos, o si la república absoluta.

Los representantes de la élite reconocían entonces, la autoridad del hábil líder militar que éxitosamente había derrotado a los españoles poniendo fin a un dominio que había perdido ya su legitimidad y recomendaban luego que el poder político fuese ejercido en forma absoluta aduciendo la situación de incertidumbre en que aún se vivía.

San Martín – inteligentemente para no despertar recelos nacionalistas – insistió en su renuncia y sugirió la denominación de Bernardo O'Higgins. Dadas las circunstancias no puede extrañar que la proposición fuese aceptada y así reunido nuevamente "el pueblo" (alrededor de doscientos notables) aclamó como Director Supremo interino al brigadier Bernardo O'Higgins. Esta designación constituyó una base formal de legitimidad del poder irrestricto ejercido por el prócer chileno durante seis años.

El procedimiento de elección utilizado – característico del período – obliga a pensar en lo limitado, en el contexto de la época, del alcance de expresiones tales como, "voluntad nacional" y "pueblo". La interpretación de la primera correspondía a un reducido número de personas, todas ellas pertenecientes a las familias de la oligarquía, en cuanto al segundo su alcance no iba más allá del círculo constituído por las mismas familias.

O'Higgins se refería, a la "voluntad de los hombres libres" como uno de los fundamentos legitimadores del poder por él ejercido, que había puesto sobre sus hombros el pesado cargo del Supremo Directorio[2]. El adjetivo libres hace referencia a la liberación del dominio español que la aristocracia criolla – gracias al esfuerzo y talento de jefes como San Martin y O'Higgins – disfrutaba.

La designación de O'Higgins – como he enfatizado – se debió a la recomendación de San Martín y la aceptación de ella por los notables chilenos reunidos fue, sobre todo, un reconocimiento de la autoridad del jefe del brillante y poderoso ejército que acababa de expulsar a los españoles del corazón del país. En pro de esta interpretación aboga – de forma decisiva – el hecho que el nombramiento de O'Higgins estaba ya decidido antes del paso del Ejército de los Andes a Chile. En carta del ministro de guerra argentino, Terrada, a O'Higgins del 17 de Enero de 1817, el primero le comunicaba al libertador chileno:

> Mi caro y antiguo amigo: Acabo ahora mismo de firmar la orden al Capitán General para que luego que pise el territorio de Chile, sea Ud. nombrado Presidente de él.[3]

O'Higgins era, no obstante, un jefe carismático que reunía una serie de atributos que le calificaban para asumir el liderazgo nacional en aquellas circunstancias: su capacidad de dirección militar y coraje ya demostrados, su rol en la organización y adiestramiento del Ejército de los Andes, su papel destacado en el triunfo de Chacabuco. Además a los ojos de la oligarquía O'Higgins tampoco era un "intruso", el ser hijo de un ex-virrey y el mismo un hacendado, le otorgaban requisitos necesarios para desempeñar un rol destacado.

He llamado la atención sobre la forma en que O'Higgins asumió el poder, sobre todo, porque O'Higgins y sus consejeros – cuando la oligarquía comenzó a presionar, debido al surgimiento de desacuerdos, por una mayor ingerencia en las decisiones políticas – se referían a las condiciones originarias en que el poder político le había sido otorgado.

VII.b Popularidad de O'Higgins y primeros conflictos con la oligarquía
Poca duda cabe que después de Chacabuco, los logros de O'Higgins concitaron, en torno a su persona, el apoyo sin reservas de la oligarquía confiriéndole legitimidad al dominio ejercido por él.

La fuga de los oficiales y funcionarios realistas de la capital, la destrucción del odiado regimiento de Los Talaveras y con ello el fin del régimen de injusticia y terror que había caracterizado a la dominación española durante el período de la reconquista, todo esto concurría a la popularidad de O'Higgins contribuyendo a que su autoridad fuese aceptada.

Fuera de eso, aunque las fuerzas patriotas habían inflingido una seria derrota a los españoles, la guerra con lejos estaba terminada. Las fuerzas realistas provenientes de diversas zonas se habían atrincherado en Talcahuano y allí sólidamente fortificadas con el mar a sus espaldas podían con tranquilidad esperar refuerzos y suministros por vía marítima desde Lima y proyectar un reestablecimiento de su dominación.

La presencia y los planes de los Carrera en Buenos Aires (José Miguel había llegado de los EE.UU. con algunas naves y pertrechos de guerra además de oficiales ingleses y franceses) intranquilizaba a las otras familias de la oligarquía que temían una repetición de la experiencia de la Patria Vieja con la consiguiente concentración del poder militar en manos de los Carrera y el establecimiento de un dominio de tipo carismático liderado por José Miguel.

El conjunto de esta situación influyó en la tendencia de la oligarquía a apretar filas en torno al líder militar chileno vencedor – Bernardo O'Higgins – y a reconocer sin problemas la legitimidad de su dominación.

Las primeras grietas entre el Gobierno instaurado por el libertador chileno y sectores de la oligarquía no tardaron, no obstante, en mostrarse.

Desde un comienzo, O'Higgins se esforzó en obtener una legitimidad basada en el dominio y el carisma: la autoridad del Gobierno debía ser obedecida sin discusión por todos, como asimismo sus objetivos y acciones, la oposición y las personas o posibles grupos competidores desplazados o eliminados.

La meta suprema del Gobierno una vez asumido el poder fue el asegurar la independencia a todo trance; para alcanzarla se consideraba necesario el abatir y aterrorizar a los realistas, mantener la unidad monolítica del partido patriota e impedir por todos los medios "la anarquía".[4] De allí que se ejecutara una política con gran parecido a la de Marcó del Pont – el último español que desempeñó el cargo de Capitán General de Chile – sólamente con destinatarios diferentes. En concordancia con estos objetivos las propiedades de los realistas fugados fueron confiscadas por el Estado, los realistas que pudieron retener sus propiedades las vieron sujetas a periódicas exacciones para financiar la guerra, ningún español o americano tachado de "godo" – partidario de los españoles – podía transitar las calles después de la puesta del sol so pena de ser fusilado, el mismo castigo les era aplicado si se reunían en número de tres.

Se estableció, también, una Junta de Calificación ante la cual toda persona que no hubiese provado su lealtad con el nuevo régimen era declarado sin derecho a ejercer cargos públicos. Un severo control de los pasaportes de las personas que atravesaban a Chile desde Mendoza fue ejercido para reducir las posibilidades de actuación de Los Carrera.

Con la Iglesia, desde un comienzo, el Gobierno siguió una política que habría merecido el beneplácito de los ministros borbónicos españoles, partidarios éstos del sometimiento de todas las instituciones al control del poder central. O'Higgins ignoró las súplicas de la oligarquia de mostrar moderación con los opositores eclesiásticos del régimen y exilió al obispo de Santiago Rodríguez Zorrilla. Este último, un realista ferviente, cometió la equivocación de creer que su dignidad eclesiástica era un escudo de protección ante la acción represiva del Gobierno.[5]

Estas disposiciones – por su arbitrariedad y parecido con la política efectuada por los españoles durante la reconquista – despertaron preocupación en el seno de la élite chilena. A esta inquietud contribuía también la actividad y el dominio ejercido por la denominada "Logia Lautarina", una sociedad revolucionaria secreta moldeada de acuerdo al modelo de las logias masónicas. San Martín había instituido la "Logia Lautarina" en la Argentina, y a su llegada a Chile organizó una sección de ésta. La Logia en cuestión significaba el dominio y la ingerencia de la oficialidad argentina sobre los asuntos chilenos. Ella actuaba como un Senado de las Sombras, se sospechaba que miembros de la élite militar y gubernamental pertenecían a ella sin saberse con certeza quienes. Esta asociación presidida por el Supremo Director O'Higgins decidía sobre todos los asuntos de la administración y la guerra; pero sus decisiones eran secretas ya que no existía secretario ni actas, el castigo por violar la confidencia de la Logia era la muerte.

VII.c Afianzamiento de la Independencia y del Autoritarismo de O'Higgins

He señalado ya que la batalla de Chacabuco no había significado el fin de la guerra y por ello la oligarquía necesitaba aún de los dones y talento de O'Higgins.

En abril de 1817, éste salió hacia al sur, a combatir las fuerzas realistas atrincheradas en esta región, como Director Delegado nombró al coronel argentino Hilarión de la Quintana, denominación que hirió los sentimientos nacionales de la oligarquía chilena. Los oficiales argentinos con su actuación no contribuían a apaciguar los ánimos, al actuar como se si se encontrasen en un país conquistado.[6]

Quintana mismo intentaba dirigir Chile de la misma forma que lo hacia con los soldados en campaña[7]; ante el temor de las actividades de los Carrera en las provincias argentinas ordenó la detención de ciudadanos chilenos sospechosos de ser adictos a éstos y opositores de la Administración O'Higgins, entre ellos el popular guerrillero Manuel Rodríguez . Debido a las presiones de la oligarquía O'Higgins con el beneplácito de San Martín depuso a Quintana sustituyéndole por una Junta Delegada constituída solamente por chilenos. Este cambió se efectuó no sin una cierta resistencia de O'Higgins que veía todo intento de deliberación fuera de las esferas de Gobierno como un germen de "anarquía". En carta del 4 de julio de 1817 le expresa a San Martín sus temores de que el nombramiento de un santiagino como Director Suplente – en lugar de Quintana – iba a dar lugar a intrigas y al entorpecimiento "de los negocios"[8], es decir la participación de la oligarquía – y con ello – la de el único grupo capaz realmente de ejercer algún control sobre los detentores del poder político en las decisiones del Gobierno, era considerada como un mal que debía ser evitado.

Las protestas dentro de la élite no pasaban en este primer período del nivel de las tertulias; demasiado grande era aún el prestigio militar de O'Higgins y el temor a nuevas intervenciones realistas, lo último era sin duda un peligro siempre presente.

A pesar de victorias aisladas sobre los realistas las fuerzas patriotas no habían logrado desalojarlos de Talcahuano. O'Higgins mantuvo el sitio de esta ciudad desde Mayo de 1817 hasta Diciembre de el mismo año fecha en que se vió obligado a suspender su empresa debido a que las condiciones climáticas en esta época hacían imposible el continuar las operaciones. En el mismo mes se recibieron noticias sobre la partida desde Lima de una nueva y considerable expedición realista destinada a reforzar Talcahuano. O'Higgins se movilizó hacia al norte para aunar sus hombres con el grueso de las fuerzas patriotas y preparar la resistencia; a su paso por Concepción ordenó el traslado hacia el norte de los habitantes de esta ciudad con el objeto de privar a los realistas de abastecimientos. El primero de enero de 1818 como un reto a las fuerzas españolas O'Higgins sus ministros y secretarios firmaban la Proclamación de Independencia de Chile, en esta se dejaba constancia, entre otras, cosas, de que:

> No permitiendo las actuales circunstacias de la guerra una convocación de un Congreso Nacional que sancione el voto público; hemos mandado abrir un gran registro en que todos los ciudadanos del Estado sufraguen por sí mismos libre y espontáneamente por la necesidad urgente de que el Gobierno declare en el día la independencia o por la dilación o negativa: y habiendo resultado que la universalidad de los ciudadanos está irrevocablemente decidida por la afirmativa de aquella proposición, hemos tenido a bien en ejercicio del poder extraordinario con que para este caso particular nos han autorizado los Pueblos, declarar solemnemente a nombre de ellos en presencia del Altísimo, y hacer saber a la gran confederación del género humano que el territorio continental de Chile y sus islas adyacentes forman de hecho y por derecho un Estado libre, independiente y soberano, y quedan para siempre separados de la Monarquía de España, con plena aptitud de adoptar la forma de Gobierno que más convenga a sus intereses.[9]

Las fuerzas españolas al mando del general Osorio avanzaron hacia el norte y las de San Martín y O'Higgins unidas se dirigieron a su encuentro. El 19 de marzo de 1818 los realistas sorprendieron a los patriotas por la noche y las tropas de estos últimos fueron confundidas y dispersadas, O'Higgins mismo fue herido. Al llegar las noticias de lo que se conoce como "El desastre de Cancha Rayada" a Santiago, ellas provocaron la incertidumbre y la aprensión en la población de la capital, se temía, no sin razón, que los realistas descargarían sobre sus habitantes represalias aún más duras y crueles que las experimentadas durante la Reconquista. En estas circunstancia la acción del carismático y popular Manuel Rodríguez concurrió a invertir el estado de ánimo general; rápidamente organizó la resistencia de la capital y levantó un regimiento con el significativo título de "Húsares de la Muerte". A su llegada a la capital – en retirada – O'Higgins no vió con buenos ojos ojos la ascendencia alcanzada y el rol desempeñado por Rodríguez al cual consideraba un rival peligroso, capaz de encabezar y concentrar en torno a él la oposición en contra de su gestión. La presencia alarmante de los realistas acallaba cualquier disidencia interna por lo que O'Higgins se guardó sus resquemores y se entregó – a pesar de su herida – a la tarea, junto con San Martín, de reunir y organizar a las fuerzas patriotas, dispersas pero no derrotadas.

El 5 de abril de 1818 San Martín a la cabeza del Ejército de los Andes en las cercanías de Santiago infligió una derrota decisiva a los realistas que ya no volvieron a pisar el corazón del país, en la opinión de San Martín esta fue una acción que decidió la suerte de la América del Sur.[10]

La victoria de Maipo al alejar definitivamente el peligro de una nueva reconquista española – los realistas desde ese fecha quedaron a la defensiva y operando exclusivamente en la zona sur – dió lugar a que la oligarquía comenzara a ejercer presión por una mayor ingerencia en los asuntos de Gobierno. Esta actitud se vió reforzada con la ejecución de dos de los hermanos Carrera en Mendoza. Estos habian sido tomados como prisioneros con anterioridad a Cancha Rayada y Maipo, acusados por crímenes en contra de los estados argentino y chileno, la dispersión de las tropas patriotas provocada por la sorpresa realista en Cancha Rayada decidió a la Logia Lautarina a deshacerse definitivamente de los Carrera considerados como un serio peligro interno. Los Carrera eran un problema para la oligarquía chilena; pero un problema de ellos y les disgutaba enormemente que su suerte fuese decidida por una organización secreta argentino – chilena; la ejecución daba además origen a especulaciones sobre la suerte que correrían todos los posibles opositores o críticos de la administración O'Higgins.

El fusilamiento de Juan José y Luis Carrera motivó a la oligarquía a presentar una serie de demandas a O'Higgins, entre ellas la reunión de un Congreso y la elaboración de un reglamento constitucional y la inclusión de algunos destacados miembros de la élite económico-política en el gobierno. O'Higgins se opuso a este intento de la oligarquía de ejercer control sobre los detentores del poder político, y su primera respuesta fue el desterrar a algunos de los peticionarios fuera de la capital. Se inició entonces una pugna entre la oligarquía por un lado y el Gobierno de O'Higgins y la Logia Lautarina por el otro. Esta disputa le costó la vida a Manuel Rodríguez.

He mencionado las razones por las cuales O'Higgins y sus consejeros de Gobierno y en la Logia temían a Rodríguez; este popular guerrillero y tribuno reunía en sí las capacidades y méritos que lo ponían en condiciones de liderar la oposición al Gobierno. Por estas razones en contadas ocasiones O'Higgins habia intentado alejar a Rodríguez del país. [11]

Inmediatamente después de que los representantes de la oligarquía habian hecho llegar sus peticiones al Gobierno, Rodriguez fue encarcelado y al mes siguiente en un traslado a otra prisión, asesinado con el pretexto de "intento de fuga".[12]

El asesinato de Rodríguez, ejecutado en base a sospechas y al temor de que éste se convirtiese en un caudillo capaz de disputarle su posición al Supremo Director, le costó a O'Híggins una considerable perdida de prestigio. El hecho revela también lo arbitrario de las decisiones tomadas por la Logia Lautarina – el "Senado de las Sombras" bajo O'Higgins – y la no existencia de las garantías individuales[13], más aun pone de relieve la conexión entre la tradición patrimonialista hispánica y los nuevos Gobiernos de la América Española.

A diferencia de la tradición liberal en la cual se pretende que los ciudadanos ejerzan control sobre los *gobernantes,* los fundadores de la nación chilena intentaban *controlar* a los ciudadanos lo más estrecha y efectívamente posible para impedir todo intento de organización, deliberación y expresión política alternativa.

Las presiones de la aristocracia criolla hicieron que O'Higgins cediera a regañadientes y nombrase una comisión encargada de elaborar un proyecto de Constitución provisoria, así en el Decreto del 18 de Mayo de 1818 el Supremo Director refiriendose a esta comisión expresaba:

> Resistiendo mis principios la continuación de este cargo con facultades indefinidas, he venido en nombrar, como nombro por el presente, una comisión de siete sujetos, que reúnan las circunstancias de acreditado patriotismo, y la mejor ilustración, para que me presenten un proyecto de constitución provisoria, que rija al estado en general, y a sus autoridades en particular, hasta la realización del Congreso.[14]

El reglamento Constitucional redactado por estas personas, nombradas por el Director mismo, significó una sistematización legal de lo que hasta ese entonces habia sido la práctica política del Gobierno (las Constituciones de 1818 y 1822 son tratadas en el próximo capítulo sobre las Ideas políticas). El Senado, surgido con ocasión de la preparación del reglamento constitucional y bajo las circunstancias que he reseñado, también fue elegido por O'Higgins y estuvo, durante su existencia de casi cuatro años, subordinado al ejecutivo, sin poder constituir un contrapeso real a éste, sin embargo era el único canal a través del cual la oligarquía podía hacer escuchar su voz.

VII.d Logros militares del Gobierno.

O'Higgins no habría podido mantenerse en el poder durante un lapso de tiempo tan prolongado, si se tiene en cuenta la creciente oposición de la aristocracia criolla chilena, sin la presencia del brillante Ejército de los Andes y sus triunfos militares; en el sentido militar la gestión de O'Higgins fue claramente un éxito. En condiciones extraordinarmnente difíciles, un estado nuevo desangrado por la guerra contínua en contra de los realistas, el Gobierno de O'Higgins tuvo que hacerse cargo de la organización, equipamiento, transporte y mantenimiento del llamado "Ejércto Libertador", es decir de las tropas argentinas y chilenas unidas que iban a combatir al centro vital del dominio español en la América del Sur: el Perú.

Sin la destrucción de este punto fuerte de los realistas, se corría el riesgo de nuevas expediciones y el envio de toda clase de apoyo a las fuerzas y grupos antipatriotas en la parte meridional de América, fuera de esto, el cierre del Perú era un rudo golpe a la economía chilena porque éste era su principal mercado de exportación, con las palabras de O'Higgins: "sin la libertad del Perú no hay independencia permanente".[15]

La expedición libertádora del Perú tuvo que ser financiada casi exclusivamente por el Gobierno chileno a causa de la caótica situación existente en la Argentina. El Director Supremo Pueyrredón fue obligado a abandonar su cargo y el nuevo Director exigió de San Martín que éste y su ejercito se pusiesen a disposición del Gobierno central amenazado a lo que San Martín se negó.[16]

Precondición para la realización de la empresa libertadora del Perú, era la creación de una armada nacional capaz de contrarrestar la hegemonía marítima de los españoles, con estas miras se adquirieron buques en los EE. UU. e Inglaterra y para organizar la marina de guerra chilena se contrató el servicio de oficiales extranjeros, entre ellos Lord Cochrane, marino inglés de renombre que había combatido en las guerras napoléonicas y merecido los elogios del emperador francés mismo. Cochrane asumió el mando de la escuadra chilena y bajo su dirección ésta asestó duros golpes y causó graves perdidas a la marina realista. En una arriesgada operación capturó, en Febrero de 1820 Valdivia, considerada como la plaza fuerte mejor fortificada del Pacífico.[17]

Todo lo anterior, lo realizaba un país que aun veía afectada su parte sur por las incursiones y ataques de los realistas unidos a veces con los desertores del ejército español y los araucanos, lo que obligaba a desviar recursos hacia esta guerra interna, recursos que, por la situación misma sólo podían provenir de la parte central y norte. Con razón expresaba O'Higgins refiriéndose a las circunstancias en que se organizó la marina y la escuadra:

Crear una marina en aquellas circunstancias parecía sueño o delirio; mas yo veía que aún lo era mayor el conservarnos sin ella. Dueño el enemigo de nuestras costas y puertos, podía invadirnos a su placer y mantenernos en perpetuo bloqueo; fué, pues, preciso acometer tamaña empresa.

Y al relatar las amarguras y penurias por las que debió pasar para obtener los medios de financiamiento de estas empresas, agregaba:

"Yo debí encanecer a cada instante. El que no se ha visto en estas circunstancias no sabe lo que es mandar.[18]

La Expedición Libertadora del Perú, zarpó de Valparaíso el 20 de Agosto de 1820 con 4500 hombres transportados en 23 barcos. Un año más tarde San Martín era "El Protector" de un Perú independiente aunque sólo parcialmente liberado.

En el frente de guerra interno, el Gobierno de O'Higgins también tuvo éxitos; después de algunas escaramuzas con los españoles en retirada, las tropas patriotas recuperaron toda la provincia de Concepción anexándola a la naciente República. No obstante, cuando la guerra en esta provincia ya se creía terminada – las últimas tropas españolas se habian retirado a Valdivia – un desertor del ejército patriota, Vicente Benavides, reunió a los dispersos del ejército realista y levantó en armas a los araucanos causándole con sus montoneras cuantiosas pérdidas a los patriotas. A pesar de repetidas derrotas, Benavides lograba escapar y reorganizar desde el fondo de la Araucanía nuevas bandas. Benavides contaba además, con el apoyo de los gobernadores realistas de Valdivia y Chiloé que le enviaban auxilio de hombres y armas. La partida de la Expedición Libertadora, habia dejado al erario de la nueva Nación exhausto y con las mejores tropas fuera del país, todo ello concordaba en provecho de Benavides haciendo sus incursiones realmente peligrosas.

Las tropas patriotas, encargadas de la zona sur, a pesar de la escasez de sus recursos infligieron, lideradas por Ramón Freire y Joaquín Prieto, (posteriormente ambos ocuparían la jefatura de la Nación después de la caída de O'Higgins) sucesivas derrotas a Benavides, que terminó ahorcado en Santiago en febrero de 1822[19]; con ello la Independencia de Chile quedaba asegurada, los realistas tenían como único punto de refugio el archipiélago de Chiloé.

El fusilamiento de José Miguel Carrera, en Mendoza en 1821[20] alejó, definitivamente el peligro representado por esta familia y sus partidarios al desaparecer el caudillo. José Miguel Carrera había participado activamente en las guerras internas que asolaban a la Argentina con el propósito de instaurar un Gobierno más favorable a sus planes de invadir Chile y derrocar al Gobierno de O'Higgins.[21]

Los hechos que acababamos de mencionar, concurrieron a crear una situación de mayor tranquilidad y estabilidad interna, favoreciendo los propósitos de la oligarquía en cuanto a obtener una mayor participación en las deliberaciones y decisiones guvernamentales. Antes de ocuparnos del resultado de estos esfuerzos, es necesario suscintamente dar cuenta del aumento de los conflictos entre O'Higgins y sus consejeros y la oligarquía, porque fueron estos conflictos y no un desacuerdo de principios en cuanto a las formas de Gobierno, los que llevaron a la oligarquía a exigir una mayor participación y finalmente a desprenderse del libertador y padre fundador de la Nación chilena. Feliú Cruz ha señalado con precisión la esencia del problema:

> O'Higgins quiso mantener bajo las formas republicanas un Gobierno autocrático, y para ello buscó el apoyo de un Senado complaciente; la aristocracia o la oligarquía también quería un Gobierno del mismo carácter. Pero debía ser la aristocracia la que diera vida al Gobierno. En otras palabras el mandatario debía ser hechura suya.[22]

VII.e Aumento de la escisión entre O'Higgins y la oligarquía

Una de las tempranas decisiones del prócer chileno, que suscitaron el malestar de la aristocracia criolla, fue la supresión de los privilegios nobiliarios. El 15 de Septiembre de 1817 el Supremo Director remitía desde el Palacio Directorial de Santiago a la Junta Delegada en Santiago un decreto en el que declaraba lo siguiente:

> Queriendo desterrar para siempre las miserables reliquias del sistema feudal, que ha regido en Chile, y que por efecto de una rutina ciega se conserva aún en parte contra los principios de este Gobierno, he venido en hacer la declaración siguiente: Todo título, dignidad, o nobleza hereditaria queda enteramente abolida; a los antes dichos condes, marqueses, nobles, o caballeros de tal o tal orden, se prohibe darles títulos, ni ellos podrán admitirlos. Quitarán todo escudo de armas, u otro distintivo cualquiera, y se considerarán, como unos simples ciudadanos. El Estado no reconoce más dignidad, ni da más honores, que los concedidos por los Gobiernos de América.[23]

La oligarquía, debido a la situación amenazante sobre la cual hemos llamado la atención, aceptó estos ataques, los intentos de O'Higgins de suprimir "los mayorazgos"[24] quedaron, no obstante, sin efectividad. El padre fundador de la Nación chilena había tempranamente manifestado su oposición a los privilegios de nacimiento, en Febrero de 1812 escribía:

> "detesto por naturaleza la aristocracia, y la adorada igualdad es mi ídolo.[25]

Este rechazo partía, probablemente, de una amarga experiencia personal, hijo ilegítimo de un virrey, experimentó la amargura de ver que su progenitor le negaba su apellido y más tarde fracasó en sus intentos de que la corona de España le confiriera el título de Marqués que su padre había sustentado. Si bien el libertador chileno actuó en contra de los privilegios de nacimiento y en este sentido obró en concordancia con "la modernidad" de su tiempo, no se opuso a otro tipo de privilegios; por su iniciativa se creó "La Legión del Mérito" que creaba otro grupo privilegiado esta vez basado en las hazañas militares y civiles, su organización era jerárquica de acuerdo a los canones militares de grado y antigüedad y los civiles admitidos en ella (hombres de ciencia, juristas y literatos) se acogían a esta graduación. Los miembros de la Legión gozaban de fuero especial y sólo podían ser juzgados por sus pares.[26] La oligarquía consideró a la Legión y sus miembros, como un intento de introducir un nuevo estamento advenedizo de privilegiados militares y civiles.

Otro punto de discordias entre la aristocracia y O'Higgins fueron los que, con o sin fundamento, eran considerados como ataques de la administración a la Iglesia Católica: La remoción, expulsión o encarcelamiento de eclesiásticos opuestos al nuevo Gobierno nacional y su sustitución por adictos al régimen,[27] la utilización de recintos religiosos con fines militares, la liberación de impuestos de los libros importados del extranjero que fue vista como un intento de producir la desunión del catolicismo, las pretensiones de incorporar al clero tanto regular como secular en el rol de contribuyentes, la reapertura de la Biblioteca Nacional sin libros sujetos al "Index", etc.[28]

La promoción del sistema Lancasteriano de enseñanza mutua y la llegada de profesores protestantes por invitación del gobierno, para promover la educación básica mediante este sistema, fue mirada por muchos como un cuestionamiento de la Iglesia. Mr.Thompson, una de las figuras centrales de los intentos de difusión del sistema Lancasteriano en Chile, gestionó la traída de inmigrantes solicitando a la vez que a éstos se les permitiese el culto público de sus religiones, lo que provocó airadas protestas llegando a expresar un eclesiástico chileno que no era prudente: "entrar estas víboras devorantes en el seno de un Estado que desea conservar pura, limpia e inviolable la religión que profesa."[29] El permiso concedido para fundar un cementerio protestante también causó repudio.[30]

Los enormes gastos ocasionados por la creación de la escuadra, la organización, envio y mantenimiento de la Expedición Libertadora del Perú y la Guerra del Sur financiadas con impuestos y contribuciones extraordinarias que recaían sobre la zona central originaron fuertes tensiones entre la oligarquía y O'Higgins, sobre todo por el rechazo de éste a sujetarse a cualquier tipo de restricción, menos aún a las que tuvieran que ver con la realización de sus planes militares; refiriendose al Senado que él mismo, por presión de la oligarquía, habia elegido le escribía a San Martín:

> ellos me han quitado todos los medios de auxiliar ese ejército, cerrando las puertas a sin número de arbitrios que les he   presentado....o me veo en la precisión de disolver este cuerpo mauloso o pierdo la provincia de Concepción por falta de recursos

y agregaba opiniones decisivas en cuanto a su concepción de la limitación del poder y por tanto de la democracia:

> cuando hombres selectos y amigos (los del Senado P.C.) presentan tan desagradable aspecto ¿qué harán los que son indiferentes y elegidos?[31]

La gran influencia ejercida por el ministro de Hacienda, José Antonio Rodríguez Aldea, un ex-realista sobre las deliberaciones y decisiones de O'Higgins y los escándolos en los que se vió envuelto este ministro socavaron aún más la base de apoyo del Gobierno en el seno de la oligarquía, un apoyo que se había ido debilitando aceleradamente. Rodriguez Aldea recurrió, para obtener recursos financieros sin gravar a la población, a la otorgación de monopolios, concesiones y privilegios, que le permitieron a unos pocos enriquecerse a costa de la generalidad.[32]

Como he señalado, la situación de mayor tranquilidad externa e interna llevó a la oligarquía a aumentar sus esfuerzos por conseguir una mayor ingerencia en los asuntos guvernamentales, con el propósito de reducir el campo de acción de O'Higgins, esto, en razón de las diferencias decisivas que habían ido surgiendo entre el Supremo Director y lo sustancial de la aristocracia. Como resultado de estas exigencias en Mayo de 1822 O'Higgins promulgó un decreto por el cual ordenaba la reunión de una "Convención Preparatoria" de un Congreso. El Senado no funcionaba porque el Director Supremo había interrumpido sus sesiones, aduciendo que sus miembros originarios se encontraban fuera del país o habían renunciado a su cargo. O'Higgins en carta a San Martín del 13 de Mayo de 1822 da cuenta de las razones que lo obligaron a convocar La Convención y de sus intenciones y deseos en cuanto a la composición de ésta:

> Los desaciertos de este Senado, y las cuchufletas con que me atacan la nueva administración de Buenos Aires y sus papeles públicos, me obligaron al manifiesto que acompaño, convocando una convención preparatoria. Siendo compuesta de hombres amigos del orden, como estoy persuadido lo serán darán una permanencia más estable al Gobierno y acallarán los gritos de los que se desvelan por nuestro descrédito.[33]

Cada cabildo debía elegir un representante a la Convención por la ciudad o región, el Gobierno, sin embargo, intervino en las elecciones dirigiendo a los gobernadores una esquela en la que se designaba la persona que debía ser elegida por el cabildo, asi en carta a Jorge Beaucheff, O'Higgins le comunicaba:

> Mi amigo: Por los documentos que incluyo de oficio, verá usted la obra que vamos a emprender para hacer feliz a nuestra patria. Si la convención no se compone de hombres decididos por nuestra libertad y desprendidos de todo partido, sería mejor no haberse movido a esta marcha majestuosa. Ud. es quien debe cooperar a llenar el voto público haciendo que la elección recaiga en Valdivia por don Felipe Bastidas; por Osorno, en don Luis Montalva; y por Chiloé, si estuviese libre, en el cura don José Antonio Besa que son sujetos, según entiendo, de entera confianza y honradez. Pero debe usted advertir que el nombramiento debe de hacerse en el momento que reciba ésta, o al menos lo reserve usted hasta el momento de la elección, pues de lo contrario entran los facciosos e incomodan.[34]

El gobernador Beaucheff, al igual que todos los otros gobernadores a los que se les dirigió una circular similar, siguió las instrucciones entregadas por el Director Supremo; de esta forma la Convención llegó a componerse exclusivamente de personas nombradas por el Ejecutivo. Este procedimiento, normal en las naciones hispanoamericanas, subvertía la intención y sustancia democrática de las elecciones convirtiéndolas en un adorno formal. La pregunta que surge es: ¿ por qué esta tendencia a controlar e impedir toda idea opositora y la organización de grupos alternativos ? . En mi opinión esta tendencia debe de ser relacionada con el ideal de la unidad religiosa, institucional, linguística, etc. de la Nación y la contrapartida de esta idea, el considerar como algo negativo la confrontación de ideas opuestas (la anarquía) y de grupos con intereses diferentes (facciosos). Existían ciertos principios generales (cuya interpretación correspondía al que sustentaba el poder) a los cuales debían supeditarse los individuos y consideraciones particulares. O'Higgins, más tarde, defendiendo su intervención en las elecciones ante el nuevo jefe de la Nación, general Freire, se justificaba de la manera siguiente:

> Usted ha divulgado los secretos, usted ha hecho circular que escribí cartas para que las elecciones de diputados recayesen en los que yo quería. Es verdad, quería hombres de bien y separados de todo partido.....Sin duda habrán hecho a usted creer que es un gran crímen que los Gobiernos propendan a que tales elecciones recaigan en los primeros hombres de una Nación. Si así fuese, lo engañan, pues es una obligación de todo Gobierno velar por el buen orden, la tranquilidad y felicidad de los pueblos.[35]

Se ve aquí claramente expresado el rechazo de O'Higgins a "los hombres de partido", en la práctica esto quería decir a todo grupo político opositor organizado, "los primeros hombres de la Nación" eran aquellos que compartían las concepciones, ideas y programas del gobernante y asistían a su realización asegurando así el "buen orden y la tranquilidad" y contribuyendo a "la felicidad de los pueblos".

Una vez reunida la Convención en Julio de 1822, O'Higgins procedió a renunciar al mando supremo ante esta asamblea. Como era de esperar los diputados elegidos por el Gobierno mismo no aceptaron la renuncia y ratificaron la elección que con posterioridad a Chacabuco habían hecho "los pueblos".[36]

El Gobierno, pasando a llevar sus propias declaraciones acerca del carácter provisional de esta asamblea (preparatoria de un Congreso Nacional) sometió a su deliberación materias relativas a la educación, economía y defensa de la nueva Nación, para que La Convención procediera a legislar sobre ella, y aún más le encomendó la elaboración de una nueva Constitución; en la ejecución de esta última tarea el ministro Rodriguez hizo sentir su influencia. La Constitución de 1822, cuyo contenido será analizado con más detalle en el próximo capítulo, otorgó a O'Higgins la posibilidad de retener la dirección suprema de la Nación por diez años más, fuera de los seis que llevaba ejerciéndola. Esto fue demasiado para el grueso de la oligarquía que, como ya he dicho, tenía un parecer diferente al libertador con respecto a problemas considerados vitales.

Aprovechando la situación de seguridad militar interior y exterior que el país había alcanzado y, la impopularidad del Gobierno, la oligarquía decidió desprenderse definitivamente del héroe militar, que había prestado a la Nación naciente grandes servicios sobre todo en el plano militar; pero cuyas convicciones y acciones lo separaban cada vez más de la aristocracia. Para lograr sus propósitos ésta utilizó el brazo de otro líder militar, el del jefe del ejército del Sur el general Freire. Este se puso a la cabeza de la rebelión en el sur que pronto contó con el apoyo de la provincia de Coquimbo en el norte. O'Higgins que vió desmoronarse rápidamente su base de apoyo militar tuvo que renunciar, lo que hizo ante el cabildo abierto de la ciudad de Santiago, el 28 de enero de 1823 en una sesión emotiva e intensa, que puso fin al perído de dirección del nuevo estado por el fundador de la Nación chilena.

O'Higgins por su convicción de que un ejecutivo poderoso y con amplias atribuciones era la vía más adecuada para asegurar la estabilidad del país, es un precursor de Diego Portales, ambos fueron (por lo que se refiere a la igualación de un ejecutivo dominante con la estabilidad política) inspiradores de un sistema político que con cortas interrupciones – desde el sucidio de Balmaceda hasta 1925 período en que el Parlamento ejerció un dominio absoluto, hasta la Constitución de 1925 que retoma la tradición del ejecutivo fuerte – ha caracterizado a Chile, sistema que hizo precisamente crisis con el Gobierno de la Unidad Popular (1970-73) durante el cual el Presidente Allende utilizó extensivamente las amplias atribuciones del poder ejecutivo para realizar profundas reformas que no contaban con el apoyo de la mayoría Parlamentaria.

Notas y referencias

1. Francisco Ruiz Tagle, Gobernador político interino del Reino de Chile al Excmo. señor Capitán General del Ejército de los Andes, don José de San Martín, en *Archivo de don Bernardo O'Higgins*, Tomo VII, pág. 160..
2. Circular de Bernardo O'Higgins a todos los partidos de la provincia de Concepción. Talca, 22 de abril de 1817,en Adela Carrasco, *El Pensamiento de O'Higgins*, Santiago 1974, pág. 73.
3. *Epistolario de O'Higgins* editado por Ernesto de la Cruz, Santiago de Chile 1916, pág. 66.
4. Veáse *La Dictadura de O'Higgins*, pág. 123.
5. *The Formation of the Chilean Oligarchy*, pág. 96.
6. Guillermo Feliú Cruz, *El Pensamiento Político de O'Higgins*, Santiago de Chile 1954, pág. 31.
7. *La Dictadura de O'Higgins*, pág. 132.
8. *Epistolario de O'Higgins*, pág. 96.
9. *Gaceta de Santiago de Chile 1817*, Santiago de Chile 1952, pág. 344.
10. *Ideas and Politics of Chilean Independence*, pág. 231.
11. En carta a San Martín del 5 de Junio de 1817 O'Higgins dice sobre Manuel Rodriguez: "Es un bicho de mucha cuenta: él ha despreciado tres mil pesos de contado y mil anualmente en países extranjeros; por que está en sus cálculos que puede importarle

mucho más el quedarse". Luego sugiere a San Martín que haga descubrirse a M. Rodríguez para luego "aplicarle el remedio", *Epistolario de O'Higgins*, pág. 89.

12. *La Dictadura de O'Higgins*, págs. 215-216.
13. Un crítico norteamericano expresaba en la "North American Review" la opinión siguiente acerca de los métodos políticos utilizados en las nuevas naciones hispanoamericanas: "How can our mild and merciful peoples, who went through their revolution without shedding a drop of civil blood, sympathize with a people, that are hanging and shooting each other in their streets, with every fluctuation of their ill organized and exasperated factions", citado por Louis Hartz en, *The Founding of the New Societies*, New York 1964, pág. 77.
14. *Gaceta Ministerial de Chile*, Archivo de don Bernardo O'Higgins Tomo XI, pág. 34
15. *Epistolario de O'Higgins*, pág. 229
16. *Ideas and Politics of Chilean Independence*, pág. 232.
17. *La Dictadura de O'Higgins*, págs. 248-249.
18. Manifiesto del Capitán General de Ejército Don Bernardo O'Higgins a los Pueblos que dirige, en Guillermo Feliú Cruz, *El Pensamiento Político de O'Higgins*, págs. 43-51.
19. Sobre el ajusticiamiento de Benavides y los métodos de castigo empleados por los nuevos gobernantes comentaba una viajera inglesa: "he was dragged from prison, tied to the tail of a mule, and then hanged in the palace square: his head and hands were cut off, to be exposed in the towns he had ravaged in the south, and such indignities offered to his remains as appeared more like the revenge of savages than the punishment of a just goverment in the nineteenth century", *Journal of a Residence in Chile*, pág. 98.
20. El cadáver de Carrera fue expuesto a vejaciones, que dan una muestra de las concepciones acerca del castigo de las autoridades. La cabeza y el brazo derecho fueron separados del cuerpo clavados y expuestos a la vista de todos en el Ayuntamiento, ver *La Dictadura de O'Higgins*, pág. 299.
21. Es interesante constatar la admiración por J.M.Carrera y la defensa de su actuación hecha por ilustres figuras intelectuales y políticas del liberalismo chileno del siglo XIX, como Miguel Luis Amunátegui y Benjamín Vicuña Mackenna en la obra conjunta que he venido citando, La Dictadura de O'Higgins. J.M. Carrera ha sido, quizá, el más auténtico caudillo en la historia de Chile, la legitimidad por él representada era la de la fuerza, el arrojo, y la capacidad de dirigir en el combate; fuera de eso siempre superpuso los intereses de su familia a los de la nueva Nación o a la legalidad acordada, todo ello bastante diferente de la legitimidad democrática, basada en el respeto a las reglas establecidas y el veredicto electoral, que ha sido uno de los objetivos centrales del liberalismo.
22. G.Feliú Cruz, *El Pensamiento Político de O'Higgins*, pág. 34.
23. *Gaceta de Santiago de Chile 1817*, pág. 223.
24. Mayorazgo: Patrimonio familiar que retrasmite siempre al hijo mayor.
25. *Epistolario de O'Higgins*, pág. 37
26. Sobre la Legión del Mérito veáse, Legión de Mérito de Chile: crónica sobre su sesión inagural,en, *Gaceta de Santiago de Chile 1817*, págs. 176181 y *La Dictadura de O'Higgins*, págs. 136-137.
27. Según Maria Graham, O'Higgins había expresado, con ocasión del retorno del obispo pro-realista Rodriguez a su diócesis, que: "while he was Director of Chile, neither pope nor priest should posses temporal power, or a right of exemption from the civil and criminal jurisdiction of the country." *Journal of a Residence in Chile*, pág. 237.
28. Veáse, *El Pensamiento Político de O'Higgins*, págs. 38-39.

29. Citado por Roberto Hernández Ponce en, "Algunos aspectos de la educación durante el Gobierno del libertador Don Bernardo O'Higgins", *Revista de Educación* nr. 57, pág. 22.

30. Maria Graham relata que O'Higgins conversando sobre estos problemas se había manifestado: "a little inclined to censure those Protestants who wished prematurely to force upon him the building a chapel, and the public institution of Protestant worship; forgetting how very short a time it is since even private liberty of conscience and a consecrated burial-place had been allowed in a country which, within twelve years, had been subject to the Inquisition at Lima". Maria Graham, *Journal of a Residence in Chile*, págs. 207-208.

31. *Epistolario de O'Higgins*, págs. 272-273.

32. *La Dictadura de O'Hggins*, pág. 319.

33. *Epistolario de O'Higgins*, pág. 344.

34. *Epistolario de O'Higgins*, págs.339-340.

35. *Epistolario de O'Higgins*, pág. 366.

36. Maria Graham escribe en su Diario: "I think this transaction is a mistake on both sides; the preparative convention, chosen by the Director himself, was not the proper assembly into whose hands he could resign the authority committed to him on the recovery of the freedom of Chile after the day of Chacabuco, nor could he receive it anew from the hands of that convention." *Journal of a Residence in Chile*, pág. 182.

Capítulo VIII
Ideas políticas de O'Higgins y su Administración

VIII.a Disputas acerca de las formas de Gobierno

El núcleo central de las concepciones e ideas políticas de O'Higgins y de su Administración consistía, en la convicción acerca de la necesidad – y lo positivo de ella – de la subordinación de las instituciones e individuos a la autoridad ejecutiva en nombre de ciertos principios generales, y el rechazo a la confrontación de ideas y grupos políticos, que eran vistos como algo negativo.

En relación a las ideas políticas de O'Higgins, se ha puesto mucho énfasis en su republicanismo y rechazo a los intentos monarquizantes defendidos por el prócer argentino, San Martín. Este último era partidario de la instauración de monarquías constitucionales con príncipes traídos de dinastías europeas. Tras estos intentos subyacía el propósito de San Martín de reestablecer la autoridad y legitimidad evitando las luchas intestinas de familias y fracciones, la "anarquía", como los líderes de la independencia hispanoamericana acostumbraban a llamarla.

Este mismo fin era perseguido por O'Higgins, pero por otros medios. El rechazo explícito de O'Higgins a un régimen monárquico está fuera de duda y puede ser verificado en diversos documentos. En carta a José Gaspar Marín del 18 de Octubre de 1820 expresó:

> Si los creadores de la revolución se propusieron hacer libre y feliz a su suelo y esto sólo se logra bajo un Gobierno Republicano y no por la variación de dinastías distantes; preciso es que huyamos de aquellos frios calculadores que apetecen el monarquismo; Cuán dificil es, mi amigo, desarraigar hábitos envejecidos.[1]

En otra carta a José Rivadeneira y Texada del 24 de Octubre de 1821 sostuvo:

> Yo no sé a que pueblos entusiasmados por la libertad acomodáse un Gobierno que la contraría; ni sé el desconcepto con que las naciones ilustradas y la severa posteridad oirían los esfuerzos heroícos de la América si los viesen determinados a obedecer como antes, no habiendo logrado más que el cambio nominal de dinastía.[2]

Este tipo de declaraciones ha concitado el comentario elogioso de historiadores chilenos que ven al libertador nacional como a un campeón de la democracia y el republicanismo en oposición a otros próceres de la independencia de la América del sur.[3]

En mi opinión este tipo de contraposiciones soslaya un problema importante, el de la sustancia de los sistemas políticos, es decir el grado y número de atribuciones concedidas al Gobierno, y las posibilidades – dentro de los diferentes sistemas de Gobierno propugnados por los próceres de la independencia – de ejercer control sobre ellos. Desde esta perspectiva, la forma de Gobierno defendida por O'Higgins, no era necesariamente más democrática que las propugnadas por un Bolívar o un San Martín. Además si con la expresión república se piensa en algo más que la ausencia de monarcas y linajes reales, p. ej. en la elección periódica de las autoridades supremas, (acepción comúnmente aceptada) se puede cuestionar el republicanismo de O'Higgins ya que como se verá una de las causas que produjeron su caída, fue las dudas en cuanto a su disposición real de entregar alguna vez el poder.

Otro elemento de juicio que puede ser incorporado, es la opinión de los enviados de San Martín – para obtener la colaboración de O'Higgins en sus proyectos monárquicos – que explicaban de la siguiente forma los motivos por los cuales O'Higgins rehusaba adherirse a una solución monárquica constitucional. Al proponérsele estos planes O'Higgins había dicho:

> Que no dudaba, sería nuestro plan ventajoso y adaptable al Perú; pero que en cuanto a Chile, en donde no había opinión formada sobre el sistema de Gobierno, en donde uno u otro noble estaba por la forma monárquica, lo mejor era continuar las cosas en su Estado actual, puesto que siempre quedaba tiempo para constituírse como mejor les pareciese, después de observar las medidas de los Gobiernos de América y la marcha de la política de los principales gabinetes europeos. Conociendo que los motivos que tenía su S.E. para expresarse de este modo eran los deseos de retener el mando no tratamos de esforzar argumentos.[4]

En O'Higgins, entonces, los conceptos república y republicanismo son nociones que adquieren sentido mediante una negación, la de los difentes tipos de monarquía, el ideal de Gobierno para O'Higgins y sus consejeros es algo que debe ser deducido de los escritos, documentos y la práctica del Gobierno.

VIII.b La subordinación de las instituciones e individuos a la autoridad ejecutiva

He llamado la atención sobre una de las características centrales de la Administración O'Higgins, sus intentos de subordinar totalmente a las instituciones e individuos al poder central detentado por el Supremo Director en forma casi ilimitada.

Ejemplos de ello lo encontramos en los documentos de la época. En la "Gaceta de Santiago de Chile" del 21 de marzo de 1818,[5] en un artículo dedicado a la Administración de Justicia, en polémica con los sacerdotes contrarios al nuevo régimen se hacían las siguientes afirmaciones:

> Sabemos que la Iglesia está en el Estado y no el Estado en la Iglesia...Sabemos que así como la potestad eclesiástica es independiente de lo temporal en lo que respecta al orden, a la tranquilidad pública, a todo lo relativo a la vida, al honor, a la fortuna de los ciudadanos. ¿Qué sería de la Sociedad, si un clérigo pudiese minar sus bases sin temer de perder la vida como cualquier alevoso que ataca la seguridad común?[6]

De este texto se puede derivar que la política seguida con respecto a la Iglesia por los nuevos gobernantes, no difería sustancialmente de los esfuerzos borbónicos por suprimir todo bolsillo de autonomía con respecto al poder central, esfuerzos que significaron conflictos con la Iglesia y ataques a los jesuitas.

La subordinación de los eclesiásticos exigida por los nuevos gobernantes se hacía en nombre de principios generales como el orden, la tranquilidad pública, la seguridad común. Naturalmente eran los detentores del poder político los que definían y determinaban cuando esos principios estaban siendo atacados o se encontraban en peligro.

Los escolásticos españoles, y no los pensadores liberales europeos, eran los utilizados en la polémica con los católicos opuestos al Gobierno patriota. En la Gaceta de Santiago de Chile del 23 de Agosto de 1817, el editor respondía a una católica pro monarquista que afirmaba, entre otras cosas, que el nuevo régimen era más tiránico que el dominio que habían ejercido los reyes españoles con la argumentación siguiente:

> Yo desearía que V. leyese a los sabios españoles Fr. Francisco de Vitoria y al célebre F. Domingo Soto que fue el oráculo del Concilio de Trento. Entonces no sólo se avergozaría de la necedad de la aprobación de los reyes por la Iglesia; sino que se convenciera que los de España no tienen derecho alguno sobre la América.[7]

Los derechos de la Iglesia no eran inalienables, sino que al igual que el de los individuos estaban supeditados a la interpretación y calificación de los gobernantes. Los templos, de acuerdo al derecho natural y divino, eran declarados inviolables, excepto, se agregaba en la siguiente linea, cuando "lo exige el bien del Estado y la conservación de la salud o existencia pública"[8], o sea, en la práctica no eran inviolables porque el Gobierno decidía cuando esta última cláusula era válida. La subordinación de la Iglesia perseguida por O'Higgins y el Gobierno se tradujo en la exhortación a los sacerdotes para que predicasen en pro de la causa americana "conforme a la religión y a la recta razón"[9]; la intervención no se limitó sólo a este nivel, los sacerdotes con opiniones contrarias a las sostenidas por los nuevos gobernantes fueron suspendidos de sus cargos, expulsados del país o encarcelados.

O'Higgins justificaba de la forma siguiente el arresto y la posterior expulsión de un sacerdote, que había reprochado la moral de una dama relacionada con los nuevos jefes militares, acto por el cual fue llamado a comparecer ante O'Higgins:

> Tuvo la desfachatez de decirme que yo no tenía jurisdicción alguna sobre él y que no obedecía ninguna orden mía, entonces fue que ordene su arresto en un cuartel......
> La expulsión del clérigo Eyzaguirre es tan justa como pública su enemistad al sistema patrio; él ha sostenido y defiende que no hay autoridad entre los Gobiernos de América para ejercer el Patronato.[10]

Un tipo de argumentación similar era empleado con la mira de obtener el sometimiento y control de los organismos políticos locales. La lista de personas aptas para ser elegidas al Cabildo de Santiago, p.ej., debía ser aprobada por el Director Supremo, a éste podían ser elegidos sólo aquellas personas que poseían: "las cualidades de aptitud, patriotismo y aversión a toda clase de partido subversivo del orden y tranquilidad pública."[11] En concreto, ello suponía dejar fuera a los opositores del Gobierno porque toda crítica y grupo político alternativo podía ser considerado como subversivo y perturbador de la tranquilidad pública. Esta fue la obsesión mayor de O'Higgins y las personas que componían su Administración. Una y otra vez, en las cartas del padre fundador de la Nación chilena y en los documentos oficiales de su Gobierno, encontramos mencionada "la anarquía" y a los partidarios de ella como al enemigo número uno. Pocos historiadores intentan, sin embargo, explicar el contenido de estos términos dentro del universo significativo de los que los empleaban.

Por anarquía se entendía, la libre confrontación y competencia de ideas y concepciones políticas opuestas y la de grupos políticos con intereses diferentes. La anarquía era identificada con la diversidad que era contrapuesta a la unidad. La procupación por la unidad, la preservación de ella y el combate de todo aquello que pudiera perturbarla la existencia de partidos, concepciones religiosas opuestas, derechos individuales inalienables, etc. era algo común en los grandes próceres de la independencia de la America del Sur.[12]

Un antecedente importante para la comprensión de este énfasis es la incorporación de ciertos conceptos de la cultura católica común del mundo iberoamericano como la noción del bien común o público que en esta tradición era visto como una meta principal de la Ciudad Terrenal, y concebida como diferente y opuesta al bien individual y con primacia sobre este último. La unidad era un prerrequisito para alcanzar el bien común, unidad no sólo en lo religioso sino también de las formas políticas y legales, pues como sostenía Santo Tomás, lo que en si mismo constituye una unidad puede producir más fácilmente unidad que lo que es una pluralidad.[13]

Por otro lado, en el contexto en que se encontraban inmersos los fundadores del Estado nacional, la lucha de los caudillos, grupos políticos y familiares por el poder total – para imponer su versión del bien común – era un problema real, piénsese en el caso de los Carrera y otros caudillos liberales. Por ello, O'Higgins, daba cuenta de un problema verdadero cuando – con posterioridad a su caída – comentando la situación chilena escribía:

> En vano es dar instituciones y garantías, porque los facciosos las desprecian y censuran.[14]

O'Higgins mismo, no obstante, mientras detentó el poder siempre identificó "el buen orden", "la tranquilidad y seguridad pública", con el acatamiento a sus convicciones en cuanto a como ejercer el poder.

La resistencia a la libre confrontación de grupos e ideas políticas, y a la alternancia periódica de partidos contrarios, tiene en parte que ver con el trasfondo institucional y religioso que he señalado. Sin experiencia institucional en cuanto a la decisión y equilibrio de poderes, con una religión única y excluyente, un idioma e instituciones y prácticas comunes, la homogeneidad era vista como algo deseable, positivo y alcanzable[15] y la diversidad como un mal que había que erradicar; de ahí la dureza implacable con la que los adversarios políticos fueron atacados, perseguidos y, algunos de ellos, eliminados. Conocida es la suerte que le cupo a otras figuras señeras de la independencia de Chile como los Carrera – ejecutados los tres y Manuel Rodriguez, asesinado.

La actitud general de O'Higgins y los personeros de su Gobierno fue, en general, el no tolerar la crítica u oposición y reprimir ferozmente a aquellos que por diversos motivos llegaron a blandir las armas en contra del régimen existente. A continuación, a manera de ilustración de este tema presentaré algunos hechos situaciones y personajes.

En carta a Tomás Godoy Cruz del 28 de septiembre de 1821 O'Higgins opinaba acerca de lo que debía hacerse con José Maria Benavente, oficial de la montonera de Carrera en prisión:

> No está aún vengada la muerte de nuestro Morón [caído en la lucha en contra de la montonera de Carrera, P.C.] mientras exista el asesino José Maria Benavente.....sea el caudillo de los facinerosos ejecutado para escarmiento de los anarquistas y malvados y para la seguridad del orden, con el que no podremos contar, viviendo este monstruo a quien tanto conozco" y daba cuenta de los métodos que él había utilizado, "Cuando la montonera de Talca fue derrotada por las tropas que al efecto hice marchar, apresados los caudillos, los hice fusilar en esta capital, otros en el mismo Talca, su país, oficiales y personas que tomaron parte en aquel desorden fueron tambien pasados por las armas; tal resolución fue remedio eficaz para que no hubiesen asomado otra vez tales pestes.[16]

No sólo la oposición que había llegado a tomar las armas fue reprimida duramente, sino también la ejercida por medios legales y democráticos.

El prebístero Pineda, que había sido por unanimidad elegido como representante de Valdivia a la Convención, era a juicio de O'Higgins, "un hombre muy loco y revolucionario"; su elección, por orden del Gobierno, fue simplemente anulada y O'Higgins conminó al gobernador de Valdivia a que deportase a Pineda al Perú.[17]

En el seno de la "Sociedad de Amigos del País", Blanco Encalada – jefe interino del Estado Mayor, general y comandante de armas de la capital – vertió algunas opiniones críticas acerca del Gobierno por las cuales fue arrestado y enjuiciado O'Higgins dió cuenta de su parecer con respecto a esta situación en carta a San Martín del 5 de junio de 1821:

> Hasta aquí Chile había resistido a la anarquía, en el caso de Blanco no quedaba ya ni la menor esperanza de orden: el se está juzgando por el tribunal militar, como también dos cuñados suyos.[18]

En la concepción de los fundadores del Estado chileno existían ciertos principios generales ante los cuales el individuo debía doblegarse y que invalidaban otros derechos. Asi se afirmaba que, "todo debe ceder cuando se interpone la sagrada obligación de conservar la Patria, obligación de que son derivadas y subalternas todas las demás que impone la naturaleza y la sociedad" p.ej. "los sentimientos de conmiseración debidos a los semejantes".[19] Se recordará la opinión, presentada en el capítulo III, de Benjamin Constant sobre este tipo de prescripciones.

En concordancia con el pensamiento aristotélico-tomista y por ende de los escolásticos renacentistas españoles no era el individuo – lo particular – el centro de la atención sino la religión y la sociedad, lo general. Esta afirmación puede ser corroborada mediante la lectura del siguiente pasaje de una circular del gobernador del obispado, Ignacio Cienfuegos, al clero regular y secular de Santiago:

> Si la religión, pues, por estos incontestables principios debe ser el objeto de nuestras primarias atenciones; es también inconcuso que la sociedad después de ella debe tener el primer lugar. Si en obsequio de aquélla de la que pende nuestra felicidad eterna, debemos sacrificar nuestra vida corporal, por la defensa de ésta de la que recibimos nuestra existencia, somos obligados a franquear nuestros intereses temporales.[20]

VIII.c Constituciones elaboradas durante el Gobierno de O'Higgins

VIII.c.1 La Constitución de 1818
Las ideas que he venido presentando se encuentran contenidas en las Constituciones elaboradas durante el Gobierno de O'Higgins. Ellas constituyen documentos

fundamentales cuando se intenta apreciar las concepciones, ideales y cultura política de los fundadores del Estado chileno. Las constituciones son documentos más fidedignos que las declaraciones o escritos de la élite criolla, en ellas se puede constatar lo que ésta realmente pensaba y pretendía, y en forma sintetizada – sin carácter propagandístico – expresan el juicio de los fundadores del Estado Nacional acerca de como ellos concebían que éste debía estar articulado y funcionar y que tipo de relaciones debían existir entre los individuos y el Estado. Estos juicios, como se verá, concordaban, además, con la práctica del ejercicio del poder de O'Higgins y los personeros de Gobierno.

La Constitución de 1818 surgió como producto de las presiones de la élite chilena para regularizar un poco el ejercicio del poder, que hasta ese entonces – con anterioridad a la batalla de Maipo del 5 de Abril de 1818 – había sido ejercida en forma arbitraria. O'Higgins, por recomendación de sus consejeros, cedió a estas presiones y nombró una comisión que estaría encargada de presentarle un reglamento provisorio hasta la reunión de un Congreso. Las personas que la componían habían sido seleccionados "por sus conocimientos, por su honradez acreditada y por su notorio patriotismo",[21] es decir todos ellos personas de confianza de O'Higgins y los personeros de su Gobierno.

En el decreto del Supremo Director se explicita que la reunión de un congreso no era la tarea del momento. Feliú Cruz en su trabajo sobre O'Higgins constata que cuando llegaba la hora de hablar de la elección de un Congreso, "en sus mensajes hay como una limitación por una u otra circunstancia".[22] En mi parecer, la razón de ello encuentra su fundamento en las opiniones de O'Higgins y sus consejeros, que veían como algo negativo y peligroso la existencia de un congreso en el cual encontraría lugar el enfrentamiento de grupos con diversas opiniones e intereses. En la Gaceta, que daba cuenta de la formación de la comisión con los propósitos señalados, se dejaba constancia que "los Congresos, obras de la precipitación y del espíritu de partido, han abierto al enemigo común el camino de sus victorias, y el de nuestras ruinas. Los Congresos – se afirmaba además – introducen la discordia y fomentan los partidos."[23]

La Constitución chilena de 1818 tuvo como inspiración, los primeros reglamentos constitucionales de la Patria Vieja, la Constitución Francesa de 1799 y el Estatuto Provisional de las Provincias Unidas de 1815. Al parecer, la extraordinaria similitud entre este último documento y la Constitución de 1818 se debió a que O'Higgins tuvo conocimiento del Estatuto Provisional durante su permanencia en las Provincias Unidas, y la inspiración francesa de la Constitución de 1818 llegó a través de este documento.[24] La influencia del emperador francés no se limitó a los préstamos tomados de la Constitución de 1799, también su sistema de consultar a la población fue imitado. El procedimiento empleado para escuchar la opinión de la población sobre la Constitución consistió en poner en cada parroquia dos libros, uno en el cual podían firmar los que aprobaban la Constitución y otro en el cual hacían lo mismo los que la reprobaban. Por supuesto dadas las circunstancias existentes, sólo el primer libro se cubrió de firmas en las distintas ciudades, lo cual – no sin orgullo – se constataba en una Gaceta:

> El Ministro de Estado en el departamento de Gobierno presentó al concurso los libros de las subcripciones de todos los pueblos del Estado desde Cauquenes a Copiapó; notando que en ninguno de ellos había un solo voto en contra de la Constitución, sino todos en favor de su sanción.[25]

Mariano Egaña que a la sazón se desempeñaba como Secretario de Mineria, dirigió una arenga al Supremo Director en la que emitió las siguientes opiniones – cercanas como se puede apreciar al pensamiento de Suárez – sobre el rol de la Constitución:

> Una ley que dirija al bien público las voluntades y los intereses desunidos de los ciudadanos.[26]

La Constitución constaba de 5 títulos: 1. De los Derechos y deberes del hombre en sociedad, 2. De la Religión del Estado, 3. De la Potestad Legislativa, 4. Del poder Ejecutivo, 5. De la Autoridad Judicial.[27]

Mediante el análisis de los diversos títulos se puede apreciar la contradicción entre la influencia de la contemporaniedad sobre los autores – términos prestados de la tradición francesa y norteamericana – y sus convicciones profundas con raices en la dominación de tipo patrimonial ejercida por los españoles y el universo ideológico aristotélico tomista de los escolásticos iberos. Asi se habla de los derechos del hombre en sociedad y no – como en la tradición liberal – de los derechos del individuo de cara a la sociedad, estas dos dimensiones como se sabe a través de la experiencia histórica – individuo/sociedad – a menudo coluden.

En el artículo 5 del título I, se establece que "La casa y papeles de cada individuo son sagrados", pero se agregaba, esto "podrá suspenderse en los casos urgentes en que lo acuerde el Senado", este último cuerpo por lo demás era elegido por el Supremo Director. En el artículo 9 se puede leer, "no puede el Estado privar a persona alguna de la propiedad y libre uso de sus bienes" – pero ésto quedaba en gran parte invalidado al agregarse – "si no lo exigue la defensa de la Patria". Quien determinaba cuando la defensa de la Patria exiguía esto u lo otro eran por supuesto los que detentaban el poder político, más aún en las circunstancias bajo las cuales vivían los chilenos en aquel período.

El artículo 11 establecía que "Todo hombre tiene libertad para publicar sus ideas y examinar los objetos que están a su alcance" y este derecho quedaba imposibilitado por el párrafo siguiente, "con tal que no ofenda a la tranquilidad pública y Constitución del Estado, conservación de la religión cristiana, pureza de su moral y sagrados dogmas", o sea que todo persona que cuestionara o criticara – o se considerase que lo hiciera – estos dogmas quedaba exento del disfrute de estos derechos esenciales, lo mismo en el caso de que se incurriese en el muy impreciso delito de "ofender la tranquilidad pública".

En el artículo 13 se asignaba al Supremo Director una función similar al del soberano patrimonial español, "Todo individuo de la sociedad tiene incontestable derecho a ser garantido en el goce de su tranquilidad y felicidad por el Director Supremo y demás funcionarios públicos del Estado, quienes están esencialmente obligados a aliviar la miseria de los desgraciados y proporcionarles a todos los caminos de la prosperidad." Este rol coincidia con el del soberano español que se creía calificado para guiar a sus súbditos hacia la salvación intelectual, política y celestial. Cuanto mayor fuera la obediencia, falta de iniciativa y docilidad de ellos más fácil era la tarea.

En el Capítulo II, artículo 1 del Título I, se establecía que "Todo hombre en sociedad.........debe una completa sumisión a la Constitución del Estado", es decir a una Carta Fundamental que había sido elaborada sin que ni siquiera la oligarquía en su conjunto hubiese participado y discutido su elaboración y donde la única posibilidad de disentir había sido la de firmar públicamente reprobándola.

Podemos derivar, a partir de los artículos mencionados hasta aquí, que los derechos de la persona y garantías individuales no eran inajenables sino sujetos a la calificación e interpretación de los gobernantes, fuera de ello, la ley misma declaraba la no existencia de la libertad religiosa. Estas concepciones pueden ser comparadas, con las ideas y aspiraciones defendidas por los padres fundadores de los EE.UU., provenientes de un trasfondo institucional y religioso diferent entroncado con las sectas protestantes disidentes y el liberalismo. En las enmien das a la Constitución de 1787, ratificadas el 15 de diciembre de 1791, se puede leer bajo el artículo 1:

> El Congreso no aprobará ley alguna por la que adopte una religión como oficial del Estado o se prohiba practicarla libremente, o que coarte la libertad de palabra o de imprenta, o el derecho del pueblo para reunirse pacíficamente y para pedir al Gobierno la reparación de agravios.[28]

El interés de los fundadores de los EE.UU. era asegurar los derechos y garantías del individuo frente al Estado y por ello se prohibió al poder político que elaborara y aprobara leyes que calificasen, limitasen o restringiesen derechos y libertades consideradas como fundamentales y por ello inalienables.

El rol conferido al Senado en un sistema democrático, contrapeso y control del poder ejecutivo no podía, en base a la Constitución de 1818, ser desempeñado efectivamente. El artículo 1 del título segundo estatuía, que sus 5 miembros eran elegidos por el Supremo Director, lo que O'Higgins ya había hecho, lo que indica una completa seguridad en cuanto a la aprobación de la Constitución.

La Constitución no fijaba término al ejercicio en el cargo del Supremo Director y se limitaba a registrar que su elección ya estaba verificada "según las circunstancias". Sus facultades eran amplias y comprendían asuntos decisivos en lo que respecta a la organización de todas las fuerzas armadas y la recaudación, economía e inversión de los fondos nacionales. El mecanismo prical, que hacía posible para el Supremo Director ejercer una influencia y control decisivo sobre el conjunto de la organización estatal, era sus vastas atribuciones en cuanto al nombramiento de las personas que debían ocupar cargos en los distintos cuerpos y niveles. El Supremo Director elegía a: los Secretarios de Estado (ministros), los miembros del Senado, los asesores y secretarios de los gobernadores intendentes, los miembros del Supremo Tribunal Judiciario, los magistrados de la Cámara de Apelaciones, y tenía derecho a confirmar o no al asesor y secretario del Cabildo de Santiago.

El artículo 16 del capítulo 1, título IV, establecía una de las atribuciones y deberes del Supremo Director, que podía ser utilizado para reprimir cualquier oposición en ciernes:

> Tendrá el Director especial cuidado de extinguir las divisiones intestinas, que arruinan los Estados y fomentar la unión que los hace impenetrables y felices.

El Poder Judicial – por la forma en que sus funcionarios eran nombrados y dado que el Supremo Director debía suscribir las sentencias del Supremo Tribunal – no gozaba de la independencia necesaria con respecto al Ejecutivo como para ejercer un control real sobre éste y asegurar la integridad de los individuos.

En resumen, la Constitución, a pesar de la existencia formal de tres poderes, concentraba de hecho todo el poder en manos del Supremo Director sin que hubiese posibilidades efectivas de que ellos se controlasen mutuamente impidiendo excesos y abusos. La corta durabilidad en el cargo de los representantes del pueblo o, simplemente en este caso, del supremo poder político establecida en las constituciones democráticas, tampoco estaba presente.

Los derechos y garantías individuales quedaban sujetos al arbitrio del Supremo Director. Todo esto concordaba con las convicciones de O'Higgins y sus consejeros – ligadas a un trasfondo institucional y cultura política hispánica – de que el aumento y concentración del poder político en una instancia/persona era la única via de mantener la unidad, evitar los conflictos de personas, grupos e ideas opuestas que llevaban a la anarquía y asegurar de este modo el bien público y la felicidad.

VIII.c.2 La Constitución de 1822

La Constitución de 1822,[29] la última elaborada y promulgada bajo el Gobierno de O'Higgins, expresa en forma aún más clara las contradicciones entre un vocabulario prestado de la tradición liberal y las convicciones profundas de O'Higgins y sus partidarios – que siempre terminan por imponerse – asociadas a una tradición diferente y fundamentalmente opuesta.

La Convención, cuyos miembros elaboraron la Constitución, dirigiéndose a los habitantes de Chile con ocasión de su promulgación, aclaraba ciertos ideales que aparentemente se querían alcanzar:

> Principios fundamentales e invariables, proclamados desde el nacimiento de la revolución: la división e independencia de los poderes políticos, el sistema representativo, la elección del primer Magistrado, la responsabilidad de los funcionarios, las garantias individuales.[30]

Se verá como, no obstante, estos principios eran negados en la Constitución misma. Los miembros de la Convención explicitan también que se inspiraron en los mejores modelos y "principalmente los del país clásico de la libertad, los Estados Unidos."[31]

En el documento en cuestión, en un corto espacio, se puede apreciar la contradicción entre sistemas de ideas con referencias opuestas. Uno ligado a la escolástica cuando se sostiene que "el fin de la sociedad es la felicidad común", otro con el constitucionalismo francés y norteamericano al afirmar que "el Gobierno se establece para garantir al hombre en el goce de sus derechos naturales e imprescriptibles, la igualdad, la libertad, la seguridad, la propiedad".[32]

En el capítulo único del título II, se niega nuevamente la libertad religiosa al instituirse que: "La religión del Estado es la Católica, Apostólica, Romana con exclusión de cualquier otra." Sobre el Gobierno de Chile se dice que éste "será siempre representativo compuesto de tres poderes independientes, Legislativo, Ejecutivo y Judicial. Es mediante una lectura puntual de los títulos dedicados al Congreso y al Poder Ejecutivo que se descubre los deseos de continuar con un Supremo Director omnipotente, un poder Legislativo y Judicial controlados y elecciones restringidas.

El Congreso decretaba que la Constitución se compondría de dos Cámaras: la del Senado y la de los Diputados y se reuniría sólo cada dos años. El Senado con un periodo de funcionamiento de tres meses estaría formado por los individuos de la Corte de Representantes elegidos por la Cámara de los Diputados y de los ex-Directores a ellos se agregaban los ministros de Estado, los Obispos con jurisdicción dentro del territorio, un ministro del Supremo Tribunal, tres jefes del ejército, un delegado directorial y dos comerciantes y dos hacendados nombrados por la Cámara de Diputados. Muchas de estas personas habían sido denominadas por el Supremo Director mismo; pero ¿quedaba la posibilidad de cierta autonomía garantizada por los miembros de esta extraña construcción, la Corte de Representantes?. Ella como se habrá percibido no era elegida por el Supremo Director sino por la Cámara de Diputados.

Los Diputados eran elegidos por un procedimiento indirecto. En ciertas fechas – fijadas por la Constitución – los inspectores, alcaldes de barrio y jueces de distrito harían listas de los ciudanos elegibles para electores, éstos últimos elegirían los Diputados. Lo ingenioso de la estratagema se revela algunas páginas más adelante cuando bajo el título dedicado al Gobierno Interior de los Pueblos se lee que a los delegados directoriales, es decir, a los representantes de O'Higgins en la localidad respectiva"corresponde privativamente el nombramiento de jueces de distrito, celadores, inspectores y alcaldes de barrio" , más decisivo aún "Desde el día de la publicación de esta Constitución, hará el Director el nombramiento de todos los Delegados."

El Supremo Director se aseguraba, de esta manera, una influencia decisiva – mediante sus empleados subalternos – sobre quienes podían ser electores y por esta vía el que la Cámara de Diputados y la Corte de Representantes estuvieran conformadas por personas adictas a él o por "hombres de bien, quietos y separados de todo partido" como O'Higgins acostumbraba llamarlos.

La Corte de Representantes era una pieza clave del sistema. En el largo periodo de receso del Congreso ejercía todas las funciones del Poder Legislativo y al reunirse el primero poco le quedaba sino confirmar lo decidido por el Director y la Corte. La Corte de Representantes fue, en 1822 organizada por la Convención Preparatoria misma, y como se ha visto el Ejecutivo determinó en la practica la composición de la última. La Corte podía ser reelegida si el Director era reelegido.

O'Higgins tuvo la oportunidad de controlar efectivamente la configuración de la Corte de Representantes. El sentido pleno de este hecho surge de la lectura de una de las atribuciones de este cuerpo: "Recibir las actas y poderes de los Diputados, aprobarlos o reprobarlos". Es decir, que por si alguna casualidad algún opositor al Ejecutivo hubiese pasado por el el filtro de los electores – fiscalizados por los subalternos del Supremo Director – se levantaba un segundo impedimento en la forma de esta facultad de la Corte de Representantes que por su configuración con seguridad se encargaría de apartar los elementos no deseados.

En el título dedicado al Poder Ejecutivo se instituía que el cargo de Director Supremo siempre sería electivo y jamás hereditario, la duración en el cargo sería de seis años y podía ser reelegido sólo una vez por cuatro años más. La Constitución agregaba: "se tendrá por primera elección la que ha hecho del actual Director la presente legislatura de 1822." O'Higgins podía, luego, agregar diez años más a los cinco en que venía detentando el poder en forma casi absoluta.

Las facultades y poderes de nominación del Director Supremo eran vastas; pero nuevamente lo decisivo era la subordinación y dependencia de los Poderes Legislativo y Judicial con respecto al Ejecutivo. Al Director pertenecía el mando supremo, y la organización y dirección de los Ejércitos, Armada y Milicias, pero no podía mandarlos en persona, sin el consentimiento del Poder Legislativo. Nombraba por si sólo los generales en jefe de los ejércitos, otorgaba todos los empleos subalternos a propuesta de los respectivos jefes y en la forma en que lo prevenían las leyes, nombraba los Secretarios de Estado y del Despacho y podía separarlos a su arbitrio, había nombrado los cinco ministros del Tribunal Supremo de Justicia; pero las vacantes sucesivas debía el Ejecutivo elegirlas de acuerdo con el Legislativo.

Todas las provisiones de los Tribunales de Justicia se despachaban a nombre del Supremo Director. Era atribución exclusiva del Director cuidar y conservar el orden público y seguridad del Estado, y como en muchas de las constituciones latinoamericanas desde aquella época hasta la actualidad, el Poder Legislativo podía concederle en caso de "peligro inminente del Estado" facultades extraordinarias por el tiempo que durase la necesidad.

La condición, casi monárquica del Supremo Director, se puede constatar en disposiciones como las siguientes: "su persona era inviolable y necesitaba del permiso del Congreso o de la Corte de Representantes para casarse, ser padrino y hacer visitas de carácter público". El Director Supremo nombraba además una Regencia, que había de sucederle en caso de fallecer y hasta que se reuniese un Congreso.

En síntesis, aunque se hacían ciertas concesiones a la "modernidad", tras la utilización de esquemas, ideas, giros y expresiones tomados de la tradición liberal, surge el esquema institucional de raigambre hispánica: concentración del poder, en forma casi incontrolada, en una persona y el consiguiente carácter supeditado, enajenable de las libertades y garantías del individuo. Todo ello con el objetivo de mantener la estabilidad pública y alcanzar el bien/felicidad pública.

Notas y referencias

1. *Epistolario de O'Higgins*, pág. 280.
2. *Epistolario de O'Higgins*, pág. 282.
3. Ernesto de la Cruz opinó: "El fervor conque O'Higgins sostuvo siempre el sistema democrático en oposición al dinástico", *Epistolario de O'Higgins*, pág. 238, y Julio Heise Gonzales escribió lo siguiente: "Sólo a Chile fue posible organizar desde un comienzo, sin vacilación alguna, un Gobierno republicano y democrático. El libertador O'Higgins defendió con dignidad y altivez sus convicciones republicanas.", "O'Higgins y la Organización de la República", *Revista Chilena de Historia y Geografía*, nr. 146 1978, pág. 79.
4. Extracto de una conferencia tenida por los comisionados García del Rio y Paroissien con el Director de Chile don Bernardo O'Higgins el 19 de Marzo de 1822, *Epistolario de O'Higgins*, págs. 319-325.
5. Las Gacetas eran el periódico oficial de la Administración O'Higgins y como tales han sido clasificadas como "los más importantes documentos de la Administración O'Higgins", véase la Introducción hecha por Feliú Cruz a la *Gaceta de Santiago de Chile de 1817*, *Colección de Antiguos Periódicos Chilenos*, Santiago de Chile 1952.
6. *Gaceta de Santiago de Chile*, págs. 395-396.
7. *Gaceta de Santiago de Chile*, págs. 89-92.
8. *Gaceta de Santiago de Chile*, pág. 183.
9. *Gaceta de Santiago de Chile*, pág. 114.
10. *Epistolario de O'Higgins*, págs. 354-357. El Patronato real era el derecho del que había disfrutado el monarca español de presentar las personas para cubrir los obispados y otras dignidades eclesiásticas.

11. *Gaceta Ministerial de Chile*, pág. 307, *Archivo de don Bernardo O'Higgins*, Tomo XI, Santiago de Chile, 1952.

12. Glenn Caudill Dealy presenta varias citas en las cuales Simón Bolivar aboga por la unidad y centralización del poder, en concreto sobre Chile Bolivar se pronunció por la no alteración de sus leyes, sendas y prácticas utilizadas y por la preservación de la uniformidad política y religiosa de esta Nación, veáse, "The Tradition of Monistic Democracy in Latin America", pág. 640, *Journal of the History of Ideas*, July 1974, págs. 625-646.

13. The Tradition of Monistic Democracy, pág. 634.

14. *Epistolario de O'Higgins*, pág. 183.

15. En carta del 10 de Abril de 1823 O'Higgins – destituido ya del mando – mentaba la situación más ventajosa de Simón Bolivar: "Si, V.E. no puede ser detenido en su carrera de gloria, manda una República agradecida, que conoce sus intereses y es homogénea en sus sentimientos. Chile en contraposición era presentado como "Un Estado enfermo de envidia, de partidos y facciones... es -agregaba O'Higgins este un mal casi necesario en los Gobiernos nacientes, que se crían y forman a si mismos; siempre el hombre tiene repugnancia a reconocer un superior en su igual, aun cuando lo haya elegido." *Epistolario de O'Higgins*, pág. 283.

16. *Epistolario de O'Higgins*, págs. 277-279.

17. Veáse, *Epistolario de O'Higgins*, pág. 347.

18. *Epistolario de O'Higgins*, págs. 262-263.

19. *Gaceta de Santiago de Chile*, pág. 258.

20. *Gaceta de Santiago de Chile*, págs, 257-276.

21. *Gaceta Ministerial de Chile*, 23 de Mayo de 1818, pág. 31.

22. *El Pensamiento Político de O'Higgins*, pág. 26.

23. *Gaceta Ministerial*, 23 de Mayo de 1818, pág. 32.

24. Paul Vanorden Shaw, *The Early Constitutions of Chile 1810-1833*, pág. 86., New York, 1930.

25. *Gaceta Ministerial de Chile*, pág. 225.

26. *Gaceta Ministerial de Chile*, 24 de Octubre de 1818, pág. 226.

27. El texto que utilizo del Proyecto de Constitución Provisoria para el Estado de Chile de 1818, se encuentra en los *Anales de la República*, Tomo I, Santiago de Chile 1956, págs. 52-59.

28. Jorge Esteban, *Constituciones españolas y extranjeras*, Constitución de 1787, Tomo II, Madrid 1977, pág. 435.

29. El ejemplar que utilizo se encuentra en los, *Anales de la República*, págs. 69-94.

30. *Anales de la República*, Tomo I, pág. 60.

31. *Anales de la República*, pág. 60.

32. *Anales de la República*, pág. 70.

Capítulo IX

Contexto histórico-político en que se inserta el surgimiento de Portales como líder político

IX.a Crisis política e intentos de imponer una legitimidad autoritaria

A la caida de O'Higgins siguió un periodo caracterizado por intensas y a veces enconadas luchas faccionales, intentos de fracciones de la oligarquía de imponer sus respectivos modelos políticos y asonadas y revueltas promovidas por caudillos militares. Constituciones eran elaboradas y derogadas y los Congresos, líderes militares y Juntas se sucedían unos a otros; no sin razón se ha denominado a esta época como el de la "Anarquía de 1823 a 1830".[1]

Las diferencias en el plano de las ideas enfrentaba por un lado a "pipiolos" o liberales -que utilizan giros, expresiones y conceptos que arrancan del universo significativo de las revoluciones francesas y norteamericana, mezclados – en algunas ocasiones – todavía con concepciones tomistas[2] y por el otro a "pelucones" o conservadores-nativistas,[3] partidarios de principios originarios (la recreación de la tradición institucional hispánica) y opuestos a las "ideas extranjerizantes".

Aunque en el enfrentamiento "pipiolos" contra "pelucones" existían algunas connotaciones sociales – la composición de los primeros era más "popular", es decir comprendía abogados y militares que no pertenecían directamente a la oligarquía – este elemento no debe ser exagerado pues notabilidades politicas del bando liberal eran miembros de la oligarquía, además, ésta no actuaba como bloque cerrado sino que las disputas políticas y sociales atravesaban su seno.[4]

Tras este conflicto subyacen otros de mayor trascendencia, que permiten dar cuenta de la facilidad con que destacadas figuras políticas pasaban de un bando a otro y la diferencia a veces inentendible – con los parámetros del liberalismo europeo y norteamericano – entre ideario político y práctica en el caso de los "pipiolos-liberales" chilenos.

Lo que marca la época son las tentativas de imponer formas de legitimidad política autoritarias, como la legitimidad política basada en el dominio; bajo esta luz deben ser vistas muchas de las revueltas promovidas por militares[5] y la legitimidad mediante el carisma como en el caso de los grandes caudillos, todos ellos héroes de la independencia.

El mismo Freire -figura central del período-, que sucedió a O'Higgins en la dirección del nuevo Estado ha sido calificado por algunos historiadores como "liberal"[6]; clausuró Congresos por desacuerdos, derogó Constituciones y ordenó poner en prisión a miembros parlamentarios de tendencias opuestas. Manuel José Gandarillas y Diego José Benavente "eminentes liberales" – el último llegó a ocupar el cargo de ministro de hacienda bajo Freire – pasaron más tarde a conformar el núcleo de "los estanqueros", agrupación liderada por Diego Portales, que sostenía la necesidad de un gobierno fuerte y centralizado y el término de los debates.

Calificar a estas y otras figuras políticas de liberales es estirar este concepto hasta el absurdo y confundir más que aclarar. Un punto cardinal de la doctrina liberal es la entrega de medios y recursos al ciudadano para controlar al Estado, mientras que las personas nombradas como miembros de los estanqueros eran partidarios de una entrega con el mismo signo; pero al poder central para controlar y someter al ciudadano en particular y al opositor muy en especial.

Gandarillas y Benavente simbolizan muy bien un aspecto vital de la problemática de la legitimidad política de la época, que no ha sido entendido por los historiadores tradicionales que utilizan arbitrariamente las conceptos políticos liberalismo/liberal. Ambos fueron Carreristas y siguieron a este carismático caudillo, que Vicuña Mackenna (1831-1886) – historiador y político central de la corriente liberal chilena – menciona como el "turbulento campeón de nuestras primeras libertades"[7] al que los "liberales" remontaban su geneologia. La legitimidad de Carrera como el de los otros caudillos notorios (O'Higgins, Freire, Portales) estaba basada en sus dotes personales; en el caso de Carrera: valentía, capacidad organizativa militar, apostura, arrojo, rápida adaptabilidad a medios geográficos y humanos severos, rudos y cambiantes, etc.[8] lo importante es la persona del jefe carismático; Gandarillas y Benavente siguieron y se unieron más tarde a otra figura carísmatica – que daba buenas garantías de poder realizar sus ideales políticos autoritarios – muy alejada de las convicciones liberales: la de Diego Portales.

Son también las dotes peculiares de un J.M. Carrera como las de Freire (ambos héroes de las luchas por la independencia) las que despertaban la fascinación, reconocimiento y aceptación de su legitimidad en un Vicuña Mackenna, a pesar de que la práctica de ambos desdecía notoriamente su pretendido ideario liberal.

Desde otra perspectiva es importante enterarse del conflicto que separaba a los partidarios del poder central fuerte, los "pelucones" con aquellos que postulaban el gobierno oligárquico "pipiolos-liberales". Con éste se perseguía no la división de poderes y la cooperación entre ellos sino la concentración de todo el poder en la oligarquía "en Parlamento" y la negación de "la sal y el agua" al ejecutivo, táctica criticada por los mismos caudillos militares pipiolos por impedir el funcionamiento de un buen gobierno y que según Collier contribuyó decisivamente a la derrota de los liberales[9] como alternativa a la dictadura del caudillo.

La oligarquía utilizó a un caudillo militar para desembarazarse del otro: O'Higgins para desplazar a Carrera, Freire para hacer lo mismo con O'Higgins y nuevamente al general del ejército del sur, Prieto para deshacerse de Freire. Es en este contexto – de acaloradas luchas políticas, experimentos e intervenciones militares – en que el hombre de negocios chileno don Diego Portales se ve arrastrado a ingresar en la arena política.

La importancia de este fundador del Estado chileno no ha sido en ningun caso subvalorada ni los elogios escatimados, el culto a su persona comenzó ya en el siglo XIX. Vicuña Mackenna opinó:

> Don Diego Portales se presenta en la arena política de Chile con todas las señales visibles, en el ser humano, de ese poder misterioso que se ha llamado un destello de la Divinidad misma, y que nadie ha definido: el Genio. Lo súbito de su aparición, sus audaces miras, su manera de ver lo que le rodea, enteramente nuevo, inusitado y en todo extraordinario; su fascinación irresistible; el mismo vulgar resentimiento mezquino móvil de tan inmenso éxito que han despertado sus pasiones y su asombrosa voluntad; su acción infinita; su desinterés, siempre sublime, todo acusa en él, desde el primer instante, una gran existencia que se despierta de un profundo letargo y presagia una era de prepotencia, que quedará eternamente marcada en los fastos de su patria.[10]

Alberto Edwards Vives – político e historiador destacado del presente siglo, de tendencia conservadora – expresaba su admiración en la forma siguiente:

> A pesar de todo el genio de Carlyle, nunca pude aceptar, sino a título de brillante paradoja, su teoría de que la humanidad sólo ha marchado al impulso de unos pocos hombres superiores. El caso de don Diego Portales es, sin embargo, uno de aquellos que aparentemente confirman la atrevida tesis del filósofo británico. La transformación operada en Chile y sólo en el espacio de unos pocos meses, bajo la poderosa mano de ese hombre de genio, fue tan radical y profunda, que uno llega a imaginar, cuando estudia los sucesos e ideas de ese tiempo, que después de 1830 está leyendo la historia de otro país, completamente distinto del anterior, no sólo en la forma material de las instituciones y de los acontecimientos, sino también en el alma misma de la sociedad.[11]

Ernesto de la Cruz, historiador y literato, da cuenta de su opinión acerca de la importancia de Portales en la lineas siguientes:

> Esta nueva operación (el contrato del estanco, P.C.)...iba a dar...los más deplorables resultados, y a lanzar en medio de las luchas de partido al hombre que habría de variar, con el sólo impulso de su voluntad y de su genio, el rumbo político de la Nación.[12]

Finalmente citaré el jucio de una notabilidad del partido demócrata cristiano escrito en 1974 cuando el culto a Portales renació con renovado vigor:

> Portales fue un gobernante que tuvo una intuición genial del camino que debía seguir la democracia chilena para consolidarse y crecer.[13]

IX.b Los estanqueros

Portales nacido en 1793 no había participado en ninguna de las acciones militares que llevaron a la independencia de Chile[14] y su intervención en la contienda interior se debió más bien a una presión ejercida por las circunstancias exteriores que a un impulso interior. En carta a Antonio Garfia, su socio y confidente, del 10.XII.1831 decía refiriéndose a los motivos que lo impulsaron a la acción y al mando político:

> si un día me agarré los fundillos y tomé un palo para dar tranquilidad al pais, fué sólo para que los j.... y las p...de Santiago me dejaran trabajar en paz.[15]

Las experiencias, contactos e influencias extraidas del negocio del estanco marcan un hito importante en la carrera política de Portales y contribuyen a la comprensión de su actividad en pro del establecimiento de un nuevo orden político en Chile.

El estanco – otorgado por el Estado chileno en 1824 a la casa comercial Portales, Cea y Compañia – era el monopolio exclusivo de venta de tabacos, naipes, licores extranjeros y té. Por lo que se refería al tabaco implicaba también el derecho exclusivo de siembras.[16]

El objetivo central de este privilegio comercial – una práctica característica del mercantilismo y absolutismo europeo – fue cumplir con compromisos contraidos en relación a un empréstito otorgado por capitales ingleses al gobierno chileno. Fuera de los privilegios ya nombrados, el Estado entregó a Portales, Cea y Compañia la cantidad de 500.000 pesos sin interés alguno, a cambio de todo ello los últimos se comprometían – entre otras cosas – a depositar en Londres anualmente la cantidad de 355.250 pesos.[17] El gobierno se obligaba a prestar la protección y ayuda necesaria para hacer efectivo el monopolio.

El estanco fue duramente atacado, por consistir en un privilegio odioso a la par de los mayorazgos, por los métodos utilizados para hacer efectivo el monopolio[18] y finalmente por la inoperancia en relación con el objetivo original de él. En efecto Portales, Cea y compañia pudieron remitir sólo una vez la cantidad señalada a Londres. El Congreso declaró caduco el contrato con Portales, Cea y Compañia en septiembre de 1826.

Mediante las actividades relacionadas con el estanco, Portales estableció un estrecho contacto con personajes y grupos familiares importantes de la época, que en su gran mayoría pasaron a conformar el grupo político conocido como los estanqueros.

Así como los liberales-pipiolos criticaban el estanco a partir de razones como las más arriba mencionadas, Portales y sus asociados veían el fracaso del estanco, como un producto de la anarquía política y económica imperante. En este sentido es reveladora una nota enviada por Portales, Cea y Compañia al Ministro de Hacienda en julio de 1826, en ella se sostenía:

> El buen éxito de esta empresa indudablemente ha pendido y pende de la influencia y respetabilidad de los que la manejan, de sumisión a las providencias legales que ellos dicten. Una vez burladas, casi no hay arbitrio para reparar los daños que se siguen si los controvertores no son escarmentados legalmente y del modo que no puede esperarse en una época en que cada uno se cree autorizado a obrar como quiere.[19]

El desprecio por las normas legales, el militarismo, la inestabilidad hicieron confluir en torno a los estanqueros lidereados por Portales a los partidarios de un gobierno fuerte y centralizado y de la mantención de las tradiciones y el orden social.

El fundador del Estado chileno, se había pronunciado ya tempramente en contra de la democracia como sistema político adecuado a las naciones hispanoamericanas y en pro del restablecimiento de la tradición institucional hispánica como la via indicada para lograr una estabilidad política y social:

> La Democracia, que tanto pregonan los ilusos, es un absurdo en los países como los americanos, llenos de vicios y donde los ciudadanos carecen de toda virtud, como es necesario para establecer una verdadera República. La Monarquía no es tampoco el ideal americano: salimos de una terrible para volver a otra y ¿qué ganamos? La República es el sistema que hay que adoptar; ¿pero sabe cómo yo la entiendo para estos países? Un Gobierno fuerte, centralizador, cuyos hombres sean verdaderos modelos de virtud y patriotismo, y así enderezar a los ciudadanos por el camino del orden y de las virtudes. Cuando se hayan moralizado, venga el Gobierno completamente liberal, libre y lleno de ideales, donde tengan parte todos los ciudadanos. Esto es lo que yo pienso y todo hombre de mediano criterio pensará igual.[20]

Ni en su pensamiento ni en su práctica política fue este gran político chileno un demócrata, por ello me parece falsa la presentación que hace Vicuña Mackenna de Portales como un continuador de ideas democráticas, a no ser que se equipare demócrata a plebeyo como él lo hace, un juicio bastante controvertido por lo demás. Portales a pesar de su espíritu profundamente elitista era un "líder maquiavélico" y como tal poseía la virtud de saber mezclarse, entender y utilizar a los sectores populares.[21] Este es la característica que Vicuña Mackenna trata de abarcar con la caracterización de "demócrata". La confusión y arbitrariedad con respecto a los conceptos utilizados, queda aún más en claro cuando el autor en cuestión unas lineas más abajo de su postulación acerca de el padre fundador chileno como demócrata, afirma que éste amaba los gobiernos absolutos.

En esta época Portales va desarrollando algunas de las convicciones que una vez en el poder aplicaría, tales como la necesidad de escarmentar a los militares "enemigos del orden" (que promovían asonadas como la de Campino) y de premiar a los oficiales que daban muestras de obediencia y lealtad hacia aquellos que, en su concepción, detentaban legítimamente el poder.[22]

IX.c Sucesos que llevaron a la guerra civil de 1829

El general Francisco Antonio Pinto que habia asumido el mando de la Nación en 1827 ante la renuncia de Freire era un hombre de tendencias democráticas y moderadas, partidario del diálogo, de la persuasión antes que la represión y de respetar – en lo posible – las instituciones y normas, estas características le crearon conflictos con todos los bandos en disputa.[23]

De acuerdo a una ley de 1826, en 1828 debía ser convocado un Congreso encargado de elaborar una nueva Constitución. Pinto -al igual que otros jefes del ejecutivo de esta época con tendencias "liberales" tenía una mala experiencia en cuanto a las posibilidades de cooperación con el poder Legislativo que, al poner excesivas trabas a la acción del Ejecutivo hacian imposible el funcionamiento normal del gobierno. La mira de los liberales-pipiolos, unidos esta vez con los federalistas, era el aplastar definitivamente a los pelucones, o'higginistas y estanqueros, es decir una ausencia de diálogo, convivencia y pluralismo. El método que se empleó fue el fraude en las elecciones, amparado por el ministro del interior Carlos Rodríguez, hermano del ilustre guerrillero de la Independencia. Algunos de los procedimientos empleados fueron: el no conceder el certificado de calificación (exigido para votar) a adversarios que tenían derecho a sufragio, la inscripción de individuos que carecían de los requisitos exigidos por el reglamento, siempre que éstos accedieran a dejar los boletines de calificación en poder del agente de los partidos de Gobierno y finalmente, en el caso que los recursos anteriores no diesen resultado, al final de la votación se añadian votos gobiernistas en los cántaros o cajas que hacían de urnas.[24]

El 25 de febrero de 1828 se reunió el nuevo Congreso, en el que los pipiolos-liberales en virtud del fraude indicado habían obtenido una aplastante mayoría.

El Congreso designó una comisión para que redactara una nueva Constitución. En el seno de dicha comisión desempeñó un papel principal el distinguido intelectual liberal español José Joaquín Mora.

La Constitución de 1828 – quizás la más democrática que haya tenido Chile, en ella las garantías individuales y libertades políticas no están supeditadas a la interpretación de los detentores del poder político como sucede con la Constitución de 1925, que tuvo validez hasta 1973 – intentó establecer un compromiso entre centralismo y liberalismo y en comparación con su ilustre y más afortunada sucesora, la Constitución de 1833, fue más tolerante en cuanto a la ciudadanía y vida religiosa, prestó mayor atención a los derechos humanos, entregó mayores facultades al Congreso y puso límites precisos a la acción del ejecutivo.[25]

Esta Constitución no tuvo, sin embargo, una larga vida; una de las causas principales de ello (y ello refleja una característica importante de la época) era el desprecio por las normas legales, actitud compartida por todos los bandos en disputa.[26]

Encina, al dar cuenta de la experiencia política obtenida desde la caida de O'Higgins hasta los sucesos que estamos tratando, enumera algunos de los obstáculos principales que enfrentaba el funcionamiento de la nueva Constitución:

> El partido que gobierne atropellará la nueva constitución tantas veces como sea necesario para sostenerse en él contra viento y marea, empujando a los bandos opuestos a la revolución legítima; los bandos de oposición, aún no mediando atropellos constitucionales, harán imposible el Gobierno constitucional de la mayoría; el ejecutivo desaparecerá aplastado por el congreso, a menos que haciendo funcionar el resorte secreto creado por el artículo 7 de la misma constitución se erija en poder electoral.[27]

Resumiendo: la legitimidad aceptada era la del dominio y la alternativa al ejecutivo fuerte, la concentración de todo el poder en el Parlamento.

Más adelante Encina, refiriéndose al mismo tema, hace alusión a la contradicción que he señalado en el capítulo sobre las condicionantes históricas, entre las ideas emanadas de la tradición angloamericana con el trasfondo hispánico:

> La constitución de 1828 hizo concesiones al régimen federal que, aunque sensatas y coordinadas, exigían una capacidad política generalizada en todo el país y hábitos tradicionales que no sólo no existían, sino que eran la antítesis del pasado colonial.[28]

Al dia siguiente de haber sido firmada la Constitución por Francisco Antonio Pinto, 8 de agosto de 1828, su Gobierno se vió amenazado por una asonada promovida y liderada por el coronel Pedro Urriola, el cual había estado en contacto con el ex-ministro y amigo personal del libertador O'Higgins, José Antonio Rodríguez Aldea. Este último trabajaba árduamente por el retorno del prócer chileno como solución al problema de la anarquía imperante.

Urriola obtuvo rápidos triunfos militares; pero no logró obtener el apoyo de una fracción de importancia de la oligarquía. Ante la reserva e indecisición de Rodriguez Aldea[29] Urriola se declaró en favor del líder del federalismo chileno, Infante, lo cual significó la inmediata y resoluta defensa del Gobierno de Pinto (éste había suspendido las leyes que había establecido el Gobierno federal) por parte de estanqueros y pelucones y el motín fue sofocado. Pinto intentó establecer el equilibrio y estabilidad pactando con un sector de los pelucones a través de su incorporación al Gobierno, este respiro fue, sin embargo, de corta duración.

En concordancia con lo dispuesto por la nueva Constitución se realizó en 1829 la elección de un presidente y vice-presidente de la República, Pinto obtuvo la votación necesaria para ocupar el primer cargo y al no haber obtenido ninguno de los otros candidatos los votos requeridos para la vicepresidencia el Congreso debia designar uno, lo que de acuerdo a la Constitución debía hacerse entre los de la mayoría inmediata según el artículo 72 del Cap.VII de la Constitución de 1828.

El Congreso de mayoría pipiola-liberal eligió, no obstante, al que obtuvo el menor número de votos; pero que contaba con sus simpatías. Esta actuación revela el rasgo crucial de la cultura política de la época[30] que contribuyó decisivamente a la imposición del hombre fuerte: nadie respetaba las normas legales abstractas o las reglas del juego democrático; los pelucones-estanqueros habían ya, con anterioridad, dejado entrever que no acatarían el veredicto de las elecciones.[31]

La oposición al régimen pipiolo – liberal, cuyo objetivo declarado era eliminar definitivamente al bando en el poder, se levantó en armas contra éste aglutinando Portales en torno suyo a los estanqueros[32] – a todos aquellos que deseaban un Gobierno fuerte para alcanzar cierta estabilidad, preservar el orden social existente y asegurar la tranquilidad necesaria para el buen desenvolvimiento de los negocios. Esto último es un tema recurrente en la correspondencia de Portales en este período, en carta a Enrique Newman del 29 de marzo de 1829 refiréndose a la situación existente expresa:

> Las ocurrencias políticas alejan cada día de la República la tranquilidad necesaria para contraerse al negocio" y más adelante en la misma carta "esta mañana ha llegado un propio que comunica la noticia de que Uriarte ha sublevado a la guarnición de aquella plaza y a los prisioneros de la Juana Pastora, y conociendo la apatía de nuestro Gobierno para tomar medidas necesarias, creo que tomará cuerpo aquella sublevación, y he perdido la esperanza de ir a atender al negocio de Garín, en que tengo invertida la mayor parte de mi fortuna, que, repito, la creo en peligro.[33]

O'Higginistas, pelucones, estanqueros y federalistas conformaron un bloque insurreccional que buscaba desalojar del poder a los pipiolos-liberales. A medida que se sucedían los enfrentamientos, escaramuzas, pactos y acuerdos que se volvían a romper, se fueron configurando dentro de este bloque dos figuras líderes: Diego Portales y Rodríguez Aldea.

Las fuerzas en rebelión comandadas por el general en jefe del ejército del sur, Joaquín Prieto, en un sangriento combate, a las orillas del rio Lircay en Abril de 1830, derrotaron a las fuerzas pipiolas-liberales dirigidas por Freire, posteriormente el bloque insurreccional consolidó su dominio con la pacificación de las provincias de Coquimbo, Concepción y Chiloé.

Portales, a la cabeza de los estanqueros y pelucones logró desplazar y deshacerse de los grupos aliados y muy especialmente de los rivales más temibles: los o'higginistas a cuya cabeza se encontraba Rodríguez Aldea.[34] Como se verá prefirió poner en un primer plano al general Joaquín Prieto que, en su persona, aunaba una serie de cualidades y requisitos para concitar en torno suyo el reconocimiento y la aceptación del dominio ejercido. Alberto Edwards lo describe de la forma siguiente:

> De bella presencia y finos modales aprendidos en la corte de los últimos presidentes de la colonia, a la vez reservado y afable, valiente, pero destituido de ambición, enérgico y benévolo, apegado a la tradición, profundamente religioso, aquel personaje podía ser muy bien el jefe de un Gobierno impersonal, el representante visible de esa fuerza tradicional y abstracta, superior a las visicitudes de la política y al prestigio de los hombres, que iba a ser el inconmovible fundamento de la majestuosa construcción de Portales.[35]

Portales mismo prefirió mantenerse en un segundo plano y en algunos períodos renunciar a cargos políticos de cualquier tipo; pero, desde 1830 hasta su asesinato en 1837, Portales fue la figura decisiva en la política chilena, hacia él se volvían las miradas de amigos y enemigos en los momentos decisivos en busca de consejos o tratando de preeveer sus posibles reacciones.

Notas y referencias

1. Ver Lia Cortés y Jordi Fuente, *Diccionario Potico de Chile*, Santiago de Chile 1967, págs. 39-40.
2. Veáse el siguiente párrafo acerca de las dos revoluciones en un peródico liberal chileno cuya connotación tomista es desapercibida por Simon Collier, el cual lo presenta como una expresión de la conciencia de los liberales acerca de la complejidad del proceso de emancipación: "By the first, we became free men; by the second we must become happy. For the first, virtue was enough; for the second we need virtue joined with education. The second revolution is more difffcult, since we must gain the victory over ourselves" en el Despertador Araucano, no.1, 3/51823, citado por Simon Collier en *Ideas and Politics of Chilean Independence 1808-1833*, pág. 299.
3. La expresión nativismo es empleada por Barrington Moore que la utiliza para dar cuenta de una reafirmación enérgica y en parte distorsionada de la forma de vida indígena, una reacción – afirma – que se produce a menudo en una sociedad que se siente amenazada por fuerzas que van más allá de su comprensión y control. Agrega este autor que la quiebra parcial de la sociedad puede resultar en un llamado a la vuelta a un pasado semi-imaginario, y una reafirmación de las virtudes de decisión y firmeza en orden a obtener una esperanza para el futuro. Este resultado – sostiene – es especialmente probable cuando las virtudes del coraje físico, el control de si mismo, y la subordinación a la autoridad han sido exitosas en el pasado. veáse Barrington Moore, *Political Power and Social Theory*, Harvard 1958, pág. 11.

4. Un sector de la oligarquía apoyó e impulsó un proyecto de transformación de los mayorazgos, ver Vargas Cariola, *El Pensamiento político del grupo estanquero*, págs. 9-10.

5. Durante los gobiernos de los generales Freire y Pinto señalaba Vicuña Mackenna "no hubo casi un solo cuerpo del ejército, y particularmente en el arma de caballería que no se amotinara" y da cuenta más adelante de una situación que obliga a pensar en la presencia del caudillo árabehispano en la historia de Chile: "El coronel Campino...penetró a caballo, espada en mano, en el recinto del Congreso, el 24 de enero de 1827", Benjamin Vicuña Mackenna, *Don Diego Portales*, Santiago de Chile 1974 (3ra edición), pág. 12.

6. *Ideas and politics of Chilean Independence 1808-1833*, págs. 296-297, también en el Diccionario político de Chile sus autores sostienen: "sus sentimientos liberales y su falta de vinculación con otros grupos políticos le dió suficiente libertad como para representar el pensamiento pipiolo o liberal", págs. 387-388.

7. *Don Diego Portales*, pág. 15. No pueden ser las libertades políticas y ciudadanas ya que, como se ha visto, José Miguel Carrera obligó disolverse al Congreso a punta de cañones y propició varios golpes de Estado en contra de las autoridades legalmente constituidas.

8. Sobre las dotes de Carrera en este sentido veáse la extensa y elocuente descripción hecha por Vicuña Mackenna en su obra *La Dictadura de O'Higgins*, especialmente capítulos III, VII, VIII y XIII.

9. *Ideas and Politics of Chilean Independence*, págs. 301-305.

10. *Don Diego Portales*, págs. 451-52.

11. *La Fronda Aristocrática*, pág. 46.

12. *Epistolario*, Tomo I pág. 245.

13. Claudio Orrego Vicuña, Introducción a la obra de Vicuña Mackenna *Don Diego Portales*, págs. XVIII-XIX.

14. Ello le dolía mucho a los caudillos militares que tan duramente fueron tratados por Portales y hasta un liberal serio como José Victorino Latarria se lo enrostraba: "había pasado en un laboratorio de ensayador i en un mostrador de negociante los largos años que aquellos (los caudillos militares "pipiolos" o liberales dados de baja por Portales cuando ocupó los ministerios del interior y de la guerra, P.C.) habían habían vivido en los campos de batalla, sacrificando su reposo y su sangre por la libertad de la patria." Don Diego Portales, Juicio Histórico, Santiago de Chile 1861, pág. 54.

15. *Epistolario*, Tomo I pág. 352.

16. Así lo sostiene Lastarria en *Don Diego Portales Juicio Histórico*, pág. 10 y se desprende también de la frase siguiente del artículo de Vargas Cariola, *El pensamiento político del grupo estanquero*: "los recursos de que se valió la Compañía para evitar tanto el cultivo del tabaco como el contrabando de las especies estancadas." pág. 13.

17. Ver Ernesto de la Cruz sobre el estanco en *Epistolario*, Tomo I, pág. 244.

18. "En breve tiempo fué Portales un potentado, que tenía a sus órdenes i escalonada en todo el país una falanje de guardas i de espías, que perseguían a los sembradores i comerciantes de tabaco a sangre i fuego, que les decomisaban su mercadería o la incendiaban, que talaban sembrados o allanaban la propiedad particular a su arbitrio", Lastarria en *Juicio Histórico*, pág. 12.

19. citada por Vargas Cariola en *El Pensamiento Político del Grupo Estanquero*, págs. 14-15.

20. Carta a José M. Cea, Lima, Marzo de 1822, en *Epistolario* Tomo I, págs. 176-177.

21. Sobre esto veáse y compárese las expresiones siguientes de las dos más grandes figuras del liberalismo chileno: "Esta situación le procuró al jefe del estanco las simpatías i

adhesión de todos los pillos y vagos que hallaban en su servicio un buen empleo en que ejercitar sus instintos maliciosos para andar a la husma i sacar provecho del conflicto ajeno. El los conocia i sabia utilizarlos no solamente en el jiro de su negocio, sino hasta en sus correrías privadas, donde nunca le faltaban algunos de esos truhanes, i hasta en las altas rejiones de la política, donde le fueron de gran ausilio", Lastarria, *Juicio Histórico*, págs. 12-13.

"¿Quién sino él llevó a la pesada y circunspecta revolución pelucona de 1829 el elemento popular, en la prensa, por el "Hambriento"; en los tumultos, por las falanges de los "populares", que acaudillaban, bajo su mano, Pradel y Padilla; en las logias, en fin, de las conspiraciones, por los brazos fuertes de los capitanejos del pueblo, a quienes confiaba sus arriesgadas empresas?......¿Quién, además, no ha oído las anécdotas de "don Diego Portales", guardadas todavía por el pueblo, sus nocturnos disfraces, sus conversaciones de cuartel con los soldados, su indulgente curiosidad al pasar por las "chinganas"(Taberna en la que se suele bailar y cantar, P.C.), su decidida afición a los caballos y a su indígena y democrática montura, su entusiasmo por el harpa y la vihuela, sus pasatiempos de la "Filarmónica", y por 'ultimo, su culto por la zamacueca, a la que, según él mismo dijo, pospuso la presidencia de Chile", Vicuña Mackenna, *Don Diego Portales*, pág. 461

22. Veáse cartas a Ramón Freire del 30.I.1827 y a Diego José Benavante del 4.III.1827, *Epistolario* Tomo I, págs. 247-48.

23. El historiador Francisco Antonio Encina – interpretando y resumiendo el punto de vista "conservador-nativista" – da cuenta de las dificultades de Pinto y, al mismo tiempo, muestra claramente un carácter sobresaliente de la cultura política hispanoamericana. Le bastaba a Pinto – dice Encina – organizar electoralmente a la opinión del país, "lanzando a la lucha al grueso de los pelucones, a la enorme masa amorfa, con un programa liberal moderado y respetuoso del clero, para aplastar, sin necesidad de abusos, a todos los demás bandos, y disponer de un congreso cuerdo y benévolo, como los que tuvieron más tarde los presidentes portalianos. Para esto era necesario atreverse a atropellar el concepto que diputaba ilegítima la intervención del ejecutivo en las elecciones; tener la capacidad necesaria para montar la maquinaria electoral; y el instinto político que exigía el manejo de los bandos, y Pinto carecía de bríos, de aptitudes, de dotes y de vocación para semejante empresa. Aún descontando su antipatía por los pelucones, antes de intentarla se habría ido a su casa". *Historia de Chile. Desde la prehistoria hasta 1891.* 19 tomos, Santiago 1946, Tomo IX, pág. 353.

24. Encina, *Historia de Chile*, Tomo IX, pág. 257.

25. Paul Vanorden Shaw, *The Early Constitutions of Chile*, págs. 126-27.

26. Por lo demás, los estanqueros ya la habían rechazado en base a una argumentación de tipo "nativista": "No nos convienen innovaciones desconocidas ni imitaciones serviles de códigos extranjeros (el constitucionalismo francés-norteamericano, P.C.) "El Vigía" del 20 de Junio de 1828, citado por Vargas Cariola en, *El Pensamiento Político del grupo estanquero*, pág. 24.

27. Encina, *Historia de Chile*, Tomo IX, pág. 380.

28. Encina, *Historia de Chile* Tomo, IX pág. 381.

29. Veáse el relato de estos acontecimientos en, "Sucinta idea de lo que ha ocurrido en Chile", págs. 644-646. Esta carta de Rodríguez Aldea al Capitán General don Bernardo O'Higgins, escrita en Santiago a principios de 1831 se encuentra en la segunda edición del *Don Diego Portales* de Vicuña Mackenna, Santiago 1937, págs. 642-657. 30. Y no necesariamente el "reformismo utópico" de los pipiolos-liberales como lo sostiene Vargas Cariola en el artículo que vengo citando, el autor en cuestión presenta y defiende la visión conservadora mediante una estricta adscripción a las fuentes por él seleccio-

nadas y en 1970 alaba a Portales por haber predicho con certeza los males que acarrearía para Chile la aplicación de sistemas ideológicos irreales, es decir la democracia, ver *El pensamiento político del grupo estanquero*, pág. 15. Los pelucones y estanqueros eran los representantes del orden existente y la incorporación de los siguientes juicios pueden ayudar a enfocar el problema con un cierto distanciamiento crítico, no aceptando sin más la opinión autojustificadora de los protagonistas históricos: "los representantes de un orden dado pueden clasificar de utópicas todas las concepciones....que desde su punto de vista nunca pueden ser realizadas" y "la reluctancia a trascender el status quo tiende a considerar algo que es irrealizable solamente dentro del orden dado, como algo completamente irrealizable en cualquier orden" Karl Mannheim en *Ideology and Utopia*, 1936, pág. 196.

31. En el *Sufragante* (diario redactado por Manuel José Gandarillas) se anunciaba que en el caso que Pinto fuera elegido presidente sería considerado como un tirano por ocupar un lugar que los chilenos le negaban universalmente, ver Vargas Cariola, *El pensamiento político del grupo estanquero*, pág. 27.

32. Estos, de acuerdo a Encina: "formaban una élite de hombres jóvenes, inteligentes, resueltos y audaces, que se destacaban dentro de la mediocridad general de la época", *Historia de Chile*, Tomo IX, pág. 349.

33. *Epistolario* Tomo I, págs. 282-283.

Capítulo X
Portales como ministro Primer período
1830-1832

La Junta conformada de acuerdo al tratado de Ochagavia[1] se encargó de la organización de un Congreso de Plenipotenciarios que – de acuerdo a Lastarria[2] – fue elegido restrictivamente ya que sólo votaron personas invitadas, mediante una esquela; de hecho, sólo tres "pipiolos-liberales" alcanzaron un puesto en esta asamblea y fueron finalmente expulsados.[3]

El 12 de Febrero de 1830 los plenipotenciarios de Aconcagua, Colchagua, Concepción, Coquimbo, Maule y Santiago se declaraban instalados en el Congreso y exigían de las autoridades civiles, eclesiásticas y militares de todas las provincias el reconocimiento y obediencia.[4]

Este reconocimiento, como se desprende de las comunicaciones dirigidas por este Congreso al Ejecutivo, fue bastante problemático. El 24 de Febrero de 1830 se hacía mención a la negativa de algunos generales y jefes del ejército a prestar su reconocimiento y obediencia a este cuerpo, y el 9.III.1830 constaba que, de los ministros de la Corte Suprema de Justicia, sólo uno reconocía y obedecía al Congreso como correspondía.[5]

El general Freire compelido a aceptar y reconocer la autoridad de esta asamblea entregó los argumentos siguientes para fundamentar su negativa:

> ¿Ese congreso por ventura ha podido tener también lugar contra la constitución que han jurado todos los pueblos de la República contra todas las leyes vigentes, después de que depuestas las autoridades legítimas y destruido ese mismo sagrado código por medio de la fuerza armada, se ha hecho el nombramiento de los miembros que le componen atropellando todas las formas establecidas, sin sujeción la menor al reglamento de elecciones y poniéndose en ejercicio toda clase de maniobras, seducciones y engaños?[6]

El dominio del bloque estanquero-pelucón no estaba aún consolidado y a esta tarea se encomendó Portales con una energía, audacia y pasión inauditas.

El Congreso una vez constituido pasó a nominar a un Presidente y vice-presidente de la Nación; el primer cargo recayó en Ruiz Tagle y el segundo en Tomás Ovalle.

Una de las primeros acciones de este Congreso fue el negar toda legitimidad a la existencia y resoluciones del anterior al declarar, como nulas y refractarias de la Constitución, las últimas Cámaras legislativas y nulos todos los actos que emanaron de ellas. Los propósitos de la nueva asamblea eran, el reestablecer la unión, restituir el pacto social, poner término a las disenciones y consultar la tranquilidad pública. Nuevamente se puede apreciar aquí esta concepción que percibe la unidad como el valor supremo; pero unidad en torno a los principios y valores de los que se encuentran en el poder, las disenciones, es decir, la pluralidad de opiniones y juicios era concebida como contraria a "la tranquilidad pública". Aquí reside gran parte de la explicación del porque la precariedad de los derechos y garantías de la oposición.

Ruiz Tagle no duró mucho en su cargo de Presidente, al parecer por su ánimo demasiado contemporizador con los opositores[7] y Ovalle tuvo que asumir la jefatura del ejecutivo. Ovalle nombró el 6 de Abril de 1830 a Portales como Ministro en los departamentos del interior, relaciones exteriores y de guerra y marina. Desde estos cargos – a los que más tarde se agregó la vicepresidencia de la República, 18.IX.1831 – Portales trabajó intensamente por crear una legitimidad estable basada en la rutinización del dominio y aprovechando lo sustancial de las tradiciones institucionales hispánicas.

Una de las primeras medidas tomadas por el nuevo ministro fue la eliminación de una formidable base de sustento para un resurgimiento del caudillismo: de un sólo golpe dió de baja a 132 jefes y oficiales por no haber reconocido la autoridad del Congreso Nacional de Plenipotenciarios y el Poder Ejecutivo creado por él.[8]

Entre los dados de baja se encontraban líderes muy destacados de la fracción "pipiola-liberal" y héroes de las luchas de la independencia como los generales José Manuel Borgoño, Francisco Lastra, Francisco Antonio Pinto, Las Heras y al mismo Capitán General y ex Director Supremo Ramón Freire. Esta certera medida, le costó a Portales el odio y resentimiento de gran parte de los militares de carrera acostumbrados a hacer y deshacer sin que hasta entonces la sociedad hubiese podido poner barreras serias a este tipo de actuaciones.

La acción del ministro tendiente a aplastar el caudillaje no quedó sin embargo allí; la Guardia Nacional organizada sobre el modelo de las milicias de la colonia se constituyó – mediante la preocupación y acción permanente de Portales – en un contrapeso eficaz del militarismo profesional y una salvaguarda de la sociedad frente al caudillaje. Ante el Congreso Nacional el 1 de Junio de 1831, Portales se refería de la siguiente forma a lo alcanzado con respecto a la Guardia Nacional:

Los cuerpos cívicos que antes eran masas informes, se hayan en disposición de prestar útiles servicios a la República, por la organización y disciplina a que se les ha sometido. Existen en Santiago cuatro batallones de infantería con sus planas mayores veteranas que compiten con la tropa de línea. En los demás pueblos hay oficiales veteranos destinados a la instrucción de esta clase de fuerza, que a la voz de la patria pueden ya poner bajo sus banderas 25.000 hombres. Un centro de acción con una responsabilidad inmediata, les daría todo el impulso y movilidad de que son susceptibles; punto interesante sobre que el Gobierno se propone formar un plan, que someterá a vuestro examen.[9]

Portales no aceptó compromiso alguno con los derrotados "pipiolos". El coronel Viel -con fuerzas superiores a las enviadas en contra de él por el nuevo Gobierno- se rindió sin combate con el compromiso de que a los oficiales se les respetaran sus empleos, no se les persiguiera por sus opiniones y se dejara volver a sus hogares a los capitulados con pasaporte. El ministro reprobó sin embargo este acuerdo y los militares capitulados sufrieron el mismo destino que el de otros destacados "liberales-pipiolos": la persecución, la prisión o el destierro. El carácter de líder maquiavélico de Portales se desprende claramente del intercambio de notas con el general que a nombre del Gobierno había tratado con las fuerzas "pipiolas". En carta a este general el ministro expresa que para alcanzar sus fines – de afianzar la paz, el órden y la tranquilidad pública – no trepidaba en utilizar medios extremos: "el Gobierno juzga – escribía el fundador del Estado chileno – que en el estado en que se encontró el país era necesario i prudente ver con el mas profundo sentimiento correr alguna sangre chilena, para evitar que despues se derrame a torrentes."[10]

El Congreso por su origen, composición y convicciones de sus miembros estaba totalmente subordinado al ejecutivo y consideraba que la concentración del poder en este último era la via apropiada para alcanzar los comunes objetivos; por ello concedió amplias facultades al Gobierno para que tomara las más duras medidas en contra de los vencidos "pipiolos-liberales".[11]

Es más, el Congreso desaprobaba la preocupación de la Corte Suprema por cerciorarse si las facultades del Gobierno, para destinar fuera o dentro del país a los opositores políticos/ "enemigos de la tranquilidad pública", habían realmente sido concedidas por el Congreso, este último calificaba la actitud de la Corte Suprema como de "desconfianza inaudita."[12]

Cuando se trataba del establecimiento del dominio basado en el consenso y la unidad en torno al orden social existente y los valores políticos y religiosos tradicionales, Portales no admitía las trabas que para la consecución de sus metas se presentaban en la forma de las garantías y derechos del individuo. En oficio del 27 de septiembre de 1830 Portales, como Vice-Presidente se dirigía al Congreso de Plenipotenciarios en los siguientes términos:

> Cuando el Vice-Presidente que suscribe se resolvió a tomar las riendas del Gobierno en las apuradas circunstancias que rodeaban a la patria, lo hizo con aquel conocimiento de que no podría estinguir la guerra civil que la devoraba, sujetándose a la observancia de fórmulas, que si son alguna vez las protectoras de la inocencia, lo son tambien con mayor frecuencia del crímen. Esto mismo espuso a lo señores plenipo-

tenciarios .... Satisfecho el Congreso de esta verdad, que sólo la práctica de los negocios puede descubrir en toda su estension, i mereciendo el que suscribe su confianza, fué autorizado en sesion secreta de 7 de marzo último, para destinar dentro o fuera del pais a los que se se hicieron prisioneros de la division de D. Ramon Freire, i a cualesquiera otros individuos que fuese necesario para conservar el órden i tranquilidad pública. Usando de esta autorización, ha procedido contra varios de los mas conocidos desorganizadores, para contener en tiempo los progresos de la rebelion que comenzaba a amagar de nuevo a la república.[13]

El rechazo de Portales al constitucionalismo debe ser relacionado con la convicción del padre fundador chileno acerca de que la aristocracia, la Iglesia Católica[14] y la tradición institucional hispánica eran los únicos elementos sobre los cuales se podía construir un orden político duradero. En esto también se muestra como un líder maquiavélico ya que lejos estaba de ser un creyente fervoroso[15] o tener grandes ilusiones acerca de la aristocracia:

> Conozco – escribía Portales – tanto las uvas de mi majuelo, estoy tan persuadido que la flojera, la inconstancia, la indiferencia forman el carácter de casi toda la presente generación de Chile.[16]

En cuanto a la conservación de la sustancia de la tradición institucional hispánica era más bien en él una convicción intuitiva, de hecho Portales hace alusión como hemos visto a la necesidad de un Gobierno fuerte y centralizado y como veremos pone en práctica algunos de los recursos que caracterizaron a la dominación de tipo patrimonial española; pero no relaciona directamente estos aspectos con el pasado colonial.

El trato a los civiles opositores fue también duro. El ministro dispuso la prisión y destierro del destacado intelectual español José Joaquín Mora, que había desarrollado una actividad periodística crítica desde el periódico, "El defensor de los militares", y posteriormente desde que éste fuese suspendido en "El trompeta". El pretexto fue una poesía fuertemente satírica – pero no más que muchos de los escritos de Portales o sus colaboradores en "El Hambriento" – publicada por Mora en la que se mofaba de los carácteres y la relación entre el Presidente Ovalle y su poderoso ministro.

Portales ordenó además el traslado de recursos desde "El Liceo de Chile" fundado por Mora hacia el Instituto Nacional.[17]

La libertad de imprenta no gozaba de gran consideración. Portales estimaba que, bien dirigida, era un poderoso medio para mantener la regularidad y pureza de los empleados; pero – el limitante que la invalida – en la práctica era "instrumento de pasiones maléficas", "más a propósito para extraviar que para dirigir la opinión".[18]

Portales se dedicó por otros medios a consolidar el dominio: nombrando intendentes, gobernadores y autoridades locales adictas, apoyando a la prensa partidaria del Gobierno, etc.

Habiendo los "pipilos-liberales" sido desalojados de toda influencia decisiva en el plano militar, político y educacional, Portales dió un golpe maestro a los o'higginistas al proponer y ser aceptado – con ocasión de la muerte del presidente Ovalle en marzo de 1831 – como jefe del ejecutivo al general vencedor de la contienda civil y jefe del o'higginismo en armas, Joaquin Prieto. Con ello quedó definitivamente cerrada la posibilidad de un retorno del libertador chileno a la dirección de la Nación, tampoco ello era necesario, porque el dominio del bloque estanquero pelucón estaba, en lo esencial, asegurado y el país funcionaba con una regularidad y eficacia que no se había visto desde los tiempos del dominio de la corona española.

Lo que separaba al constructor del Estado Nacional de la perspectiva o'higginista era el que buscaba un tipo de legitimización del poder que fuera más allá del prestigio de un hombre, para ello recurrió al hábito de obediencia al poder central fuerte y todopoderoso creado por el dominio español; pero para alcanzar su meta era necesario recrear en nuevas condiciones este poder haciendo aceptar, en un primer momento, el dominio en su forma pura: el ser capaz de mantenerse en el poder derrotando y reprimiendo en toda la linea a los adversarios.

La osadía del ministro en sus manejos políticos y su capacidad para asestar golpes precisos a sus enemigos, formaba parte de su "carisma" y era aceptado como un fundamento legitimador del poder ejercido:

> Lo que estos admiraban i admiran aun era al hombre enérjico i sin miedo para despotizar, al político audaz que había sabido arruinar a sus enemigos, al ministro sin piedad que se burlaba de la desgracia que causaba, i cuyas palabras burlescas i actos de rabia o despecho se repetían i revestian de los colores de la anécdota para aplaudirlos i ensalzarlos.[19]

Bajo el influjo de Portales la administración pública comenzó a funcionar eficazmente. El ministro regularizó los sueldos, racionalizó los gastos[20], mejoró notablemente la ética funcionaria y, simplemente, emprendió la lucha contra la falta de limpieza de empleados y oficinas.

El mismo – y ello forma parte de su carisma – daba el ejemplo al llegar, frecuentemente, primero y pulcramente vestido y aseado a las oficinas de los ministerios.

En lo que respecta al funcionamiento y cohesión del aparato administrativo se revivieron aspectos característicos del dominio patrimonial. Se premiaba en el funcionario la capacidad, laboriosidad y seriedad; pero sobre todo la obediencia, sumisión y lealtad al poder central.[21]

Portales expidió un decreto por el cual todo funcionario público cuya conducta en lo que se refería al desempeño en el cargo fuese atacada por la prensa debía acusar al autor o editor del artículo ante un tribunal competente so pena de ser suspendido en el ejercicio del empleo de no hacerlo.[22]

La tranquilidad interior fue asegurada también al tomarse drásticas medidas contra los salteos y robos que proliferaban en las ciudades y el campo. Portales instigó a las autoridades para que reprimieran sin piedad a los autores de ellos, creó cuerpos de vigilantes en las ciudades y destacó tropas para combatir el bandidaje en el campo.

Una vez que juzgó cumplida la misión de imponer el dominio recreando el respeto, la obediencia y la sumisión al poder central y con ello la tranquilidad y el orden Portales, en la plenitud de su poder, renunció a a los ministerios que desempeñaba. La renuncia al de Guerra y Marina no fue, sin embargo, aceptada hasta Agosto de 1832: Se le concedió en su lugar una larga licencia en agosto de 1831. Antes lo había hecho a la vicepresidencia de la República.[23]

El desprendimiento de Portales con respecto a la ocupación de cargos y honores, junto con su rechazo total a usufructuar de los fondos públicos, a partir de una posición de poder (la tradición patrimonialista hispánica en la cual los fondos del reino/Nación son considerados como peculio personal del rey/caudillo) constituyeron rasgos distintivos de su personalidad y estilo reconocidos por las generaciones contemporáneas y posteriores; formaban parte del carisma del hombre de Estado y contribuían a hacer aceptable su autoridad.

Después de su renuncia Portales se trasladó a Valparaiso donde, presionado por las circunstancias y sus partidarios tuvo que aceptar el cargo de gobernador militar de este puerto.

Notas y referencias

1. Tratado celebrado el 16 de Diciembre de 1829 entre las fuerzas insurrectas a cargo del General Prieto y las de Gobierno al mando de Francisco de la Lastra. El tratado disponía entre sus puntos la formación de una Junta Guvernamental Provisoria.
2. *Juicio Histórico*, pág. 44.
3. Veáse , *Don Diego Portales*, págs. 46-47.
4. *Documentación relativa al Congreso Nacional Plenipotenciario 1830-31*, Vol. 100 del Fondo del Ministerio del Interior.
5. *Documentación relativa al Congreso Nacional Plenipotenciario 1830-31*. Interior.
6. *Documentación relativa al Congreso Nacional Plenipontenciario*.
7. Ver Rodriguez Aldea, *Sucinta Idea*, pág. 649.
8. La lista completa se encuentra como Apéndice en la versión segunda, Santiago 1937, de *Don Diego Portales*, págs. 653-655.
9. Citado por Roberto Hernandez Ponce, "La Guardia Nacional de Chile. Apuntes sobre su origen y Organización 1808-1824", en *Historia* 19, Santiago de Chile 1984, págs. 53-113.
10. Citado , *Portales Juicio Histórico*, pág. 57.
11. Acerca de la providencia tomada por el Vice-presidente (Portales) para poner a Freire fuera del país el Congreso oficiaba a aquel: "La sala se complace en ver el acertado y

oportuno uso que S.E. ha hecho de las facultades que le confirió", (el Congreso P.C.) en *Documentación relativa al Congreso Nacional Plenipotenciario.*

12. Oficio al Vice-Presidente del 16.IX.1830 en *Documentación relativa al Congreso Nacional Plenipotenciario.*

13. Oficio dirigido por Portales al Congreso de Plenipotenciarios, en, *Juicio Histórico,* págs. 48-50.

14. Leáse, p.ej., el juicio siguiente sobre la relación Iglesia – Política, en carta a Antonio Garfias del 21.VIII.1832: "no siendo así, creo que el Gobierno va a conquistarse el desafecto de los hombres de orden y de la gran mayoría, que está convencida de la influencia que tiene en la política y en las buenas costumbres el orden y arreglo del Estado Eclesiástico." en *Epistolario,* Tomo II, pág. 260.

15. Portales se burla en repetidas ocasiones de la fe y creencias populares, citaré un párrafo extraído de su correspondencia para ilustrar lo afirmado. En carta del 19 de Enero de 1832 a Antonio Garfias, *Epistolario,* Tomo I, pág. 404: "ha sido patente el milagro; porque mediante el Rosario y los purgos, sudoríficos, vomitivos y refrigerantes, la Nieves comenzó a mejorar desde el Lunes. Más, por uno de aquellos altos juicios, que no alcanzamos a comprender, han sanado las otras enfermas, que aunque no se les ha llevado el Rosario, tomaron los mismos medicamentos que la Nieves. Oh Dios! qué grandes son tus bondades para con tus cristianos!. En cuanto a como él veía la utilidad de la religión refieriéndose a la necesidad de oficiar misa en su hacienda de Pedegua expresaba: "Habrá que sacar una licencia para la hacienda, lo que no deja de dolerme, porque diz que vale sus realitos; pero es necesario hacer algo en honra y gloria de Dios y para domesticar a esta gente, en *Epistolario,* Tomo III, pág. 221.

16. Carta a Antonio Garfias del 15.IV.1832. en *Epistolario,* Tomo II, pág 169.

17. Veáse decretos del 22.V.1830 y del 3.VI.1830 en *Decretos Supremos 1825-31*, Vol.72 del Archivo del Ministerio del Interior.

18. Veáse decreto del 14.VI.1830 en *Decretos Supremos 1825-31.*

19. *Juicio Histórico,* págs. 72-73.

20. El 10.IV.1830. días después de haber asumido sus cargos, Portales ordenó que todos los oficiales de las Secretarias (Ministerios, P.C.) fuesen separados de sus cargos y los ministros debían presentar una nueva planta que: "Traiga ahorro al Erario y haga más expedito el servicio público, proponiendo de entre los separados o de los que se presentaren aquellos que tengan más aptitudes." ver, *Decretos Supremos 1825-1831.*

21. *La Fronda Aristocrática,* págs. 73-74.

22. Decreto del 14.VI.1830, en *Decretos Supremos 1825-1835.*

23. "Bastante tiempo – escribía Portales a principios de Noviembre de 1831 – han reposado los buenos (es decir los partidarios del orden y la tranquilidad mediante la aceptación del sistema por él impuesto, P.C.) en mi vigilancia, yo necesito ahora reposar en la de ellos para salvar mi honor comprometido por el estado melancólico en que ha puesto mis negocios el necesario abandono que hice de ellos por más de dos años." *Epistolario,* Tomo I pág. 323.

Capítulo XI
El Interregno, años de 1832 a 1835:
Portales como Gobernador de Valparaiso

Durante los años que Portales estuvo alejado del ejercicio directo del poder siguió, como veremos, ejerciendo una influencia considerable sobre la marcha de los asuntos políticos y los personeros de Gobierno.

En el trascurso de este intermedio se puede seguir la evolución de sus concepciones y aplicación en "pequeña escala" de las ideas que posteriormente regirán su práctica cuando nuevamente detente el poder casi absoluto. La reseña de los aspectos recien nombrados, que sigue a continuación se basa principalmente en la rica correpondencia mantenida por el padre fundador chileno en el período.

XI.a Consolidación del dominio y maquiavelismo en Portales
La preocupación por la mantención del dominio es uno de los temas centrales de la correspondencia, ello mediante las vias que Portales consideraba como las únicas apropiadas: la concentración y unificación del poder y el aplastamiento sistemático e inmisericorde de las facciones – o'higginistas y "pipiolos" – cuando comenzaban a levantar cabeza.

XI.a.1 El castigo como método
Se tratara de poner coto a la criminalidad o a la "subversión política" el método en el que Portales confiaba era en el castigo, éste, era su convicción, ejemplarizaba e impondría finalmente el respeto a las leyes y "frenaría los vicios". De esta convicción están impregnadas sus reflexiones, consideraciones y acciones.

Con ocasión de las ejecuciones en el lugar mismo de miembros de las montoneras de los hermanos Pincheiras que asolaban la región sur, Portales escribía que la noticia ha endulzado su alma y parece que le hubieran regalado cien talegas, más adelante felicita al coronel Manuel Bulnes que habia dirigido la batida por "la viveza con que había hecho jugar el fusil" y era de convicción de que de no haberse aplicado este remedio tan radical se hubieran vuelto a formar montoneras.[1]

En diciembre de 1831, estalló en la Isla de Juan Fernández, un motín de presos por delitos comunes liderados por algunos militares que habian promovido unos meses antes un alzamiento, los sublevados lograron apoderarse de un desprevenido navio norteamericano y en él alcanzaron las costas chilenas desde donde se dirigieron a la provincia de la Rioja en territorio argentino. Las autoridades chilenas pidieron la extradicion que fue concedida. A estos hechos se refiere Portales en carta del 4 de Marzo de 1832 en la cual expresa que habiendo sido fusilados los que habían caido hasta ese entonces, los que venian de la Rioja no podían ser absueltos; pero por otro lado fusilar a 60 individuos de una sola vez parecía horroroso. Por ello proponía – para evitar este espectáculo – que los prisioneros fuesen fusilados de a poco en lugares donde habian cometido delitos y que se reservaran unos tres o cuatro para fusilarlos en Juan Fernández de este modo agregaba, se:

> Cumpliría con la justicia que demanda la muerte de los facinerosos y se consulta la dignidad del Gobierno, que después de sus circulares a los Intendentes y de haberse ejecutado algunos en virtud de ella, no puede venir atrás.[2]

El hecho terminó con que los presos en cuestión fueron trasladados a la Isla de Juan Fernández y dos de los cabecillas del motín fueron pasados por las armas. Portales, al enterarse de ello, pidió que las ejecuciones fuesen publicadas para escarmiento.[3]

Portales se oponía a la conmutación o aminoramiento de las penas, y cuando ello sucedía se enfurecía. Aquí reside uno de los puntos de conflicto con el Poder Judicial, que como se verá alcanzó plena magnitud durante el segundo periódo del padre fundador chileno como Ministro.

Cuando asumió la gobernación militar de Valparaiso el 4 de diciembre de 1832 – muy a su pesar porque no le agradaban las responsabilidades públicas – entrenó su nuevo puesto con una ejecución muy controvertida.

El caso Padock como ha sido denominado, comprometió al capitán de un buque ballenero norteamericano. Este, acuciado por el mal éxito en sus actividades pesqueras, que lo llevaron a una situación apurada al no poder continuar su viaje, en un acto de desesperación dió muerte a dos dependientes de una casa comercial norteamericana, a un miembro de la familia Larrain e hirió seriamente a un comerciante chileno, los últimos habían tenido sólo la mala suerte de interponerse en la ruta de la fuga del capitán.

Padock, por orden del gobernador militar, fue sumariado rápidamente y ejecutado y su cadáver pendió de una horca a la vista de los buques extranjeros en la bahía. Todo ello, a pesar de que un médico portugués había certificado la insania mental del reo en el momento de cometer el crimen lo que le acarreó la mala voluntad de Portales y contribuiría más tarde a su relegación. Portales ordenó esto, a pesar, de los recursos interpuestos por el Cónsul norteamericano para postergar la ejecución y las peticiones dirigidas por ciudadanos extranjeros amigos del gobernador. Contestando a estos últimos Portales justificaba su actuar con los siguientes argumentos que dan muy bien cuenta de sus convicciones:

> Mi celo por la buena administración de justicia y por el cumplimiento de las leyes no llega ni puede llegar hasta el extremo de precipitarme en injusticias, ni excitarme la sed de sangre; tampoco puede causar un trastorno tal en mi mente que llegue a despojarme de la razón. Soy naturalmente compasivo; pero más amante de las leyes, del buen orden y del honor de mi pobre y desgraciado país. Bajo estos principios aseguro a ustedes que debo mucho y aprecio en sumo grado a mis queridos Blest e Ingram (los emisarios de la carta, P.C., el primero médico irlandés y el segundo un comerciante inglés, ambos radicados en Chile); pero si desgraciadamente alguno de ellos se encontrase en el caso del capitán Padock y su suerte pendiera de mi mano, ya estaría yo llorando sobre su tumba.[4]

En la dirección, organización y adiestramiento de los guardias cívicos, Portales – que fue designado comandante del batallón de guardias cívicas de Valparaiso en Octubre de 1832-confiaba también en el castigo riguroso como el método más adecuado para lograr sus propósitos. En carta a Ramón Cavareda – que lo había reemplazado como Ministro de Guerra y Marina del 4 de Marzo de 1833 – le comunica estar de "humor negro" a causa de la fuga de algunos músicos y un tambor del cuartel, que para colmo se habían llevado parte del vestuario entregado a ellos y a sus compañeros. Al día siguiente en carta con el mismo destinatario Portales escribe que le habían traido bien amarrados desde Melipilla a los desertores y que lo celebra: "como si fueran cinco talegas de onzas, porque con ,la azotaina que les lloverá esta tarde, volverá a armarse el altarito que me había acabado de desarmar la impunidad."[5]

En un caso con bastantes similitudes, Portales sigue la misma regla de conducta. Se trataba de un soldado de milicias que después de haber perpetrado algunos robos, en Valparaiso, se había trasladado a la capital. El comandante Portales abogó por que el soldado en cuestión fuese remitido a Valparaiso para ser procesado, condenado y castigado en este lugar ya que ello ejemplarizaría a los individuos de la Guardia Cívica bajo sus órdenes.[6]

XI.a.2 Trato a los adversarios y críticas a las debilidades del Gobierno

Teniendo siempre presente su objetivo de preservar y fortalecer el dominio obtenido, Portales, desde Valparaiso, seguía la marcha del Gobierno, preocupándose y criticándole cuando éste se alejaba de la norma que él consideraba la más apropiada para alcanzar el fin: no mostrar ni debilidades ni consideraciones con los adversarios o enemigos – entendiendo por ellos a los que pretendían minar el orden de cosas establecido – y proceder enérgica, decidida y eficazmente en la toma de decisiones.

Se oponía a los ascensos o a la entrega de responsabilidades a los adversarios o posibles adversarios y cuando ello ocurría no dejaba de expresar su opinión crítica al respecto. Asi cuando el general Prieto propuso el ascenso del coronel Cruz a General de brigada en Octubre de 1831, Portales no dejó de manifestar su desacuerdo. Cruz había tenido que retirarse como Ministro de Guerra y Marina por la presión de Portales que ejercía el ministerio del Interior, éste último no confiaba en el primero por sus tendencias o'higginistas. Cuando Cruz fue propuesto para general, Portales expresaba las causas de su desacuerdo en los términos siguientes:

> Cruz estará siempre dispuesto a ahorcarnos como lo ha manifestado constantemente en toda su conducta, etc. etc." y "Cruz está al aguaite de darnos de palos, de mancomun et insolidum con D. Bernardo (O'Higgins, P.C.), y D. Joaquín (Prieto el Presidente de la República, P.C.) que lo sabe, piensa atraérselo a lo Pinto (el exgeneral y jefe de Estado de tendencia "pipiola-liberal" Francisco Antonio Pinto, P.C.) con el grado de General, cuando no lo pudimos separar de su marcha ni trayéndolo al Ministerio de la Guerra para el que puede servir de portero.[7]

La crítica de Portales a lo que él consideraba debilidades del Gobierno o del Presidente – que podían poner en peligro el dominio alcanzado – se fue acentuandose paulatinamente. Una de las primeras y notables ocasiones, después de su retiro del ejercicio directo del poder, se dió con ocasión del nombramiento de Nicolas Pradel – del que Portales desconfiaba por sus tendencias "liberales-populares" y sus dotes de tribuno popular. Portales en sus tiempos de ministro lo había despedido de su puesto como oficial mayor en el ministerio del interior. Portales que como se verá daba gran importancia en el arte de la política al saber distinguir entre "buenos" y "malos",[8] guardaba a Pradel una enconada enemistad, tampoco era de su agrado el coronel Pedro Uriundo, Intendente de Santiago. A ellos y a los problemas que vengo señalando se refiere en una carta del 25.II.1832:

> Pradel y Uriundo dicen que están de acuerdo con el Presidente para destruir mi reputación: no lo creo por supuesto; pero lo creerán los incautos que han visto volver a Pradel por una orden de Prieto, y que notan que este señor no se pronuncia. Si don Joaquín fuese capaz de decir en alta voz (hablando en términos vulgares): el que ofende a Portales me ofende a mí, su enemigo lo es también mío, vería usted que esos pobres bichos se meterían en sus cuevas; pero creen que lo halagan ofendiéndome y ofendiendo, por consiguiente, la buena causa con quien estoy identificado: la falta de pronunciamiento se los hace entender así, y héteme aquí alentados para promover la desorganización y todos los males que empiezan a asomar; y enorgullecidos con esa tácita aprobación de sus porquerías que les hace concebir la falta de decisión del Presidente, nos irán echando pequeñas vainas, que vayan llamando y disponiendo una tan grande que no, haya c.... que la resista.[9]

A su convicción, de que las debilidades y vacilaciones del Gobierno ponían en peligro la situación de dominio alcanzada, se debió la campaña en contra de Ramón Errázuriz que había sucedido a Portales en el ministerio del Interior. El ex-Ministro y el grupo de seguidores conocidos como su "tertulia", criticaban al primero por su moderación y falta de energía y decisión para proceder con respecto a ciertos conflictos eclesiásticos, el castigo de una asonada local y a promover la reforma de la Constitución de 1828. El círculo de Portales publicó un periódico, El Hurón, que se dedicó a atacar al ministro Errázuriz; este último sabiendo de donde procedían los golpes hacia él dirigidos optó por renunciar a su cargo.

El suceso, no obstante, le conllevó a Portales la enemistad de uno de los principales clanes de la oligarquía, el de los Errázuriz.

Comentando un conflicto, entre El Hurón y el Ministro Errázuriz, Portales da cuenta de su parecer en cuanto a como ejercer la oposición y al único tipo de oposición que, a su juicio, debía ser permitida:

> Usted me ha dicho en una de sus anteriores que el Ministro se había opuesto a la suscripción del periódico, ¿habría asunto más lindo para un artículo de importancia y un ataque victorioso? Qué diría el Ministro cuando se le preguntase: ¿se quería marchar sin oposición, cualquiera que fuese su marcha? Cuando se le dijese que se trataba de hacer una oposición decente, moderada y con los santos y para los fines: 1 de encaminarle a obrar en el sentido de la opinión; 2 el de comenzar a establecer en el país un sistema de oposición que no sea tumultario, indecente, anárquico, injurioso, degrante al país y al Gobierno, etc., etc., que lo que se desea es la continuidad del Gobierno.[10]

La pregunta relevante que surge al leer este tipo de afirmaciónes es: ¿Quién determina cuando la oposición pasa a ser indecente, anárquica, injuriosa, degradante al Gobierno, etc. Este tipo de "calificación" de un derecho siempre ha implicado, históricamente hablando, que el derecho en cuestión no tenga mayor validez en la práctica.

Al renunciar Ramón Errázuriz al Ministerio del Interior, se produjo – en las esferas de Gobierno – una discusión acerca de quién debía ser su sucesor. Portales, que temía el resurgimiento de las facciones, se mostraba preocupado por la proposición del Presidente a este respecto. Temía que el nombramiento de una persona equivocada, junto con otros errores del carácter que he venido indicando, terminara por socavar el dominio establecido; en un sistema de dominio como el que se había impuesto esto significaba, no el peligro de perder el apoyo de la ciudadanía como bajo un régimen de tipo democrático, sino la persecución y muy probablemente la ejecución de los perdedores. He aquí el análisis de Portales al respecto:

No será mal disparate si se realiza el nombramiento de Ministro en la persona que Ud. me indica; el caso es no errar desatino. ¿Sabe Ud.; Sr. D. Antonio, a lo que se me parece el orden y la tranquilidad pública en Chile? A una fuerte estatua robustamente apoyada en sí misma; pero que el Gobierno con un hacha en la mano está empeñado en darle por los pies para derribarla: veo que lo hachazos le hacen poca mella, pero que al cabo han de ser tantos y tan fieros los golpes que se ha de salir con la suya. Si el Gobierno se resuelve a tal nombramiento predigo desde ahora nuestra ruina. Hará ocho o diez días he visto unas carta cuyo contenido, unido a varios antecedentes, me ha hecho sospechar que O'Higgins y sus paniagudos tienden lazos a Prieto, que el hombre no conoce: el que el Ministro de Hacienda ha visto las mismas cartas, pero acaso por no estar en los antecedentes, no se ha fijado en el misterio. Que hombre tan a propósito el Irarrázaval para tales circunstancias! Santa Bárbara, carajo! Ya basta de hacerme de enemigos sin fruto: la Patria no puede exigirme sacrificios estériles. No hablaré ni usted hable palabra que apruebe ni repruebe este nombramiento; dejemos que el mundo marche y conformémonos con la suerte que nos esté preparada: no deja de ser exasperante el que después de estar tan asegurados, vengamos porque se quiere y nada más que porque se quiere, a parar en una horca; pero al fin así lo querrá el destino.[11]

Los temores de Portales en cuanto a lo que a la elevación de Irarrázaval al puesto de Ministro se refiere, no se cumplieron ya que finalmente fue nombrado para ocupar este cargo, un protegido y recomendado del influyente y poderoso exministro, Joaquín Tocornal.

Refiriéndose a las calificaciones de este último para ocupar el cargo, Portales señala las – en su visión – cualidades y virtudes del buen político: respetuoso; pero sobrio en su relación con los potentados, que no pierde la ocasión de ejemplarizar mediante el castigo oportuno y combatiente sin tregua contra los opositores al orden político existente que son identificados como enemigos del orden, la verdad, la honradez y la decencia.[12]

En carta posterior al mismo Tocornal, Portales – a petición del interesado – entrega ciertas sugerencias para ayudar a una gestión fructífera en el cargo. Algunas de ellas van encaminadas hacia una rutinización del dominio alcanzado mediante lo adecuado de las resoluciones y consejos del ministro, del buen ejemplo de justificación, de imparcialidad, orden, respeto a la ley, etc. todo ello encaminado a ir "fijando una marcha conocida en el Gobierno".[13]

A pesar de la acción de Portales como Ministro, de sus consejos desde Valparaiso y de la acción enérgica del Gobierno las conspiraciones en contra del Gobierno no habían cesado. En un comienzo estas asonadas fueron promovidas por militares dadas de baja y descontentos; pero con posterioridad fueron tomando el carácter de alzamientos promovidos por fracciones políticas como pipiolos y o'higginistas. Asi no obstante las derrotas, la represión y los castigos a principios de 1833 tuvo lugar una cuarta revulta en contra del Gobierno establecido por los triunfadores de la Guerra Civil.[14]

Portales atribuía estas irrupciones políticas, no al hecho de la persecución de la oposición o la negación de toda influencia a los que no eran partidarios del orden impuesto, sino a la debilidad del Gobierno y a la lentitud y poca magnitud de los castigos.

Comentando la denominada "conspiración de Arteaga"[15] Portales escribía al Ministro de Guerra, intentando tranquilizarlo:

> Yo no creo que la conjuración tenga la trascendencia y extensión que usted teme; esa frialdad o indiferencia que usted nota en algunos, puede nacer de desprecio y de cansancio, pues usted no ignora que todos lo han tenido, y han hablado tanto, profetizando lo que ha sucedido y lo que no se ocultaba a los ojos de otro ciego que el Gobierno." Sobre las causas señalaba: Acaso habrá muchos que no toman todo el gusto ni han podido alegrarse enteramente por el descubrimiento de esta conjuración, porque temen que mañana vuelva a suceder otra, confiando poco en la esperanza de que el Gobierno, con este ejemplo, cambie enteramente y abandone esa marcha a medias creadora de revoluciones y origen exclusivo del descontento de los buenos, de su desfallecimiento, y de la audacia de los malos.[16]

He señalado las razones que separaban a Portales de los o'higginistas, se debe recordar además que en el universo ideológico de Portales no había lugar para una oposición que buscara el reemplazo del orden político y me atrevería a agregar social existente, y estas dos connotaciones hubiese tenido la restauración del prócer de la Independencia chilena, por estas razones el ex-ministro temía la influencia y ascendiente del libertador y por ello – aunque los fines que ambos perseguían no eran muy disímiles – fue extremadamente duro en todo lo que concerniese al ex Director Supremo. En una carta de unos días después de la que acabo de mencionar y con el mismo destinatario Portales se refiere al Libertador como "el bribón de O'Higgins" y a sus seguidores como los "inmundos satélites que le quedan en Chile por nuestra desgracia."[17]

Unos meses más tarde Portales menciona nuevamente a O'Higgins en términos bastante despectivos:

> Debo prevenirle que antes de ayer he recibido una carta de Lima en que me dicen que O'Higgins había encomendado a Mora (el ilustre intelectual español expulsado de Chile por orden de Portales, P.C.) un manifiesto en cuya confección se daba éste gran prisa, y es necesario tener pronto los materiales para pegar al maldito huacho (se recordará que Bernardo O'Higgins era el hijo ilegítimo del Virrey del Perú don Ambrosio O'Higgins) un parche en la boca de manera que le quede cerrada para siempre."[18]

Con anterioridad Portales se había resistido al envio de un pasaporte a O'Higgins para que pudiera regresar al país. El Presidente Prieto se sobrepuso, sin embargo, a esta presión y envió el documento a su ex-protector y amigo. Claro está que sin la restitución de los grados que el Libertador había obtenido a punta de coraje y con sus sacrifios y esfuerzos por la Independencia de la nueva Nación, el pasaporte solo, constituía más bien una ofensa que una concesión.

Si Portales fue duro e intransiguente con la oposición fuera del sistema tampoco permitió las disenciones en el seno del Gobierno, y cuando éstas comenzaron a visualizarse se sintió impulsado a aceptar nuevamente el ejercicio directo del poder.

El rechazo a la oposición y la resistencia al debate abierto en el seno del gobierno, encuentran su explicación en la persuasión del padre fundador chileno en cuanto a que la unificación de criterios constituía una de las fortalezas principales del Gobierno. Esta creencia a su vez estaba ligada a la situación misma que Chile había compartido con las demás naciones hispanoamericanas: con un mismo centro exterior de poder, un idioma hegemónico, las mismas instituciones, una misma fe, no había existido la necesidad de crear mecanismos que permitiesen la convivencia pacífica y armónica de una comunidad con una pluralidad de intereses y creencias en diferentes ámbitos.

Volviendo a la escisión dentro del partido detentor del poder, ella fue promovida por el grupo conocido como "Los Filopolitas" liderados por Benavente, Gandarillas y el Ministro de Hacienda Rengifo es decir los estanqueros sin su jefe. Se unían a ellos el clan Errázuriz que. como se ha visto. se había enemistado con Portales.

"Los Filopolitas" no se contentaban con que la derrota del pipiolismo y el o'higginismo hubiese significado la imposición de un sistema de dominio que en su esencia era la recreación del absolutismo español Abogaban por un mayor espacio de discusión, de flexiblidad en asuntos religiosos y por la libertad de prensa.

El trato que Portales dió a sus ex-amigos y partidarios no dejó de ser duro, como lo demuestra la respuesta a su socio y confidente, Antonio Garfias, cuando éste le consultó acerca de la posible candidatura del Ministro Manuel Rengifo a la Presidencia de la República proyectada, por los Filopolitas, como alternativa a la de Joaquín Prieto:

> Me limito a contestarle que No, No, No, a la pregunta que usted me hace que si subirá don Proyecto (Manuel Rengifo, P.C.) sin oposición al lugar a que aspira. Este tal mentecato o sus allegados son los que sin duda me chismean e indisponen con algunas personas (con quienes gracias a Dios no quiero nada bueno ni malo) y en lo que sin duda me hacen un favor cuando piensan hacerme un mal." y más adelante....." Deje usted que se vacien explicando más estos carajos, que yo les pondré un tapón en los hocicos.[19]

Una medida de la acción exitosa de Portales es el hecho que el sistema por él creado y su nombre estuvieran, a los ojos de una parte sustancial de la oligarquía, ligados a los valores de la paz, la decencia y el bien público y que los que cuestionaran minimamente el orden establecido constituyéndose en adversarios políticos, como fue el caso de los Filopolitas, fuesen inmediatamente asociados a la perturbación de esos valores. Portales era del parecer – y con ello demostraba sus cualidades de líder maquiavélico – que al partido de "los Niños" y "aniñados" como él motejaba a los Filopolitas, debía ser, en un primer momento, combatido con "taima", es decir no batirlos de frente y dejarlos que se enredaran en sus propios pasos.[20]

Una carta, del 1 de Octubre de 1834, da cuenta en forma suscinta y precisa de la decisión de Portales de luchar en contra de sus ex-partidarios y amigos y de las razones que lo impulsaban a ello:

> Tocornal (Ministro del Interior, P.C.)......que éste seguró de que le ayudaré en cuanto penda de mí para mantener el orden público y enfrenar a los mentecatos que traten de turbarlo aún cuando entre ellos se encontraren las personas que me fuesen más queridas. Que se mantenga marchando con paso firme, digno y activo y que no tenga cuidado: que los enemigos son tan pocos y lesos y que no pueden por lo mismo infundir temor a nadie.[21]

XI.a.3 Funcionarios y personal político fieles y adictos al Gobierno

Una de las formas de consolidar el dominio alcanzado y lograr la estabilidad socio-política era – de acuerdo a la persuasión de Portales – la recreación de un elemento del sistema de dominio patrimonial español: la lealtad, fidelidad y obediencia del personal administrativo, político y religioso al poder central. Por ello unas de sus preocupaciones constantes fue el promover la ascención a los diferentes cargos y escalafones a las personas que cumplieran con esta disposición e impedir lo mismo con respecto a aquellas que se sabía o suponía que no lo hacían.

Ya he señalado el caso del oficial mayor del Ministerio del Interior Nicolas Pradel; refiriéndose a otro funcionario del mismo rango y en el mismo ministerio, Manuel Carvallo, Portales – desde su retiro – en carta del 26 de Marzo de 1833 expresa su juicio y parecer en relación al problema que me estoy refiriendo:

> tuerto debía de estar separado hace tiempo del Ministerio, pues nadie ignora que es enemigo del Gobierno a quien sirve, ya que todas sus amistades son con las personas del Club, que no pierde ocasión de minar el presente orden de cosas. Si es y debe ser sospechoso al gobierno, esta es una causa sobrada para botar a un oficial en virtud de las facultades que la Constitución da al Gobierno.[22]

XI.a.4 Militares y Guardias Cívicas

Lo anterior cobraba aún mayor importancia cuando se trataba del personal del ejército al cual debían ser inculcados los valores de la disciplina, el orden, la moralidad y la subordinación. Portales no tenía confianza hacia la mayoría de los altos mandos militares y demostraba una adversión (por razones que he ya apuntado) a los generales. Dirigiéndose al Ministro de Guerra Ramón Cavareda le expresaba:

> Don Francisco Sales Vidal.......está ya encargado y bien instruído para remitirme las charreteras de usted; créame que se me iba el alma por encargarlas de palas coloradas (usadas por los Generales, P.C.), deseando, al mismo tiempo, echar al fuego casi todas las de este color que se ven en la República.[23]

Su desconfianza se extendía a las tropas de líneas en general que habían participado en las batallas de la Independencia y que se mostraban dispuestas a secundar la insolencia y el caudillismo de sus jefes. Por ello Portales usó el método de poner espías en las compañias; pero la respuesta a más largo plazo fue por un lado la profesionalización del Ejército mediante la formación de la Academia Militar en 1831 a cargo del Coronel Luis José Pereira y por otra lado la acción enérgica y sistemática de Portales en pro del desarrollo y organización de la Guardias Cívicas. Como ejemplo de la preocupación por la profesionalización del ejército se puede tomar la carta del 16 de Febrero de 1832 a Antonio Garfias:

> Véaseme con Pereira el Coronel: déle a mi nombre los parabienes porque ya empieza a recoger el fruto de sus trabajos, pues sé que el día de la apertura del establecimiento salieron muy complacidos los concurrentes, así por la brillante policía que notaron, como por algunos muy bien desempeñados movimientos de la instrucción de reclutas que ejecutaron los cadetes: dígale que dentro de poco tendremos el gusto de apellidarle el Padre del Ejército, y que yo, como un hijo de vecino, tengo puestas en él exclusivamente todas mis esperanzas de orden, de decencia, honor e instrucción de esa clase tan importante.[24]

Por lo que atañe a las Guardia Cívicas tenemos múltiples testimonios, en su correspondencia, de sus métodos para organizarlas, el rol que les atribuía, su contribución personal, etc.

Portales aprovechaba al máximo, en Valparaiso, los exiguos recursos que el Gobierno le entregaba para estas tareas. Asi da cuenta que utilizaba los mismos oficiales e instructores, banda, útiles de mayoría, etc. para organizar y disciplinar dos batallones para lo cual los hacía reunir en días distintos.[25]

De todo se ocupaba; de la música, el vestuario, los edificios y se queja de la falta de ayuda que lo llevó a tener que sufragar de sus propios bolsillos ciertos gastos:

De mi bolsillo salen las luces del cuartel, el aceite para el armamento y hasta para las ridiculeces más pequeñas para los dos batallones.[26]

Para cubrir los gastos de financiamiento de la Guardia Cívica, Portales se valió del recurso, bastante arbitrario, de enrolar a ella a comerciantes e individuos acaudalados o de fortuna, asignándoles puestos subalternos. Estas personas se sentían entonces impelidas a pagar la multa fijada para aquellos que querían quedar exentos del servicio. Utilizó también la Guardia para los fines más personales de venganza sobre adversarios políticos o personas hacia las cuales sentía enemistad, de esta forma castigó a un tal Pedro Pérez que tenía un pleito con un recomendado del Ministro de Guerra Ramón Cavareda:

> Que en medio de la función vine a saber la laya de mozo que es el Pedro Pérez, contendor de don Hilario, y que, acto continuo, lo mandé llevar al cuartel, junto con don José Fernández Puelma, que cada día está más malo, con orden de que me lo filiasen, y la prevención de que los estiraba como zapos si me faltaban a alguna lista o tenía alguna queja grave de ellos.[27]

Esta situación entrega una muestra de la precariedad de los derechos del individuo en esa época y de la actitud del fundador del Estado chileno hacia ellos.

Los planes de Portales con los Cuerpos Cívicos de Valparaiso, eran el constituirlos en una guardia de resguardo del Gobierno, este último en caso de "un golpe de mano de los bribones" podía trasladarse rápidamente a Valparaiso y en virtud de una Guardia Cívica disciplinada sentirse allí en seguridad.[28] Hasta poco antes de asumir nuevamente responsabilidades en el Gobierno Portales siguió preocupándose directamente de la preparación de las milicias, a partir de la consideración que un descuido en este sentido le podría ser funesto en el porvenir".[29]

XI.a.5 Negación de elementos fundamentales del sistema democrático
Debido a la convicción del padre fundador chileno acerca de que la única forma adecuada de lograr sus fines de estabilidad política y social, de orden y tranquilidad era la creación de un gobierno fuerte y centralizado en su pensamiento y acción no había lugar a algunos de los constituyentes básicos de un sistema democrático, tales como: la división de poderes, su mutuo control y contrapeso, una prensa libre y fiscalizadora de los detentores del poder, respeto irrestricto a la constitucionalidad, oposición permitida y legalizada, etc.

Portales desconfiaba de la deliberación hecha con independencia del Gobierno y signaba como negativa la pluralidad de opiniones y la confrontación de opiniones diversas. En su opinión para emprender grandes tareas se necesitaban "hombres laboriosos cuyas opiniones fueran uniformadas por el entusiasmo del bien público", la garantía de la tranquilidad pública era por lo demás la "tendencia general de la masa al reposo".[30] Lo que perseguía era la obediencia incondicional a los proyectos y acciones del Gobierno, la aceptación pasiva de ellos. He mencionado, anteriormente, el temprano parecer de Portales con respecto a la democracia, juicios posteriores suyos lo corraboran. Comentando situaciones de la política inglesa – Nación que a su juicio debía ser imitada en todo lo posible- Portales opinaba que Canning – político y ministro inglés- había sido demasiado liberal con su tendencia a "poner en manos del pueblo instrumentos de que abusa casi siempre y que al menos no sabe manejar las más veces."[31] Su ideal de Poder Legislativo era que éste fuese obediente y subordinado al Ejecutivo, controlado por éste último y temía utilizar al Congreso (aún en los casos en que le parecía equivocada la acción del Gobierno) para contrapesar y refrendar los errores del Ejecutivo. Marchamos, escribía el 30 de abril de 1832 a nuestra perdición a pasos apresurados – debido a medidas erróneas del Gobierno en asuntos del Ejército – y no encontraba remedios que fuesen peor que la enfermedad:

> Sólo acierto con un recurso y aún este me parece peligroso: y es el de que las Cámaras con toda calma justificación y decencia, hagan la más pacífica y honrosa oposición a ciertas pretensiones del Gobierno; pero ni aún esto me atrevería a aconsejar; porque me parece que no se va a hacer buen uso de la facultad del Congreso: que se va a declarar una oposición acalorada que lo heche a perder todo; que no a de haber ni el pulso ni el tesón necesario para hacer el bien, y que los intereses privados pueden dividir las opiniones del Congreso.[32]

Sus concepciones acerca de la necesidad del riguroso castigo para lograr imponer el dominio y como medio de prevenir las revueltas, lo llevaron a esquinarse con el Poder Judicial cuyos amagos de mantener cierta autonomía con respecto al Gobierno le irritaban. En el parecer de Portales el rol de los tribunales de Justicia era el castigar expeditamente a todo aquel que impugnara al Gobierno y al orden imperante.

Con ocasión de las actividades periodísticas de Nicolás Pradel, Portales expresó sus dudas acerca de la eficacia de los tribunales y enunció su parecer – que después sería aplicado con serias consecuencias – acerca de como presionar a las cortes de justicia a actuar de acuerdo a las lineas de conducta que él consideraba como correctas:

> Cuando no hay interés por la justicia, por la ley, y por las buenas constumbres, no nos queda más recurso que nuestras propias fuerzas para castigar al que nos ofenda, porque los tribunales y todos los jueces nuestros son propensos a proteger el crimen, siempre que no ven que hay quien haga efectivas sus responsabilidades.[33]

Las decisiones de la Corte Marcial – que había en dos oportunidades revocado las sentencias a muertes decretadas por los tribunales de guerra a los participantes en conspiraciones en contra del Gobierno y rebajado el tiempo de destierro en una ocasión – provocaron el descontento del Gobierno que terminó dando un rudo golpe a la autonomía del Poder Judicial al decretar el 4 de Octubre de 1833 el arresto y suspensión de los miembros de la Corte Marcial por "torcida administración de justicia", el fiscal de la Corte Suprema – el diseñador y elaborador de la Constitución de 1833, Mariano Egaña – pidió contra los jueces las penas de infamia, destitución, inhabilidad perpetua y destierro a una Isla. La Corte Suprema absolvió a los jueces; pero, como señala J.V. Lastarria, esta última decisión no pudo evitar el deterioro de la autonomía del Poder Judicial ya que los jueces en adelante debían tener muy en claro que la independencia e integridad de los juicios podía costarles el odio del Gobierno y el consiguiente castigo.[34]

Portales, por su parte, celebró inmediatamente la acción del Ejecutivo, como una medida largamente esperada:

> Está de mi gusto el decreto que me remitió usted ayer en copia, que soñaba porque el Gobierno hiciese una cosa semejante hace mucho tiempo, para no dejarse burlar de jueces injustos y facciosos, pero falta asegurarse de que la Suprema Corte vendrá a pasar unos días en la Lautaro, si quiere paniguarse con los de la Corte Marcial.[35]

No sólo el trato y magnamidad de los tribunales, con respecto a los opositores políticos, merecían la reprobación de Portales, era un convencido también que la indulgencia con los criminales demostrada por aquellos servía sólo para fomentar la repetición de los crímenes, y que los jueces que no aplicasen las penas de máximo rigor se convertían ellos mismos en culpables. Este tema le preocupó tan vivamente que llegó a escribir un artículo periodístico sobre ello. En él emplea toda su elocuencia para canalizar la agresión del público y los afectados hacia los jueces que en su opinión pecaban de magnitud:

> Hace mucho tiempo que lamentamos este gravísimo mal; hace mucho tiempo que los chilenos miran en sus juzgados y tribunales a los verdaderos asesinos y ladrones, porque su indulgencia autoriza, anima, empuja a repetir estos delitos" y más adelante... Por esta razón, nosotros no vemos a esos presidarios sino a todos los jueces en columna cerrada cometiendo robos y asesinatos en Copiapó (recuérdese la insurrección de prisioneros de Juan Fernández que alcanzaron las costas chilenas en un buque norteamericano, P.C.); los vemos con sus absolvederas en lugar de picas y puñales, sembrar la muerte y espanto en aquella desgraciada población.[36]

Si se centra la atención en otro de los elementos básicos que conforman un sistema democrático, la prensa como fiscalizadora del ejercicio del poder, se puede derivar de las deliberaciones y acciones del fundador del Estado chileno que, deseaba una prensa que coayudara a la gestión más eficaz del Gobierno fortaleciendo a éste y no estaba en modo alguno interesado en una prensa que a través de la crítica buscara un cambio del orden impuesto.[37]

De este modo para él la prensa debía – mediante la publicación de las sentencias y trabajos de los tribunales – controlar las debilidades e ineficiencias de los tribunales, al mismo fin iba encaminada la publicación de las sentencias de muerte. Por lo que atañe a la marcha del Gobierno debían publicarse todas las promociones por él hechas para así obligar a éste a ser más medido en cuanto a las concesiones de ascensos y empleos.[38]

No puede, con respecto al tema que estoy tratando, dejar de parecer mal ubicada la conclusión a que llega Vicuña Mackenna en base a los hechos recién mencionados que Portales echó en los cimientos de la organización política chilena una de las bases más hermosas de la democracia: la publicidad.[39]

Lo que le interesaba a Portales era la eficacia del Gobierno y veía que a este respecto una prensa que – dentro del sistema – ayudara a este objetivo tenía un lugar; pero poco tiene esto que ver con la idea del rol de la prensa en un sistema democrático. Por lo que a esto último concierne debe recordarse la expulsión de José Joaquín Mora decretada por Portales y el que durante su segundo período en el poder, la crítica hecha a Portales por el director del "Barómetro" le costó a este último la prisión y el destierro a Juan Fernández, hecho señalado por el mismo Vicuña Mackenna.[40]

XI.a.6 Constitución – Legalidad

En general la posición de Portales con respecto a las leyes y a la Constitución, era que ellas tenían una importancia secundaria y que la mejor Constitución de nada serviría "una vez descompuesto el principal resorte de la maquinaria", es decir el Gobierno fuerte y unificado capaz de mantener el dominio. A esta última tarea consagró sus energías. Ello, no obstante, no significaba que no percibiera la conveniencia de reformar el Código de 1828 y de codificar legalmente su práctica autoritaria, la confusión nace a este respecto cuando se cree que legalidad es sinónimo de democracia. Portales veía como una ventaja "la legalización del absolutismo"[41] y de allí su interés por las actividades en este sentido como lo testimonia la correspondencia en la época en que se discute la nueva Constitución:

> Digale – a Mariano Egaña – en reserva que van a convocarse extraordinariamente las cámaras, y que como hijo de vecino, le agradecería escribir sobre la necesidad y conveniencia de reformar los códigos; y que entregue a Vd. los borradores para remitírmelos, y que puede contar con el sigilo: yo me encargaré de publicarlos oportunamente y haremos lo posible para que después de interesada la opinión general, se hagan a un lado las pasiones para dejar pasar el proyecto presentado por el Gobierno.[42]

De nuevo el rechazo a la discusión y el temor al conflicto de las ideas, el parecer discrepante del oficial es tildado como "pasión".[43]

Se puede notar en Portales una doble tendencia con respecto a las leyes y a la

Constitución: por un lado era necesario hacerlas respetadas y obedecidas, esto constituía una parte del proceso de consolidación del dominio; pero por otra, cuando se trataba de asegurar el último, las restricciones legales no tenían valor. Dicho de otra forma: la ley valía para todos los gobernados; pero el gobernante, cuanto se trataba de aspectos considerados como amenazantes con respecto al sistema establecido no, estaba sometido a ella.

Es un hecho que Portales participaba de la leyenda justificadora de la insurrección en contra del régimen "pipiolo-liberal" que pretendía que la razón del alzamiento habia sido ocasionado por la trasgresión a la Constitución de 1828[44] y el mismo no toleró – en determinadas circunstancias – las infracciones a la Constitución de 1833, éste fue el caso cuando el presidente Prieto ascendió a Juan Vidaurre a Teniente Coronel en contra de la opinión de Portales y el Ministro de la Guerra Ramón Cavareda pasándose a llevar ciertas disposiciones de la Constitución de 1833 a este respecto. En aquella ocasión Portales puso "el grito en el cielo" aduciendo – entre otras cosas – que él había sido uno de los más acervos críticos de las infracciones y los infractores de la Constitución de 1828, que su acción pública había estado encaminada a devolver a las leyes su vigor, conciliarles el respeto y inspirar el odio a sus transgresiones y recordando que la principal razón que aseguró y justificó la sangre derramada en la revuelta contra el régimen "pipiolo-liberal" habían sido las infracciones a la Constitución de 1828. Acto seguido a esta argumentación hizo una renuncia formal de todos y cada uno de los cargos y comisiones que el Gobierno le había confiado.[45]

El rasgar de vestiduras que Portales efectuaba, aparentemente, en favor de la inviolabilidad de la Constitución no debe ser tomado al pie de la letra. En primer lugar debe recordarse que nada dijo cuando el Gobierno surgido del triunfo de Lircay, atropellando abiertamente la Constitución de 1828 – que estipulaba, prudentemente, el plazo de 8 años antes de proceder a reformar o hacer adiciones a la Constitución – procedió no sólo a reformarla sino a sustituirla. En segundo lugar lo que a Portales realmente le causaba molestia no era tanto la infracción misma de la Constitución de 1833 sino el objetivo con el cual se hacía: "para congraciarse con el más inmundo militar" como califica en carta anterior a su renuncia oficial, a Juan Vidaurre.[46]

Nueve meses después, refiriéndose a la infracción que vengo señalando, decia claramente, que ella era de las que no se "podía ni por la necesidad disimularse, ni por lo grande ni por lo útil del objeto".[47]

Quizá el lugar donde mejor se encuentra resumida la visión jurídica de Portales y su relación con las normas y pautas que ordenan y dirigen las relaciones y convivencia entre las personas en una sociedad moderna: las leyes y la Constitución, sea la carta del 6 de Diciembre de 1834 en la que hace alusión a una consulta que dirigió a Mario Egaña acerca de la prisión de individuos sin orden competente del juez; pero sobre los cuales recaían fuertes sospechas de estar tramando una oposición violenta al Gobierno. Egaña le contestó que el Gobierno no estaba facultado para detener individuos por sospechas y que el delito debía ser "infra-ganti" para poder hacerlo; ello saco de sus casillas a Portales que no comprendía ni aceptaba trabas cuando – en su opinión – se trataba de asegurar el orden impuesto y pronunció juicios contundentes sobre la ley y la Constitución que – y debe recordarse que esta es una peculiaridad notable de Portales, una parte de su carisma – fueron seguidas de una práctica correspondiente:

> En Chile la ley no sirve para otra cosa que no sea producir la anarquía, la ausencia de sanción, el libertinaje, el pleito eterno, el compadrazgo y la amistad. Si yo, por ejemplo, apreso a un individuo que sé está urdiendo una conspiración, violo la ley. Maldita ley entonces si no deja al brazo del Gobierno proceder libremente en el momento oportuno!" y más adelante "De mí se decirle que con ley o sin ella, esa señora que llaman la Constitución, hay que violarla cuando las circunstancias son extremas. que importa que lo sea, cuando en un año la parvulita lo ha sido tantas por su perfecta inutilidad![48]

Esta característica de Portales en cuanto a no aceptar trabas, barreras o límites en el ejercicio del poder no es algo sólo peculiar de él, sino que se inscribe dentro de una tendencia histórica, ya que como bien señala Carl J. Friedrich la posición común de autócratas y revolucionarios ante la Constitución ha sido la de decir: ¡Al diablo con ella!, actitud que revela su común oposición a las trabas y restricciones a la acción política y guvernamental, que precisamente son la esencia de un gobierno democrático.[49]

XI.b Carisma de Portales

No cabe duda que Portales era un líder respetado y aceptado. En una época incierta, anárquica, de violencia, segmentos importantes de la población – educados en una tradición autoritaria – tendían a seguir al líder audaz, decidido, astuto, bravo, cuyo ingenio y bromas corrían de voz en voz, un líder cuya imagen se fue convirtiendo en una leyenda popular. Estos eran los atributos del padre fundador chileno y junto a otros que señalaré, conformaban parte del carisma de esta figura decisiva en la historia chilena, que lo hacían sino siempre querido, al menos con seguridad aceptado, respetado y en la mayoría de los casos obedecido.

Uno de los méritos que le ha valido a Portales el reconocimiento de sus contemporáneos como de las generaciones posteriores es el desprendimiento con respecto a puestos, honores y retribuciones que siempre practicó.

Se recordará que Portales renunció a todos sus cargos ministeriales, cuando disfrutaba de un poder incontrarrestable. En algunas ocasiones debido a temores del Presidente que – al parecer – no siempre se sentía tranquilo debido al gran ascendiente de Portales, este último se siente impelido a subrayar su absoluto despego a los empleos y su falta de interés por el brillo y las glorias, y de paso nos da una muestra de su "filosofia de la vida" que lo hacía admirado y respetado:

Cualquiera otra (que la cabeza del Presidente Prieto, P.C.) con cuatro ideas echaría la vista a todas partes y se convencería por los sucesos y por la experiencia que soy el hombre menos temible, porque mis inseparables deseos de orden, mi genial inclinación al bien público, mi absoluta falta de aspiraciones ni a gloria, ni a brillo, ni a empleos de ninguna clase, no pueden infundir recelo alguno: soy un mentecato en el entusiasmo por una decente consecuencia y por la concordancia de mis palabras con mis obras.[50]

Portales que regresó a la vida privada a enfrentar una situación pecunaria bastante difícil e incierta siempre se negó a exigir compensaciones por parte del Estado aunque en variadas ocasiones ellas eran más que razonables. Así cuando sus amigos precisamente considerando su afligida situación económica le ofrecieron entrar en trámites para cobrar seis mil pesos que el Fisco le debía, rechazó de plano la proposición afirmando que: "Primero consentiría en perder mi brazo, o enterrarme en el barro que consentir en que se le cobrase un peso al Fisco."[51]

Aunque llevaba una vida – en general – sobria y trabajada, Portales nunca tuvo gran éxito en los negocios, a pesar de ello nunca usó de sus relaciones e influencias en las altas esfera políticas con el fin de lucro privado.[52]

Uno de los negocios que emprendió fue la explotación y el transporte de minerales, ligado a estas actividades, tuvo un proyecto de montar un establecimiento de fundición para lo cual se requería la habilitación de un puerto, a lo que el ministro de Hacienda hizo reparos. Portales insistió en que no deseaba que se aprobara ninguna proposición suya si ella era perjudicial a la Nación

> Prevéngales – escribía a socio y confidente – que es la única solicitud mía que se encontrará en el Gobierno, y que no quiero que se acceda a ella si tuviese un ápice de avanzada, de perjudicial al país.[53]

Daba también mucha importancia a la intachabilidad de su actuar privado. En una época de tribulaciones económicas escribía a su amigo y confidente:

> Ud. me estará creyendo en estado de ahorcarme; pues, no señor, estoy fresco, porque he sacado mis cuentas, y aunque a costa de muchos sacrificios, alcanzo a pagar a todos: este es mi único deseo, que por lo que hace a vivir, no falta la industria: haya tranquilidad pública y no moriremos pobres, si llegamos a viejos.[54]

En otra ocasión en que aparentemente se le advertía de una maniobra en contra de su persona y reputación, responde:

> Diga Vd. a los señores Bustillos y Gutiérrez que agradezco sus avisos; pero que siento que aún no me conozcan. No hay un paso de mi vida que no pueda publicarse, a exepción de las miserias de la privada en que tampoco haré el peor papel, porque mis debilidades van acompañadas de honradez.[55]

A su salida de los Ministerios sus colegas en las otras Carteras, el Gobierno y el Congreso se pusieron en acción para conceder una recompensa a sus servicios y tributarle honores públicos, Portales, al que le habían hecho llegar diferentes rumores -p.ej. el que se le pretendía darle el grado de General-[56] acerca del carácter de ellos, temía que estos honores fuesen exagerados asumiendo un carácter para él deshonroso o que se creyera que él hubiera tenido parte en la la gestión de tal proposición, por ello esperaba en dolorosa impaciencia la resolución de las Cámaras:

> Se ha explicado Vd. señor don Antonio, en las reflexiones que me hace para justificar el procedimiento de ciertas personas que han influído en la petición de recompensas a mis servicios; pero el poder de sus argumentos aún no me ha rendido. En un debate verbal tendría Vd. acaso que dejarme el campo. Sea como fuese yo estoy inquieto y esperando impacientemente la resolución de las cámaras para desvanecer la sospecha que han de haber formado muchos y que me atormenta atrozmente de que tal petición se ha dirigido con mi acuerdo C....! Tal idea me enferma: acaso podrá Vd. acusarme por ello de demasiado amor propio; pero yo tendré que confesarle que no puedo vencerme; es que la propia dignidad no es más que un amor propio; pero que jamás he visto reprobado en el mundo. El mismo silencio que Vd. observa en sus cartas sobre el tenor de la petición a las cámaras, me hace sospechar que ella sea más deshonrosa de lo que espero.[57]

Finalmente, la gestión en cuestión tuvo un desenlace tranquilizador para su destinatario, al desembocar en un voto de gracias. En este podemos leer cual eran los méritos de Portales a los ojos de la élite política dominante. En una época de desorden y anarquía, establece el decreto, Portales había logrado – mediante su celo, y vigor, la sabiduria de sus consejos y el acierto de sus medidas – restablecer la tranquilidad pública, el orden y el respeto a las instituciones nacionales.[58] Es decir Portales con su ingenio y dotes había logrado establecer un nuevo sistema de dominio. Me parece importante precisar en este contexto que "el respeto a las instituciones nacionales" no debe ser confundido con "respeto a las instituciones democráticas" ya que las primeras funcionaban – como se verá con más detalle – bastante de acuerdo a las ideas del padre fundador chileno, vale decir en una relación recíproca, con funciones y un sentido muy diferente al que se conoce bajo un sistema democrático.

Otra de las virtudes del padre fundador chileno era su celo y preocupación por todo lo que tuviese relación con el engrandecimiento y la imagen – dentro del orden político y social existente – de la nueva Nación Chilena, esta diligencia e interés cubrían diferentes campos y actividades.

En variados pasajes de su correspondencia se percibe la frustación e irritación de Portales al ver el servilismo ante los mercaderes extranjeros y el descuido de los intereses nacionales. Su ex-socio, José Manuel Cea, patrocinó la solicitud de un comerciante extranjero para que sus mercancias fuesen transportadas de un puerto chileno a otro en un buque foráneo, ello suscitó la siguiente opinión de Portales:

> Escandaliza ver a D.José Manuel, un hijo del país; suscribiendo una representación de esta naturaleza, como se lo diré yo cuando lo vea, y que escandaliza más ver esos extranjeros del carajo presentarse con toda la arrogancia necesaria para robar a los chilenos el único bien que poseen, y cuya posesión supo respetar hasta el mismo D. Francisco Antonio Pinto: el comercio de cabotaje que en todas partes del mundo está estrictamente declarado a los buques nacionales.[59]

Dentro de esta preocupación también su inscribe su insistencia en la necesidad de un buque de guerra bien acondicionado para impedir el contrabando, el eventual saqueo de puertos y el hacer válidas las reclamaciones de Chile frente a otras naciones; típico de Portales a este respecto es su convencimiento de que tanto las autoridades como las instituciones y materiales del Estado daban una buena muestra del país; de allí su énfasis en que todo lo público funcionara, y bien:

> Si el buque no ha de navegar de modo que él solo baste a dar una idea del orden del país y de la atención que presta al Gobierno a todos los ramos de la administración, es mejor que no navegue. Un buque en buen Estado y en el que se note orden, arreglo y disciplina hace formar en un puerto extranjero buen concepto del Gobierno de que depende.[60]

El enrolamiento de los extranjeros que ejercían profesiones reservadas por la ley sólo a los ciudadanos chilenos – pulperos tenderos, etc. – en la Guardia Cívica provocó las protestas de los respectivos Cónsules. Portales cuyo principio era la igualdad de condiciones para nacionales y extranjeros, mantuvo su posición de que los extranjeros que disfrutaban de el privilegio de ejercer en el país giros y ocupaciones que no les eran permitidas por la ley, debían ser incorporados a las Guardias so pena de quedar en mejor condición que los nacionales y estos últimos, quedar ante los ojos extranjeros en una posición poco decorosa. En aquella ocasión el padre fundador chileno entegó juicios bastante equilibrados y dignos de ser recordados:

> Hagamos justicia a los extranjeros, démosles toda la hospitalidad que sea posible; pero nunca hasta colocarlos sobre los chilenos. Es preciso que les hagamos también entender que no podemos ser la befa ni el desprecio de ellos, y que los contengamos en sus límites, antes que pasando más tiempo quieran hacer proscribir las Leyes, autorizar sus avances con la posesión inveterada, posesión que sólo se han podido entrando por nuestras debilidades y nuestros descuidos.[61]

Su empeño por el engrandecimiento nacional se manifestaba también en otros terrenos como la preocupación por impulsar una Academia de Naútica y su ofrecimiento de encargarse de la inspección de ella. Le daba pudor, escribía Portales, que los subalternos y guardiamarinas en los buques nacionales no supieran de pilotaje y apenas de maniobras, contaba que con la puesta en marcha de la tal escuela Chile tendría, antes de dos años, 100 pilotos que podía emplear en los más de 50 barcos chilenos que eran mandados por extranjeros lo que de acuerdo a él, era claramente vergonzoso. Argumentaba, además, que el Perú a pesar de su desmedrada situación mantenía una Academia brillante y que Chile por supuesto podría hacer otro tanto y sin que ello costase grandes recursos.[62]

Quizá la característica de Portales que mejor expresa su "carisma", aunado en algunas oportunidades al maquiavelismo, es su humor sarcástico,[63] que como expresión de su personalidad ayuda a compenetrarse de aquellos aspectos de ésta que junto con hacerlo respetado y temido contribuyeron a que calase mejor en el "alma nacional" que p.ej. el más austero y ascético Bernardo O'Higgins.

Recomendándole al Ministro del Interior, Joaquín Tocornal, prudencia, flexibilidad y tino en cuanto al problema del matrimonio entre protestantes y católicas, Portales nos da la muestra siguiente de su humor, maquiavelismo y relajada posición con respecto a las autoridades eclesiásticas:

> Digale – a Tocornal – que le haga presente esto mismo al Obispo y que le haga ver que es preciso marchar según los tiempos: si en el presente siglo quisiese un Papa que un Rey le tuviese la brida para montar a caballo como sucedió en otros tiempos, si quisiese penitenciarlo con las varas y cenizas que sufrió otro Rey en el siglo II, vería su Santidad llover un aguacero de palos sobre su tiara. Pío VII autorizó el repudio de Josefina, y el casamiento de Napoleón con la hija del Emperador de Alemania viviendo aquélla, y si el difunto de Santa Elena hubiera querido folgar con su Santidad, se habría quitado los calzones a la primera insinuación: así exige siempre la prudencia ceder para no perderlo todo.[64]

Ante la falta de una enérgica acción por parte del Gobierno para despedir a los funcionarios estatales que se presumía, como en el caso de Carvallo, que ha sido nombrado, adversarios de aquél, Portales exasperado exclamaba:

> Carajo! Si ha de haber calma hasta para providencias de este género que demandan tanta prontitud, será mejor declarar de una vez que nos damos por cogidos con toda y nuestra más entera voluntad, y que nos pongamos en la berlina (o en la horca) por prudentes, circunspectos, juiciosos, hombres de espera, de tino, de madurez y de enormes huevos, de pestilentes bolas y de podridas brebas.[65]

La visión estratégica y rápida capacidad de acción eran dotes que también previlegiaban la personalidad del padre fundador chileno, ya en 1832 visualizaba una situación de conflicto con el país vecino, Perú, que se produciría factualmente algunos años más tarde.[66]

El Gobierno chileno gravó con un impuesto de 3 pesos la arroba de azúcar peruano – el principal producto de exportación de ese país a Chile – Portales consideró esta medida peligrosa ya que el Perú podía responder con nuevos gravámenes, p.ej. a las mercaderias que entraban al Perú con procedencia del puerto chileno de Valparaiso, asestando un rudo golpe a la economía chilena, ya que los beneficios para esta última de la concentración e incremento del tráfico naviero en el puerto principal chileno, le proporcionaban recursos considerables y en ascenso. El contragolpe del gobierno peruano podía poner al chileno, entonces, en una situación de serio apuro, ya que:

> No habría otro recurso que volver atrás con la más vergonzosa degradación, y liberarles los azúcares de todo derecho si así lo querían los peruanos, o irnos sobre ellos con un ejército.[67]

Lo que ocupaba la atención de Portales era como inspirar temor al Gobierno peruano de modo que éste se viese obligado a refrenar posibles estallidos belicosos; criticando los métodos del Gobierno chileno a este respecto, Portales proponía – lo que entrega una buena muestra del maquiavelismo en él – utilizar los siguientes recursos:

> Las apariencias con que el Gobierno podría imponer al del Perú y sin hacer un papel ridículo en caso de no convenirle una declaración de guerra, son por ejemplo, la de valerse de una persona en relación con el Presidente y Ministros para la compra de dos buques que tuviesen las calidades para armarlos en guerra; por supuesto sin verificar los contratos y sin dar a entender siquiera de que el buque o buques se querrían para armarlos, podría manejarse el asunto con tino y afectada reserva que hiciera tragar el anzuelo a todo el mundo, y si en algún tiempo era reconvenido el gobierno, podría decir con toda seguridad que tales compras no se habían solicitado con su acuerdo, ni había pensado en ellas. En fin, otras apariencias semejantes que se ocurren a cualquier niño u hombre vulgar; pero que despreciarían los hombres de Estado por cierto triste prurito o debilidad en que caen como zorzal.[68]

Otra faceta del "carisma" de Portales muy celebrado por sus historiadores era su pasión por las mujeres y sus dotes de conquistador. Vicuña Mackenna nos dice, con admiración, que Portales:

> Semejante a César, el primer calavera de Roma, llevaba en la prematura calvicie de su frente, en su tez pálida, en su mirada de fuego, las profundas huellas de su existencia trabajada por el placer.[69]

Otro historiador chileno de renombre, Guillermo Feliú Cruz, nos habla de "la varonia atrayente e irresistible de Don Diego".[70]

A través de la correspondencia se pueden seguir las aventuras amorosas y el interés de Portales por las mujeres. La relación más duradera fue con Constanza Nordenflycht con la cual, sin que nunca contrayera matrimonio, tuvo tres hijos que fueron declarados, por decreto, herederos legítimos de Portales a su muerte. La relación entre ambos nunca fue oficializada por el matrimonio, lo que en el contexto de la época era bastante problemático y despertaba las murmuraciones sociales a las cuales Portales, consciente de su superioridad, no daba importancia:

> A esto le dirá usted de mi parte (a su hermana, P.C.) que me meo en el público, y que si el vindicarme de tal imputación me costara un cuartillo y dar un paso el más pequeño, no lo haría; que estoy ya viejo y muy aporreado para estar pendiente de hablillas y hacer juicio de lo que digan cuatro mentecatos a que ella da el nombre de público.[71]

Lamentablemente este tema, al igual que la visión que tenía el padre fundador chileno de el sexo femenino, es algo secundario con respecto a la problemática principal. No puede dejarse de añadir, no obstante, que por lo que atañe al último punto nombrado, esta visión estaba muy ligada a las concepciones de la época y no había nada de problemático, conflictivo o visionario en ella,[72] la única diferencia es que Portales, como siempre, decia con franqueza, descaro y humor lo que todos pensaban pero que pocos se atrevían o podian expresar de esta forma.

XI.c La Constitución de 1833

La importancia de la Constitución de 1833[73] en relación a la problemática que vengo tratando, radica en que ella entregó las herramientas para perpetuar el sistema de dominio que Portales, en forma tan brillante y enérgica ayudara a crear: el gobierno fuerte y unificado en manos de la autoridad central, el poder central como otorgador de representaciones, cargos parlamentarios, y responsabilidades estatales, la obediencia pasiva y la disciplina jerárquica, etc.[74]

La Constitución en cuestión a pesar de ciertas concesiones a lo, "moderno": división e independencia formal de poderes, soberanía popular, etc. centraba todo el poder en la persona del Presidente convirtiéndolo en forma poco disimulada en el eje de todo el sistema político con atribuciones que poco tenían que envidiar a las de los soberanos absolutistas españoles.

El desnivel entre el Ejecutivo y los demás poderes salta a la vista al leer la Constitución. En primer lugar el Presidente era elegido por 5 años pudiendo – y el control del sistema electoral por parte del ejecutivo lo permitía – ser reelegido por un período de igual duración. El Congreso, en oposición al largo período de ejercicio en el cargo del Presidente, estaba en funciones en un lapso muy breve de tiempo: del 1 de junio al 1 de septiembre de cada año. El Jefe del Ejecutivo contaba entre sus facultades la del veto, que implicaba que un proyecto de ley que no contara con su aprobación era rechazado sin más, sin poder ser presentado nuevamente en el período legislativo en cuestión, sino que debía esperar hasta el año próximo, teniendo las dos Cámaras (Diputados y Senadores) que contar con la aprobación de las dos terceras partes de sus miembros para obviar el rechazo presidencial.

El sistema de elección de los Senadores dejaba al Ejecutivo con amplio margen de maniobra para conformar el Senado de acuerdo a su voluntad, lo cual por lo demás fue una intención reconocida de los jefes de Estado en el siglo pasado. Los Senadores eran elegidos por electores especiales (un poco más de doscientos) los cuales debían sufragar no por Senadores que debían representar una provincia sino por tantos individuos como Senadores correspondía elegir en el período en toda la República. Al Ejecutivo le bastaba entonces controlar dos o tres provincias para tener un Senado favorable, contribuyendo a ello la dispersión de los votos en las restantes. El acceso al Senado quedaba también delimitado socialmente al establecer la Constitución que para ser Senador se necesitaba una renta de dos mil pesos, a los menos.

Al no existir el criterio de incompatibilidad[75] la Camára de Diputados podía – y de hecho lo fue – conformada por agentes y funcionarios del Ejecutivo.

El Presidente nombraba además a propuesta no del Congreso sino del Consejo de Estado – que estaba constituido por funcionarios, agentes o personeros nombrados por el Presidente mismo – a los magistrados de los Tribunales superiores de justicia y los jueces letrados de primera instancia. En resumen: El poder estaba concentrado en una instancia: el Ejecutivo, el cual moldeaba más o menos a voluntad a los otros Poderes sin que existieran mecanismos para controlar, limitar y contrapesar efectivamente al Ejecutivo. Se confiaba en "la virtud de los gobernantes", sus luces y criterio recto y altura de miras como la barrera efectiva que impediría los abusos que la concentración del poder conllevaba.

Gozaba además el Jefe de Estado, de otras facultades y poderes de nominación que le conferían una virtual omnipotencia: nombraba y removía a voluntad a los Ministros y oficiales de sus secretarías, a los Consejeros de Estado, a los diplomáticos, a los Intendentes de Provincia y Gobernadores de plaza; ejercía las atribuciones del patronato respecto de las iglesias, beneficios y personas eclesiásticas. El Presidente podía ser acusado sólo el año siguiente al del término de su mandato por los actos de su administración que hubieran implicado infracciones de la Constitución o comprometido la seguridad o "el honor" del Estado. Junto con el Consejo de Estado podía – en caso de recesión del Congreso, es decir, la mayor parte del año – declarar en estado de sitio uno o varios puntos de la República, bajo éste se suspendía la vigencia de la Constitución en el territorio comprendido por la declaración. La Constitución entregaba al Congreso la atribución de autorizar al Presidente de la República para que éste usase de facultades extraordinarias. En virtud del estado de sitio o las facultades extraordinarias la Constitución estuvo suspendida, entre el 25 de Mayo de 1833 y el 18 de Septiembre de 1861, 8 veces equivalentes al lapso temporal de ocho años y ocho meses.

En el Capítulo dedicado al Derecho público en Chile debe subrayarse el hecho de que el capítulo no lleve el título de derechos del individuo. Se trata de ciertas garantías y derechos de las personas calificados y limitados de acuerdo a la ley.[76]

No se habla de la libertad religiosa ya que el artículo 5 establecía que la religión de la República chilena era la Católica Apostólica y Romana; con exclusión del ejercicio público de cualquier otra.

Resumiendo: La Constitución era en gran parte una codificación de la práctica portaliana, al establecer la unidad y homogeneidad en torno a la autoridad guber- namental y al entregarle a ésta los medios más efectivos posibles para controlar a los ciudadanos.

Notas y referencias

1. A Antonio Garfia el 21.I.1832, *Epistolario*, Tomo I , pág. 410.
2. *Epistolario* I, pág. 452.
3. I.V.1832, en *Epistolario* II, pág. 193.
4. 12.I.1833 en *Epistolario* II, págs. 364-365.
5. 4 y 5. III. 1833, en *Epistolario* II, págs. 364-365.
6. 3.IX.1834 en *Epistolario* III, págs. 307-308.
7. Cartas del 1.I.1832 y 5.I.1832, Epistolario, págs. 373 y 376-77.
8. "En materia de política y de gobierno – escribía – no hay más que herrar o quitar el banco; el malo, siempre y por siempre ha de ser malo; porque el bien le enfada, y no lo agradece, y que siempre se halla tan dispuesto a faltar y clavar el cuchillo al enemigo como a su mismo benefactor, por lo que se puede asegurar con certidumbre que el gran secreto de gobernar bien está sólo en saber distinguir al bueno del malo, para premiar al uno y dar garrote al otro." Carta del 14 de Enero de 1832, *Epistolario* II, pág. 389. "El bueno" en el universo significativo de Portales es el que acepta el orden de cosas establecido y obedece a las autoridades existentes "el malo" el que no lo hace y se revela contra ellas. Esta interpretación se desprende en forma clara de lo que expresa en carta del 5 de Agosto de 1833, *Epistolario* II, pág. 418.
9. *Epistolario* I, pg. 444.
10. Carta del 16.III.1832. *Epistolario* I, págs. 471-72.
11. Mi subrayado, Carta del 27 de Abril de 1832, *Epistolario* II, págs. 186-187.
12. Carta del 17 de Abril de 1832, *Epistolario* II, págs. 173-74.
13. Carta del 16 de Julio de 1832, *Epistolario* II, pág. 227.
14. Considerando estos hechos la, opinión Alberto Edwards -en cuanto a que después de la derrota de los "pipiolos-liberales" y el ascenso al poder de Portales y su grupo el país había experimentado una sensación de estabilidad desde el primer momento y de que "nadie se atrevió a combatir un poder que no dudaba ni un solo instante de si mismo" debe ser atribuida a su entusiasmo y admiración sin límites por Portales. Véase: *La Fronda Aristocrática*, pág. 68.
15. Sobre ésta se puede consultar las págs.113-119 de *Don Diego Portales* de Vicuña Mackenna.
16. Carta del 13 de Marzo de 1833, *Epistolario* II, pág. 372.
17. Carta del 16 de Marzo de 1833, *Epistolario* II, págs. 376-377.
18. Carta del 8 de Junio de 1833, *Epistolario* II, pág. 397.
19. Carta del 25 de Agosto de 1834, *Epistolario* III, págs. 300-301.

20. Carta del 30 de Septiembre de 1834, *Epistolario*, págs. 327-29.
21. *Epistolario* III, pág. 331.
22. *Epistolario* II, pág. 384.
23. Carta del 22 de Marzo de 1833, *Epistolario II*, pág. 380.
24. *Epistolario* I, págs. 436-437.
25. Veáse cCarta del 25 de Febrero de 1833 a Ramón Cavareda, *Epistolario II*, pág. 359.
26. Carta del 15 de Marzo de 1833, *Epistolario* II, pág. 375.
27. Carta del 23 de Febrero de 1833 a Antonio Garfias *Epistolario* II, pág. 357.
28. Véase la carta del 7 de Marzo de 1833 a Ramón Cavareda en *Epistolario* II, pág. 367-368.
29. Véase la carta del 14 de Julio de 1835 en *Epistolario* III, pág. 439.
30. Veáse Carta 16 de Julio de 1832, *Epistolario* II,pág. 288
31. Carta del 17 de Abril de 1832, *Epistolario* II, pág. 173.
32. Carta del 30 de Abril de 1832, *Epistolario* II, pág. 192.
33. Carta del 7 de Mayo de 1832, *Epistolario* II, pág. 195.
34. Lastarria, *Juicio Histórico*, págs. 86-87.
35. Carta a Antonio Garfias del 7 de Octubre de 1833, *Epistolario* II, págs. 442-443.
36. El Mercurio, 17 de Enero de 18, reproducido en *Ideas y Confesiones de Portales* de Raúl Silva Castro, Santiago de Chile 1954, págs. 143-146.
37. Acerca de la Prensa vertió los siguientes juicios: "No quiero que callen las prensas y pierdan su poder; pero desearía que se hiciese de ellas un uso circunspecto publicando la verdad sin acrimonia." *Epistolario* II, pág. 325. Una forma típica de razonar en la élite política hispanoamericana del período: se concede un derecho pero siempre seguido de condicionantes que dificultan o imposibilitan su aplicación, pues ¿quién decide si se está haciendo de la prensa un uso circunspecto y si ella está o no publicando la verdad sin "acrimonias"?.
38. Ver, *Epistolario* I, págs. 455-56.
39. Afirmación hecha en su *Don Diego Portales*.
40. Veáse su *Don Diego Portales*, págs. 295-297.
41. En lo que a este aspecto concierne no deja de tener razón Alberto Edwards cuando opinaba que : "El alma de Portales, profundamente legitimista en el sentido colonial, no concebía el poder 'sin forma', el poder accidental, el poder como un hecho transitorio. Habría querido una Constitución, aunque no fuera sino para que el absolutismo quedase establecido legalmente. Sin eso, el poder que iba a crear habría perdido una de sus grandes fuerzas tradicionales y permanentes." *La Fronda Aristocrática*, pág. 64.
42. Carta del 6 de Enero de 1832, *Epistolario* I, pág. 379.
43. Una vez ya instalada la Convención encargada de la reforma de la Constitución, diría: "Yo no he hablado a ningún miembro de la Convención para que vaya a casa del señor Egaña, que nunca me trató él de tal paso: solamente le supliqué que uniformasen y uniesen sus votos al del señor Egaña, para evitar las demoras y males que ocasiona la divergencia hasta en los puntos y materias más insignificantes". Mis subrayados, P.C., Carta del 8 de Diciembre de 1832, *Epistolario* II, pág. 303.
44. Véase el acta de insurección del Ejército del Sur del 9 de Octubre de 1829 en *Don Diego Portales* de Vicuña Mackenna, pág. 92.
45. Ver Carta del 26 de Junio de 1833 al Ministro de la Guerra, Ramón Cavareda, en *Epistolario* II, págs. 409-412.
46. Carta del 24 de Junio de 1833, *Epistolario* II, pág. 407.
47. Carta del 25 y 26 de Marzo de 1834, *Epistolario* III, pág. 218.
48. *Epistolario* III, págs. 378-379.
49. Veáse su *Constitutional Government and Democracy*, págs. 119-120.

50. Carta del 13 de Marzo de 1832, *Epistolario* I, págs. 407-408.
51. Carta del 9 de Noviembre de 1831, *Epistolario I,* pág. 326.
52. Refiriéndose a su ascendiente sobre el Presidente, escribía: "influjo que no quiero, no pretendo, no necesito, ni jamás haría valer para sacar ventajas en mis negocios particulares: que esto sería ridículo y represible y que no deseo más influjo que el que me granjeen mis buenas acciones." Carta del 23 de Marzo de 1832, págs. 141-142, *Epistolario* II.
53. Carta del 5 de Junio de 1832, *Epistolario* II, pág. 217.
54. Carta del 3 de Diciembre de 1831, *Epistolario* I, pág. 346.
55. Carta del 17 de Agosto de 1832, *Epistolario* II, pág. 255.
56. Carta del 2 de Septiembre de 1832, *Epistolario* II, pág. 279.
57. Carta del 25 de Agosto de 1832, *Epistolario* II, págs. 265-266.
58. Veáse la carta del Ministro del Interior Joaquín Tocornal a Portales del 24 de Septiembre de 1832, comunicándole el acuerdo del Congreso, en *Ideas y Confesiones de Portales*, pág. 120.
59. Carta del 1 de Abril de 1832, *Epistolario* II, pág. 153.
60. Carta del 17 de Abril de 1832, *Epistolario* II, pág. 172.
61. Carta del 16 de Enero de 1832, *Epistolario* I, pág. 393.
62. Ver carta del 17 de Marzo de 1832, *Epistolario* II, págs. 133-134.
63. Fuera de las que mencionaremos a continuación se pueden encontrar otras manifestaciones de este humor en, *Epistolario* II, pág. 327, 393 y 406.
64. Carta del 25 de Agosto de 1832, *Epistolario* II, pág. 267.
65. Carta del 26 de Marzo de 1833, *Epistolario* II, pág. 384.
66. Curiosamente esta situación también fue prevista por el libertador chileno Bernardo O'Higgins, que a diferencia de Portales se esforzó por impedirla, he aquí lo que O'Higgins casi al mismo tiempo que Portales, escribía: "Chile, impone un derecho de tres pesos sobre arroba de azúcar peruana, y el Perú, en retaliación, amenaza poner un derecho de seis pesos en fanega de trigo chileno. Si esta amenaza se pusiese en ejecución ¿cuál sería el resultado de esta monstruosa guerra, en que la espada y no la pluma sería empleada, y la libertad de la América del Sur, tal vez por esto, puesta en peligro?..Una guerra de derechos que pueda conducir a tan desastrosos, tan espantosos resultados, sería peor que un acto de insanidad, sería un acto de impiedad." Citado por Vicuña Mackenna en su *Don Diego Portales,* pág. 228.
67. Carta del 30 de Agosto de 1832, *Epistolario* II, pág. 272.
68. Carta de 2 de Septiembre de 1832, *Epistolario* II, pág. 282.
69. Veáse su *Don Diego Portales*, pág. 191.
70. Ver nota en *Epistolario III*, pág. 357.
71. Carta del 19 de Junio de 1835, *Epistolario III*, pág. 432.
72. Una prueba solamente, el 4 de Septiembre de 1832, le escribía a su socio y amigo, A. Garfias,:"Nunca se incomode usted con mujeres, porque yerran en cualquier cosa que no sea su costura, su canto, y las demás ocupaciones del sexo", *Epistolario* II, pág. 284.
73. El comentario de la Constitución que hago a continuación se basa en las fuentes siguientes: a) Constitución de 1833 en *Anales de la República* Tomo I, págs. 160-185, b) La Constitución de 1833 y Don Diego Portales, págs 87-105 del *Don Diego Portales de Vicuña Mackenna*, c) La Constitución de la República de Chile Comentada, en *Obras Completas* de Don José Victorino Lastarria, Tomo I, págs. 201-481, Santiago de Chile 1906, d) La institucionalización del autoritarismo en *Historia de Chile* 3 de S. Villalobos, F. y O. Silva y Patricio Estellé, págs. 539-544, e) Caps.V y VI de la obra de Paul Vanorden Shaw, *The Early Constitutions of Chile*, págs. 117-167.

74. Para una valoración positiva de esta original restauración del absolutismo español veáse Alberto Edwards, *La Fronda Aristocrática*, pág.

75. Para una negativa véase La obra citada de Lastarria, *Juicio Histórico*, en ella el autor nacido en 1817 afirma: "Pertenecemos a esta jeneración que, durante los treinta años de su predominio (del sistema que Portales erigió), se ha desarrollado i educado en el desprecio de los princicipios liberales, en el miedo al poder, en el hábito de esperarle todo de su voluntad i de su munificencia, en la falta de estabilidad i de eficacia de las instituciones republicanas, en la persuasion de que todas ella son un farsa." y un poco más adelante, "la jeneración que debe su educación al sistema lo servirá sin comprender que obra contra de sus intereses, creyendo con toda fé que el gobierno fuerte es preferible al gobierno flexible, que el espionaje i el despotismo son medio lejítimos de afianzar la autoridad, que la autoridad debe predominar sobre la libertad, que la república es una farsa, que la sociedad no debe gobernarse sino dejarse gobernar, que la opinión pública es una mentira.", págs. 61-62. Las críticas de Lastarria bastantes fundamentadas en muchas ocasiones desde una perspectiva liberal europea-norteamericana se ven debilitadas por su ceguera ante las actuaciones de los "pipiolos-liberales" chilenos que con su violación de las reglas del juego democrático y el caudillismo anarquizante de sus líderes contribuyeron grandemente a que las instituciones republicanas y los principios liberales se convirtiesen en una farsa haciendo posible y deseable -para sectores sustanciales de la oligarquía la instauración del nuevo sistema autoritario.

75. Como el que establece la Sección 6 del Artículo 1 de la Constitución norteamericana: "A ningún senador ni representante se le nombrará, durante el tiempo por el cual haya sido elegido, para ocupar cualquier empleo civil que dependa de los Estados Unidos, que haya sido creado o cuyos emolumentos hayan sido aumentados durante dicho tiempo, y ninguna persona que ocupe un cargo de los Estados Unidos podrá formar parte de cualquiera de las cámaras mientras continué en funciones.", en Jorge Esteban, *Constituciones Españolas y Extranjeras*, Tomo II, págs. 425-426.

76. La libertad de la persona, p.ej. tenia el agregado de "en la forma determinada por las leyes" y en cuanto a la libertad de prensa se habla de juicios por abusos cuando el abuso hubiese sido previamente calificado por jurados y la causa se sigiese y sentenciase "con arreglo a la ley" o sea en la práctica ambas libertades podían ser coartadas o restringidas por los legisladores.

Capítulo XII
Segundo período de Portales como Ministro: años de 1835 a 1837

El retorno de Portales a la dirección del Estado fue promovido por la escisión en el seno del Gobierno creada por los "Filopolitas" que propugnaban una cierta liberalización y mayor participación, ingerencia y debate de los sectores oligárquicos adictos en las decisiones y actos gubernamentales. Al retomar el control directo de los asuntos públicos, Portales se encontró con un circulo de seguidores muy restringido ya que parte sustancial de los antiguos adictos que habían contribuido tan grandemente al éxito de su causa en el primer período, eran ahora sus adversarios: Gandarillas, Benavente, Rengifo; con el general Enrique Campino, Portales había roto, aparte de esto existía cierta desconfianza – Portales siempre la tuvo hacia los militares sureños – entre él y el Jefe del ejército del sur, Manuel Bulnes, sobrino del general y Presidente Joaquín Prieto sobre el cual ejercía gran influencia.[1]

La restauración de Portales en el poder – fue nombrado Ministro de Guerra y Marina en Septiembre de 1835 y del Interior y Relaciones Exteriores el mismo año – acalló los ánimos e imprimió el silencio a las disputas en el seno del grupo dominante, el periódido de los "Filopolitas" cesó de ser imprimido como igualmente su contrincante, redactado por los amigos y seguidores de Portales,"el Farol", el Ministro Rengifo renunció a los cuarenta días de haber Portales reasumido responsabilidades gubernamentales.

XIIa. Expedición de Ramón Freire y situación del Perú
El hecho que rompió abruptamente con el perído de relativa paz y sumió a Chile en un perído sumamente agitado y convulso, que culminaría con la cruel y bárbara ultimación del fundador del Estado chileno, fue la llegada de la goleta peruana la "Flor del Mar" con las comunicaciones del cónsul chileno en el Perú que daban cuenta de que el 7 de Julio había zarpado desde el puerto peruano del Callao en dos buques peruanos, una expedición comandada por Ramón Freire con la mira de desembarcar en Chiloé, posesionarse de esta Isla chilena y desde allí con los abastecimientos y recursos apropiados pasar al continente a organizar, promover y difundir la insurrección en contra del Gobierno imperante.

Para comprender a cabalidad el impacto que causó la noticia de los hechos anteriores en Chile, es necesario percatarse de la situación por la cual el Perú atravesaba.

La lucha entre distintos caudillos peruanos por imponer su dominio tenía convulsionada y escindida a la nueva nación. Los levantamientos y revueltas se sucedían, como los nombres de los caudillos militares y líderes políticos que ora tomaban el poder o eran desalojados de él: Orbegoso, Gamarra, Salaverry los más nombrados. El hombre que se aprovechó de este estado de cosas para sus fines políticos y personales fue el Jefe del Estado Boliviano, Santa Cruz. Las metas de éste eran unir a Bolivia y Perú bajo su dirección. Para lograrlas atizó los conflictos internos, utilizó a los caudillos peruanos uno contra el otro y finalmente atravesó la frontera, a la cabeza del brillante ejército que durante años había preparado para – y de acuerdo con el Tratado contraido con el emisario de Orbegoso – restablecer el orden y pacificar completamente al Perú. Santa Cruz aplastó primero a Gamarra en Yanacocha (agosto de 1835) y a Salaverry (en Febrero de 1836) que fue ejecutado con siete de sus más destacados lugartientes, con ello quedaba expedito el camino a la conformación de la Confederación Perú – Boliviana que terminaría con la guerra entre estos dos países y Chile.

En marzo de 1838, Santa Cruz fue proclamado Supremo Protector del Estado Sud-Peruano y el 3 de Agosto del mismo año el Estado Nor-Peruano confiaba toda la suma del poder público al caudillo boliviano. Orbegoso que retuvo el mando en Lima hasta la llegada de Santa Cruz a esta capital, había declarado sin efecto, el 16 de Mayo de 1836, el tratado de amistad, comercio y navegación entre Chile y el Perú del 20 de Enero de 1835, contraído por el representante de Salaverry a nombre de esta última nación cuando éste controlaba la mayor parte del Perú. Por estas razones las relaciones entre el Perú y Chile eran tensas a la fecha de la noticia de la expedición de Freire. El gobierno chileno vió tras aquella expedición, a un Gobierno peruano interesado en promover y fomentar las disensiones internas en un país vecino, para fortalecer sus posiciones en el conflicto comercial y más aún sospechó de que tras la actitud complaciente de Orbegoso – que a esas alturas dependía totalmente del caudillo boliviano – ante los preparativos de los exiliados chilenos, se veia la mano de Santa Cruz interesado en debilitar a la nación que podía interponerse en sus planes confederativos. De hecho, el representante de Orbergoso en Chile se prestó para que se recaudase en Chile, pretextando un préstamo al Perú, dinero que fue canalizado para financiar la empresa de Freire.[2]

Una vez enterado de las pretensiones y el accionar de Freire, los contragolpes de Portales fueron rápidos, precisos, duros, maquiavélicos. Se declaró en estado de sitio todos los puntos donde la expedición hiciese pie y se movilizaron tropas para defender Valparaiso y Santiago. Notoria fue la forma en que Portales desbarató la expedición de Freire. Uno de los buques que participaba en ella había desertado, la tripulación se había amotinado a las alturas de Valparaiso acogiéndose a la protección de las autoridades locales y entregado a los oficiales hechos prisioneros, lo que por supuesto les valió las recompensas del gobierno, la fragata "Monteagudo" se llamaba el buque el cuestión. Portales ordenó que la fragata se dirigiese a Chiloé fingiendo formar parte todavía de la expedición y una vez allí reducir a Freire y su gente, lo que se realizó puntualmente. Simultáneamente al envió de la "Monteagusdo" con el objetivo de aplastar la expedición de Freire, zarparon hacia el Norte dos buques de guerra chilenos con la misión de apoderarse de los buques de guerra peruanos para "castigar" al Gobierno de esta Nación por su implicancia en las actividades desestabilizadoras de los exiliados chilenos y para prevenir ulteriores acciones agresivas. Dado que existían relaciones pacíficas entre las dos naciones los buques chilenos, sin dificultad, tomaron tres buques peruanos que fueron llevados luego a Valparaiso como "prenda de seguridad". Santa Cruz una vez repuesto de la sorpresa e indignación – que lo llevó ordenar, entre otras cosas, el aprisionamiento del cónsul chileno – intentó por todos los medios evitar una guerra con Chile, según el concepto del Gobierno de este último país porque necesitaba tiempo para consolidar la Confederación Perú-Boliviana; pero era precisamente ésta y sus implicancias estratégicas, comerciales y políticas para Chile las que Portales temía y las que lo empujaban a una guerra para desbaratarla, dos meses antes que ella fuese declarada oficialmente escribía a Manuel Blanco Encalada que sería designado comandante en jefe de las fuerzas navales y *militares* de Chile en la campaña contra la Confederación:

> La Confederación debe desaparecer para siempre jamás del escenario de América. Por su extensión geográfica; por su mayor población blanca; por las riquezas conjuntas del Perú y Bolivia, apenas explotadas ahora; por el dominio que la nueva organización trataría de ejercer en el Pacífico, arrebatándonoslo; por el mayor número también de gente ilustrada de la raza blanca, muy vinculada a las familias de influjo de España que se encuentran en Lima; por la mayor inteligencia de sus hombres públicos, si bien de menos carácter que los chilenos; por todas estas razones, la Confederación ahogaría a Chile antes de muy poco. Cree el Gobierno, y éste es un juicio también personal mío, que Chile sería o una dependencia de la Confederación como lo es hoy el Perú, o bien la repulsa a la obra ideada con tanta inteligencia por Santa Cruz, debe de ser absoluta. La conquista de Chile por Santa Cruz no se hará por las armas en caso de ser Chile vencido en la campaña que usted mandará. Todavía le conservará su independencia política. Pero intrigará en los partidos, avivando los odios de los parciales de los O'Higgins y Freire, echándolos unos contra otros; indisponiéndonos a nosotros con nuestro partido, haciéndonos víctimas de miles de odiosas intrigas. Cuando la descomposición social haya llegado a su grado más culminante, Santa Cruz se hará sentir. Seremos entonces suyos.[3]

XII.b Efervescencia interna: conspiraciones y caudillismo militar

La expedición de Freire sumió al país en un estado de efervescencia interna, el caudillismo militar recibió con aquella expedición nuevas ínfulas y los golpes a los caudillos sólo lograron excitar la ira reprimida – por el temor a Portales – de parte de la oficialidad, las conspiraciones de las fracciones que cuestionaban el dominio impuesto tomaron nuevos bríos y Portales desplegó todo sus talentos y utilizó hasta el extremo los métodos que él consideraba apropiados para sostener este dominio.

La primera conspiración que siguió al intento de Freire fue la de la Academia militar o de "los cadetes" en la que estuvieron implicados una vasta gama de personajes: jóvenes acaudalados, cadetes de la academia, personeros de la administración O'higgins y de la "pipiola" y al parecer el general Campino que debía asumir la dirección militar de la revuelta. El plan consistía en sublevar al batallón Maipo, poner a las milicias de la capital bajo el mando de algunos cadetes y capturar a los miembros principales del Gobierno y por supuesto muy especialmente al ministro Portales. Esta conspiración debía encontrar lugar el 1 de Noviembre de 1836; pero fue descubierta y sus principales partícipes hecho prisioneros. Con ocasión de ella el Gobierno solicitó y, predeciblemente, obtuvo del Congreso facultades extraordinarias, que lo facultaban para arrestar y trasladar a las personas a cualquier punto de la República y que suspendían las garantías entregadas por la Constitución misma en contra de las detenciones y allanamientos arbitrarios.[4] Estos recursos legalizaron el encarcelamiento de multitud de ciudadanos y el envio de muchos de ellos al presidio en la Isla de Juan Fernández, entre ellos, el del redactor de un periódico independiente, "El Barómetro", que había alzado una voz crítica ante los preparativos bélicos y en contra del conflicto militar en el que se iba a involucrar a la Nación chilena.

Mientras se comenzaba el proceso en contra de los participantes en la conspiración que acabo de aludir, se daba término al que se seguía al general Freire y a los principales oficiales que tomaron parte en la fallida empresa por él dirigida. Un consejo de oficiales los condenó a la pena de muerte, sentencia que fue apelada por los condenados, a la Corte Marcial. Esta última revocó la sentencia y condenó a los principales implicados al destierro. Portales y el Gobierno – que veían en la expedición de Freire la ingerencia del gobierno peruano y de Santa Cruz y la causa del rebrote y proliferación de las conspiraciones – ordenaron que se enjuiciara a los jueces de la Corte Marcial, y producto de este juicio fue que los jueces que no habían corroborado la sentencia fueron arrestados y se pidió para ellos la pena de destierro e infamia. Esta actuación – que con los parámetros del pensamiento liberal europeo sería considerada como un ultraje y violación de la autonomía del Poder Judicial – era para Portales un justo castigo a la lenidad de este poder que, en su concepto, al aminorar las penas daba pábulo a nuevos motines y asonadas.

De hecho estas medidas no lograron alcanzar su propósito, ya que las conspiraciones, a pesar de ellas, volvieron a asomar su cabeza, esta vez con implicaciones muchos más graves para los planes de Portales. En efecto, se descubrió una conspiración urdida por parte de la oficialidad del ejército del sur. Si se considera que algunos de estos oficiales debían liderar el ejército con el que Portales planeaba ir a combatir a la Confederación Peru-Boliviana, se comprenderá la gravedad de la situación. En estos planes conspirativos se nombra ya al coronel Vidaurre, el protegido del poderoso ministro Portales y el responsable directo de su ejecución. El ministro posiblemente por el antogonismo con los hermanos Bulnes – contra los que en una primera instancia iban dirigido los golpes – desoyó estas informaciones y al parecer a influencia suya se debió que a dos de los oficiales sospechos, Vidaurre y Boza, no se les siguiese juicio junto con los demás implicados.

Casi paralelamente a los hechos que acabo de mencionar, tuvo lugar otra conjuración, en la provincia de Colchagua, apoyada por potentados locales y dirigida en primer lugar en contra del representante del gobierno en la provincia, el Intendente Irizarri. Esta provincia que colinda con la capital era – por sus recursos humanos y naturales – un punto de apoyo importante en el proyecto bélico en contra de la Confederación Peru-Boliviana. Los participantes en la conspiración agitaron, en efecto, los peligros ante y el temor de una guerra cuyo sentido no era comprendido por el bajo pueblo y que por ello se resistía a las levas forzosas para engrosar los contingentes del ejército.

El accionar de Portales – para sofocar y prevenir las conjuraciones y los intentos de suvertir el orden establecido amenazado ahora, tanto del exterior como del interior – fue concordante con las convicciones que he ya esbozado.

Una de las primeras disposiciones fue el presentar un proyecto de ley que -debido a la subordinadición del Congreso, conformado por el Ejecutivo mismo- fue naturalmente aprobado por el Congreso el 27 de Enero de 1837. Este establecía que:

> 1° El que hubiere sido condenado a permanecer en determinado punto de la república, o desterrado fuera de ella por sentencia judicial i por delito de sedición, conspiración o motín, sufrirá precisamente la pena de muerte, si quebrantase su condena o destierro.

> 2° En cualquier punto de la república en que fuere aprehendido alguno de los reos comprendidos en el artículo anterior, fuera de aquel a que hubiese sido desterrado, la autoridad aprenhesora le pasará por las armas dentro de veinticuatro horas, sin mas proceso que el necesario para comprobar la identidad de la persona, i sin que de sus procedimientos se pueda interponer recurso alguno.[5]

Con ello esperaba Portales obtener mayor tranquilidad pues se contrapesaba la "debilidad de los jueces" agregando dispositivos que aparentemente aseguraban por el temor a la pérdida de la vida, el que no se quebrantase las penas de confinación o destierro. Junto con ello, el omnipotente ministro, pidió y obtuvo del Congreso facultades aún mayores. Estas fueron concedidas mediante un proyecto de ley sancionado por el Congreso en enero de 1837 y con el contenido siguiente:

> El Congreso Nacional declara en estado de sitio el territorio de la República por el tiempo que durare la actual guerra con el Perú, y queda en consecuencia autorizado el Presidente de la República para usar de todo el poder público que su prudencia hallare necesario para regir el Estado, sin otra limitación que la de no poder condenar por sí, ni aplicar penas, debiendo emanar estos actos de los tribunales establecido, o que en adelante estableciere el mismo Presidente.[6]

Con esta ley se apartaban hasta las más leves barreras al poder del Presidente al no existir otros obstáculos y control de este poder que "la prudencia" del Presidente mismo. No se fijaba límites precisos de duración – como la Constitución misma lo exigía – al estado de sitio que suspendía las garantías individuales, esté quedaba vigente mientras "durare la guerra con el Perú" un período de por si vago e incierto. De mayor trascendencia aún era la atribución que se le confería al Presidente para establecer tribunales.; ella dejaba a los ciudadanos sin protección alguna frente a la persecución de los detentores del poder. En efecto, en función de la ley señalada, Portales instauró los "consejos de guerra permanentes" cuyo objetivo estaba claramente precisado en la argumentación que precedía a la ley del 2 de febrero de 1837 que los creó, decía ella:

> Atendiendo a la necesidad que hai de remover las causas que favorecen la impunidad de los delitos políticos, los mas perniciosos para las sociedades, i que consisten principalmente en los trámites lentos i viciosos a que tienen que ceñirse los tribunales ordinarios; con las facultades que me confiere el artículo 161 de la constitución i la lei de 31 de enero del presente año, he venido en acordar i decreto.[7]

Luego viene la presentación de los artículos que conforman la ley. La introducción es coherente con las ideas de Portales acerca de la justicia y sus tribunales que he venido presentando. Para afianzar el sistema de dominio ideado por el padre fundador chileno se exigía que los tribunales fueran – y como factualmente se convirtieron después de la creación de los consejos de guerra permanentes – virtuales agencias de expedición de las órdenes o sugerencias del Ejecutivo y no como en la tradición liberal un contrapeso y barrera ante los eventuales abusos y arbitrariedades de éste.

La ley ordenaba que los delitos de traición, sedición, tumulto, motín o conspiración contra el orden público, la Constitución o el Gobierno vigente debían ser juzgados por consejos de guerra permanentes que funcionarían en cada provincia. Ellos estarían compuestos por el juez de letras de la provincia y dos individuos más que el gobierno nombraba. Los juicios eran sumarios y expeditos y la sentencia que pronunciasen los consejos asi conformados no se podía apelar, revisar ni interponer otro recurso que el dirigido a hacer efectiva la responsabilidad personal de los jueces, tanto por lo respectivo a la sentencia, cuanto porque dejasen pasar el juzgamiento más tiempo del ordenado por la ley en cuestión. Con ello se complacía un viejo anhelo de Portales en cuanto al control estrecho por parte del poder central a la Justicia y los tribunales haciéndolos responsables de las consecuencias de sentencias – no concordantes con los deseos y miras del Gobierno – y de el alargamiento de los procesos. Con esta vigilancia sobre ellos, estando los consejos conformados por personas nombradas por el Gobierno mismo y por la dinámica misma de la ley, existían amplias probabilidades de que su funcionamiento sería acorde con las intenciones del omnipotente ministro.

Ello quedó fehacientemente demostrado en el caso de la conspiración de Colchagua cuya intención – como se recordará – había sido el deponer al Intendente. El consejo de guerra permanente sentenció a muerte a tres de los participantes, ello a pesar de la promesa del Intendente a uno de ellos de la conmutación de la pena para obtener una confesión. La solucitud de indulto al Gobierno enviada por el Intendente Irisarri fue contestada por Portales mismo, que de su puño y letra escribió: "Santiago, abril 4 de 1837. No ha lugar al indulto que se solicita en esta nota, i comuníquese al Intendente esta resolución en los términos acordados".[8] Los sentenciados fueron entonces ejecutados. Estas ejecuciones, al contrario de lo pensado por Portales, no detuvieron la ola de conjuraciones, al contrario, enardecieron los ánimos y los oficiales amotinados en Quillota le enrostrarían precisamente – al ministro prisionero – la inmolación de los tres ciudadanos de la provincia de Colchagua.

El 2 de junio de 1837 el ministro Portales salió de Valparaiso con destino a Quillota, con el propósito de inspeccionar personalmente la división que debía ser embarcada para ir a combatir al Perú. La noticia de esta visita confundió el ánimo del coronel Vidaurre y de los oficiales a él subordinados, todos comprometidos ya en una conspiración en contra del Gobierno y decididos a impedir la expedición al Perú. La noticia de la llegada del ministro fue además precedida de las informaciones que el jefe del batallón "Valdivia", el coronel Boza, cómplice de Vidaurre en los planes de sublevación habia sido depuesto y la resolución tomada por Portales mismo de que las tropas acontonadas en Quillota debían marchar a Valparaiso por destacamentos separados y cada uno de estos destacamentos debía embarcarse inmediatamente al llegar a este puerto.

Las razones por las cuales Portales viajó a Quillota, a pesar de las advertencias, nunca han podido ser establecidas con certeza. El nombre de Vidaurre habia sido ya asociado con actividades conspirativas en la denuncia de la conjuración del ejército del sur y fue nuevamente relacionado con el proceso seguido a los conspiradores de Colchagua. Fuera de ello, el intendente de Concepción, José Antonio Alamparte, había escrito con insistencia al ministro expresándole claramente que Vidaurre conspiraba. Se afirma que el general Blanco y el Gobernador militar de

Valparaiso, Ramón Cavareda reprobaron la idea de Portales de viajar a Quillota y que el último sostuvo con el ministro un vivo altercado por este motivo.[9]

Amargo debía, en todo caso ser para el ministro – que veía multiplicarse sus enemigos y los peligros interiores y exteriores – tener que reconocer que el jefe militar que consideraba su amigo y al que había dispensado regalos y favores, conspiraba también en contra de él.

El 6 de Febrero de 1837 Portales había escrito al general en jefe del ejército del sur, lo siguiente:

En las actuales circunstancias ninguna precaución está demás. Santa Cruz debe haber fijado mucho la atención en el proyecto de sublevar el ejército del sur, y ninguna medida que se tome para escarmentar a los que intentan realizarla, puede calificarse de rigorosa. Aseguro a usted que me es sumamente duro creer que Vidaurre sea, ni haya sido, capaz de un atentado como el que le atribuye Bastías. El único motivo que podría suponérsele para ello, sería esa especie de celos y tonterías con usted y Alamparte, porqué creía que ustedes desconfiaban de él; pero ésta no era una causa bastante para tamaño extravío. Por lo demás, usted sabe que es hombre de pundonor, que conoce el estado del país, y con juicio bastante para no perderse tan tontamente. A mi me parece agraviarlo procediendo contra él, porque no hay más datos que la declaración de Bastías; y no es posible que por la palabra de un facineroso, vayamos a sonrojar a un jefe con un arresto, ni manifestándole desconfianza. Yo he estado pensando escribirle; pero ni aún a esto me resuelvo, porque me parece que yo en su caso, siendo inocente me caería muerto si se me manifestase desconfianza. No sé que hacer; pero al fin me veré obligado a tomar alguna medida, que comunicaremos a usted el Presidente o yo.[10]

La obcecación de Portales con respecto a Vidaurre fue extrema. El mismo jefe al que la reciente cita se refiere y al cual el día anterior sólamente Portales había obsequiado una gorra y espada, durante la revista de las tropas el 3 de Junio en Quillota mediante un acto aparatoso y cobarde – no de otra manera puede denominarse el que el ministro y su acompañante el coronel Necochea fuesen primero encañonados por multitud de soldados y como si esto no bastase un oficial puso sus pistolas sobre el pecho del ministro intimidándolo a la rendición – fue hecho prisionero. El ministro y otros prisioneros fueron conducidos a un calabozo donde al anocher Portales fue engrillado. El ministro fue objeto de éste y otros ultrajes, humillaciones y vituperios.[11]

En el acta de los amotinados de Quillota se entregan las razones que en el concepto de los sublevados justificaba su movimiento, las principales están dirigidas en contra de la obra, actuación y persona de Portales, asi el amotinamiento se efectuaba con el fin de:

Salvar a la patria de la ruina y precipicio a que se hallaba expuesta por el despotismo absoluto de un solo hombre, que dirigía sus ministerios con espíritu sultánico. Este hombre (el ministro Portales, P.C.) a los ojos de los amotinados se habia hecho culpable de perseguir cruelmente a los hombres más beneméritos que se habían sacrificado por la independencia política. Este argumento de decisiva importancia, en mi opinión, se repite nuevamente cuando se habla de la audacia y la intriga de unos pocos que "no habiendo prestado ninguno servicios en la guerra de la independencia se complacían en vejar y deprimir a los que se sacrificaron heroicamente por ella."

Suspender la campaña en contra del Perú, que es vista por los amotinados como un producto de los fines particulares y la ambición sin límites de Portales.[12]

Servir de sostén y apoyo a las "instituciones liberales".

Esta argumentación permite sostener que una de las razones principales del pronunciamiento era el duro trato que el ministro había dado a los caudillos militares, que en virtud de su actuación en las guerras de la independencia se creían con derecho a apoderarse del Gobierno a voluntad o hacer y deshacer en los asuntos públicos. Una situación que corraborra esta interpretación es la mencionada por Vicuña Mackenna – que entendía bien a los caudillos militares y aceptaba el tipo de legitimidad al que ellos apelaban – cuando se refiere a que Vidaurre prometió a la esposa de Freire que, mientras de él dependiese, no habría peligro para la vida de su marido.[13]

Aunque Vidaurre había luchado en la guerra civil en contra de Freire, no podía soportar que un militar de alto rango y con el coraje demostrado en las guerras de la independencia como Freire, que además era del sur, fuese tratado tan severamente por un comerciante, un civil y santiaguino como lo era Diego Portales.

La guerra contra la Confederación tampoco era popular dentro de los sublevados debido a que: a) se le consideraba la obra de Portales, b) de que el ejército según el jefe de la insurrección Vidaurre no debía ser empleado en una guerra ofensiva sin suficientes motivos sino que la nación debía "guardar a sus dignos defensores para el sostén del orden interior"[14]; más aún Vidaurre sospechaba siniestras intenciones del ministro con la expedición. Así, en el testamento que el coronel Vidaurre escribió, escondido, antes de su ejecución afirmaba:

> La expedición al Perú es una intriga no menos ridícula que criminal, i que el chileno menos advertido puede conocer, pues en ella no se han propuesto otro objeto que destruir los ultimos restos de los oficiales que han peleado por la independencia i que llaman elementos de discordia, por que se han de oponer a las miras siniestras de los ambiciosos, i por esto se quiere pues hacer una rejeneracion, criar todo nuevo en el órden militar para afianzar la tiranía i dejar para siempre encadenada la libertad en Chile.[15]

La oficialidad y soldados sublevados lidereados por Vidaurre no pudieron – como esperaban – entrar a Valparaiso al son de himnos marciales y con los vítores del pueblo; muy por el contrario, el jefe de la expedición al Perú, general Blanco, junto con el gobernador militar organizaron – en el espíritu de Portales – a defensa de modo rápido, hábil y sistemático y junto con la movilización de las tropas regulares, las guardías cívicas y los buques de guerra se tomaron todas las medidas para impedir que los sublevados se apropiasen de recursos y pertrechos en caso de que llegaran a tomarse Valparaiso.

Al produducirse los primeros tiroteos entre el grueso de las fuerzas rebeldes y los defensores de Valparaiso, Portales que iba a la retaguardia engrillado en el mismo birlocho que lo condujiera a Quillota y bajo la custodia del capitán Florín fue, por instrucciones del último, bajado de su carruaje y se le dispararon dos tiros uno que le llevó algunos dedos y la mandíbula superior y otra que le atravesó el tórax; como el cuerpo continuara dando botes en el suelo Florín atravesó al ministro con su espada y ordenó a los soldados que lo rematasen a bayonetazos, 35 en total recibió según el informe médico-legal.

Vidaurre y los oficiales más comprometidos fueron ejecutados. La cabeza de Vidaurre fue puesta en una picota igual que el brazo y la cabeza de Florín.

Mucho se ha discutido acerca de el rol de Vidaurre tanto por los testigos que presenciaron el drama como por los historiadores posterioresen al asesinato de Portales, la implicación de Santa Cruz en esta revuelta, etc. En cuanto a ésta última todo indica que una participación directa del caudillo boliviano debe ser considerada una ficción y que como siempre "la intervención extranjera" en estos casos es agitada por los que sustentan el dominio para acallar, aislar y someter a los que cuestionan el orden interno. La responsabilidad directa de Vidaurre en el asesinato de Portales también es improbable. Lo anterior no significa que comparta la vindicación apasionada, confusa y forzada que Vicuña Mackenna – en general positivo, entusiasta e indulgente con los caudillos militares – hace de Vidaurre.[16]

Este fue al menos indirectamente responsable de la ejecución del ministro al comenzar un alzamiento apoderándose de la persona de aquel y reduciéndole a una situación indigna y riesgosa como la que Portales tuvo que soportar durante su corto pero penoso cautiverio; el desenlace que encontró lugar era una probabilidad real dadas las circunstancias. Fuera de ello, Vidaurre (al igual que Freire defendido también por Mackenna) promovía un alzamiento cuando su país se encontraba frente a poderosos rivales externos: La Confederación y Santa Cruz que precisamente acababa de lograr sus propósitos de subordinación y anexión del Perú gracias a las rivalidades y disputas internas de los caudillos peruanos fomentadas por aquél y a la situación de anarquía originada por estas disputas.

El sistema de dominio creado y organizado por Portales sobrevivió a su fundador y perduró por lo menos hasta la guerra civil de 1891 que puso término a la acumulación de todo el poder en el ejecutivo y la persona del presidente. Digo ello porque en mi concepto, al menos, algunos de los elementos del sistema portaliano son retomados por la Constitución de 1925: extensas y amplias facultades del Presidente como medio de obtener la estabilidad y el control del ciudadano por el Estado.[17]

Notas y referencias

1. Esta situación entrega un elemento explicativo hacia la actitud – de otra forma incomprensible – complaciente, generosa y confiada de Portales hacia el coronel Vidaurre que promovería el motín que terminó con la vida de Portales. La ceguera de este último con respecto a Vidaurre aún cuando ya de todas partes lo advertían de las actividades conspirativas de este jefe militar – fue su más grande error como político, más serio aún en un líder que como Portales ponía tanto énfasis en la cualidad de saber distinguir entre "buenos" y "malos" como la parte esencial del arte de la política. Al parecer Portales pretendía crearse con Vidaurre una base de apoyo militar en el ejército independiente de los Bulnes (el hermano de Manuel Bulnes, Francisco, era comandante general de fronteras) y eregir un rival a la ascendencia omnímoda general en jefe del Ejército del Sur.

2. Ver Vicuña Mackenna, *Don Diego Portales*, pág. 242. Mackenna intenta probar la total inocencia de Santa Cruz en todos estos sucesos, de que la Guerra contra la Confederación Perú-Boliviana era injusta, impopular, funesta para Chile y un producto de la mente y deseos de Diego Portales, termina sin embargo alabando y glorificando los resultados de ella: "Los restauradores (chilenos y peruanos que luchaban contra los confederados, P.C.) eran sólo un puñado de emigrados y otro puñado de valientes chilenos que, con su sangre y su aliento generosos, en un día supremo, rescataron de una perdición segura la obra de tantos errores y de tantos sacrificios. Ah! No fueron ciertamente los políticos, los hacedores de pueblos sobre el papel, los que salvaron a Chile de aquella crisis en que mala hora le envolvieron. Sin vosotros soldados de Yungay, ¿qué habría sido de la honra de la patria?, ¿qué, de su prestigio americano?, ¿qué, de su santa misión de libertad y democracia por la justicia y el derecho? Envuelta en el sudario de Paucarta, la república habría escondido su rostro, empapado de vergenza, para que la posteriedad no la hubiese interrogado de sus humillaciones. Benditos seais vosotros, soldado de Buin y de Yungay (lugares en los cuales el ejército chileno triunfó sobre el de la Confederacfión, P.C.) que la salvasteis del abismo, *Don Diego Portales*, pág. 276-277. Vicuña Mackenna trata de forma bastante ligera y supercial las fuentes, Sotomayor Valdés demuestra mediante un buen uso de la crítica de fuentes como Santa Cruz no era tan inocente como Vicuña Mackenna pretende, descubre el dísimulo empleado por aquél a la par de señalar como – mediante un testimonio involuntario de Santa Cruz – Orbegoso no fue ajeno a la empresa de los exiliados chilenos, véase el Cap. XXIII, Tomo 2 de su *Historia de Chile Bajo el Gobierno del Jeneral Don Joaquín Prieto*.

3. *Epistolario* III, págs. 453-454.

4. El decreto se encuentra en Sotomayor Valdés, *Historia de Chile*, Tomo II, pág. 224, los artículos de la Constitución a los cuales se refiere en *Anales* I, pág. 181.

5. Veáse Sotomayor Valdés, *Historia de Chile*, Tomo II, pág. 244.

6. Esta ley se encuentra en Vicuña Mackenna, *Don Diego Portales*, pág. 328.

7. Mis subrayados. Puede consultarse esta ley en Sotomayor Valdés, *Historia de Chile*, págs. 293-295 o en Vicuña Mackenna, *Don Diego Portales*, págs. 330-332.

8. Citado por Sotomayor Valdés en, *Historia de Chile*, Tomo II, pág. 338.

9. Ver Sotomayor Valdés, *Historia de Chile*, Tomo 2, págs. 414-415.

10. *Epistolario* III, pág. 475.

11. Vicuña Mackenna niega todo esto y hace una defensa apasionada de Vidaurre y los oficiales que le seguian. De su pluma surge toda una galería de héroes (gallardos, marciales, atrevidos, nobles, etc.) y uno de los pocos villanos es el oficial que contribuyó personalmente a ultimar a Portales, el capitán Santiago Florín (rastrero, cobarde, ostentoso y fanfarrón). No obstante, ¿Cómo calificar el que se condujiera al ministro

de un lado a otro engrillado? ¿El que, bajo amenazas, se le presionara a escribir una carta pidiendo la rendición de los defensores de Valparaiso?. Por otra parte los "héroes" de Vicuña Mackenna se contradicen en sus confesiones judiciales (después de haber sido derrotados y tomados prisoneros) culpándose uno a otro de la vejación al ministro, ver los extractos de las confesiones que se refieren a este problema en Sotomayor Valdés, *Historia de Chile,* pág. 442.

12. Curiosamente está es la misma tesis de Vicuña Mackenna que emplea una cantidad enorme de páginas para tratar de demostrar que no había ninguna razón de peso para la campaña en contra del Perú y que ella era un producto exclusivo de la voluntad y deseo de Diego Portales.

13. Ver su, *Don Diego Portales,* pág. 370.

14. Frase textual del coronel Vidaurre en su carta al general Aldunate al día siguiente de haber estallado el motín. La carta se encuentra en Vicuña Mackenna, *Don Diego Portales,* págs. 407-408.

15. Citado por Sotomayor Valdés en su, *Historia de Chile,* págs. 527-528, Sotomayor Valdés comete un error en mi concepto (para salir al paso de Vicuña Mackenna que ensalza estos apuntes de un testamento) al calificar estas expresiones como "inepcias" y descalificarlas. Por el contrario ellas están en consonancia con la agresión reprimida, que se había ya manifestado en otras oportunidades, que gran parte de la oficialidad guardaba en contra de Portales por su labor sistemática en contra del caudillismo y por la desconfianza y el desprecio que el padre fundador chileno siempre manifestó hacia la oficialidad que por haber combatido durante las guerras de la independencia creía legitimadas todas sus acciones y se sentía con derechos especiales. Esta agresión fue la que irrumpió en Quillota y entrega un elemento de compresión al trato indigno que recibió el ministro y que culminó con su brutal ajusticiamiento.

16. Su tarea – declara Vicuña Mackenna en el apartado sobre Vidaurre – es sacar del olvido los "preclaros hechos del exaltado civismo" del coronel Vidaurre, de este último nos dice que "miraba el honor como la primera existencia del hombre" (pág. 375 en *Don Diego Portales)* ¿de qué honor se puede, no obstante hablar de un jefe militar que estuvo durante largo conspirando a escondidas en contra de su amigo, protector y jefe?. Más adelante en la misma página Vicuña Mackenna agrega que para Vidaurre "su patria fue su bien supremo, el culto de su ferviente entusiasmo, la idolatría de toda vida"; pero como se verá un poco más adelante, en muy mala posición dejaba el coronel a su patria promoviendo la anarquía interna con su caudillismo en momentos en que aquella atravesaba por una situación riesgosa. La única crítica que Vicuña Mackenna dirige a Vidaurre (fuera la de que escogió como víctima de su motín a su amigo y benefactor, crítica en la que muy pocos estarán en desacuerdo) es que su asonada no estuviese coordinada con la dirección de algunas de las facciones políticas opositoras, o sea que no fuese un "caudillo liberal". Finalmente se puede llamar la atención sobre el carácter de juez de la historia que Vicuña Mackenna se asigna al escribir sobre Vidaurre: "Oh, posteridad! Cuán augusta es tu misión, si alguna vez siquiera sois llamada a restituir la honra perdida, al más humilde de los hombres! Cuánto más santo es tu ministerio, si absuelves al que ha sido condenado, y en lugar de la picota de la afrenta, llegas a poner sobre el madero de la expiación la cruz del martirio!". La obra de Vicuña Mackenna sobre Portales es una cosa híbrida entre un novelón y un libro de historia, escrita a "mata caballo", el material de fuentes es mucha veces forzado para extraer conclusiones que no encuentran mucha sustentación en él y está mal trabajado. No comparto por lo anterior la afirmación de Simon Collier en su artículo, "The Historiography of the "Portalian" Period (1830-1891) in Chile", pág. 664: "But Portales unquestionably remakable qualities posed problems for more imaginative liberals, and one

of the greatest of them, Benjamín Vicuña Mackenna, broke ranks as early as 1863 with a large, fully rounded biography, still, perhaps, unsurpased as a portrait of the great Minister".

17. Así, p.ej., en la Constitución de 1925 las libertades políticas y garantías individuales no eran incondicionales e inajenables, era atribución del Congreso según el art.43:13: "Restringir la libertad personal y la de imprenta, o suspender o restringir el ejercicio del derecho de reunión, cuando lo reclamare la necesidad imperiosa de la defensa del Estado, de la conservación del régimen o de la paz interior." El Presidente nombraba a los Magistrados de los tribunales superiores de Justicia y a los Jueces Letrados. El "estado de sitio" seguía existiendo y el Presidente podía declararlo en el caso de conmoción interior si el Congreso no se hallaba reunido. El estado de sitio por conmoción interior confería al Presidente la facultad de "trasladar las personas de un departamento a otro y la de arrestarlas en sus propias casas y en lugares que no sean cárceles ni otros que estén destinados a la detención o prisión de de reos comunes." La Constitución de 1925 estuvo vigente hasta el pronunciamiento militar de 1973, su texto puede consultarse en *Anales de la República*, Tomo I, págs. 221-251.

Conclusiones

En el trascurso de esta investigación he intentado mostrar que la cultura y experiencia política de la América Española y Latina no puede ser comprendida plenamente si se la ve sólo como un fracasado intento de alcanzar ideales políticos e ideológicos que han tenido profundo arraigo en la Europa Occidental y la América del Norte: el liberalismo, el individualismo y la democracia. Desde un comienzo me ha parecido insatisfactoria la tésis de la aceptación irrestricta de las élites criollas – a partir de la independencia política – de aquellos ideales.

Acepciones como "liberal" o "conservador" han tenido en Hispanoamerica una acepción muy distinta que las que comúnmente se relacionan con estos términos en la Europa Occidental y los EE.UU. La tésis que afirma la aceptación entusiasta del liberalismo, individualismo y a la democracia política por parte de las élites criollas, a partir de la constitución de los Estados Nacionales, deja, en mi opinión, sin explicación lo sustancial de la historia política de la América Latina: La figura del caudillo, el líder maquiavélico, los gobiernos y hombres fuertes. Estos hechos y experiencia adquieren sentido y coherencia sólo si se incorpora al análisis de ellos el peculiar trasfondo hispánico/Ibérico y otros elementos de análisis que los comunmente utilizados; pienso aquí en la dominación patrimonial, el legado ideológico del neotomismo y las formas de legitimidad no democráticas que he mencionado en la Introducción.

La incorporación de las nuevas posesiones americanas al cristianismo en su versión católica y a la civilización europea fue obra de la corona castellana, reino hegemónico en el contexto ibérico. La conquista y colonización se verificó con anterioridad a Hobbes y Locke, y la concepción imperante de la persona humana, no era la del individuo atomizado y aislado sino la de un ser religioso y orientado hacia la sociedad.

La lucha de siglos en contra de los musulmanes había desarrollado, sobre todo en Castilla, un espíritu medioval, combatiente y universalista y redundado en un fortalecimiento del poder central, la Corona, en detrimento de la aristocracia. España, bajo la dominación castellana, revivió su rol de vanguardia del cristianismo en armas en contra de las nuevas herejías: el luteranismo y el calvinismo. Los españoles se consideraban a si mismos, como soldados que luchaban en nombre de Cristo y la Iglesia Universal. La dimensión religiosa – la prédica y divulgación de la verdadera fe, la incorporación de los nativos a la civilización cristiana – fue parte importante en la gigantesca empresa de conquista y colonización de los nuevos territorios.

El conflicto con las nuevas corrientes de ideas, que cuestionaban al catolicismo, llevaron, también, consigo la exclusión del pensamiento político renacentista italiano de España. Los grandes intelectuales españoles del siglo XVI y XVII se dieron a la tarea de reelaborar y desarrollar las ideas de Tomás de Aquino, por ello se les ha denominado neotomistas o escolásticos renacentistas españoles. Miembros de la orden jesuita fueron figuras centrales en este movimiento. La importancia del neotomismo para la América Hispánica ha sido doble. Por un lado constituyó el fundamento ideológico de las creaciones políticas, jurídicas y sociales del Imperio Español, por otro fue durante largo tiempo la escuela de formación de los intelectuales latinoamericanos. La influencia de los jesuítas no había declinado en las postrimerías del Imperio Español y aún después de su expulsión, sus ideas continuaron siendo difundidas, y encontraban eco en las élites criollas. Se ha visto como, personeros de la Administración O'Higgins, argumentaban en contra de los monarquistas utilizando ideas de los neotomistas. Por todo lo anterior, pienso que Octavio Paz ha captado algo esencial cuando en "Tiempo Nublado", pág. 166 entregando una corta opinión acerca del neotomismo, dice:

> Aunque en el siglo XVIII esta filosofía se desvaneció en el horizonte intelectual de América Latina, las actitudes y los hábitos que le eran consustanciales han persistido hasta nuestros días. Nuestros intelectuales han abrazado sucesivamente el liberalismo, el positivismo y ahora el marxismo-leninismo; sin embargo, en casi todos ellos, sin distinción de filosofías, no es difícil advertir, ocultas pero vivas, las actitudes psicológicas y morales de los antiguos campeones de la neoescolástica. Paradójica modernidad: las ideas son de hoy, las actitudes de ayer. Sus abuelos juraban en nombre de Santo Tomás, ellos en el de Marx, pero para unos y otros la razón es un arma al servicio de una verdad con mayúscula. La misión del intelectual es defenderla. Tienen una idea polémica y combatiente de la cultura y el pensamiento: son cruzados. Así se ha perpetuado en nuestras tierras una tradición intelectual poco respetuosa de la opinión ajena, que prefiere las ideas a la realidad y los sistemas intelectuales a la crítica de los sistemas.

Para comprender el alcance de muchas de las disposiciones de las Constituciones Hispanoamericanas y las tendencias hacia el corporativismo que estas sociedades exhiben, es tarea insoslayable el conocer y comprender conceptos básicos del pensamiento neotomista. La sociedad, de acuerdo a esta corriente, no está conformada por individuos sino por grupos/asociaciones (En América, p. ej., peninsulares, criollos, indios, mestizos, zambos, militares, eclesiásticos, etc.) interrelacionados y en relación de dominio/subordinación. Los neotomistas españoles – que en concordancia con sus grandes maestros Aristóteles y Aquina – enfatizaban la primacía de lo general sobre lo particular eran antiindividualistas, el bienestar individual era concebido como opuesto al bien común, de allí se derivaba una desconfianza hacia la dispersión del poder que podía derivar en caos, ya que cada individuo perseguiría su propio bienestar. Esta concepción es opuesta a la prevaleciente en la tradición protestante donde bienestar individual y común son concebidos como complementarios.

Los derechos de la persona no eran concebidos como inalienables. El ciudadano, su persona y posesiones, aún su vida estaban a disposición del Estado en concordancia con las exiguencias del bien común.

La dominación ejercida por los españoles en América tuvo un carácter patrimonial y no feudal. Bajo esta última el Príncipe gobierna junto con, a veces, en oposición a sus iguales por nacimiento y rango, bajo el segundo tipo dirige al reino como parte de sus posesiones personales. La dominación española en América tuvo este carácter y desde un comienzo el soberano y sus consejeros estuvieron a la cabeza de la enorme y complicada empresa de conquista y colonización, que pretendía crear en América un orden duradero, a imagen y semejanza del existente en la metrópoli. Todas las decisiones relativas a la vida económica, jurídica, social, militar y hasta religiosa emanaban del poder central – la Corona Castellana – que decidía soberanamente – sin consultar a la nobleza – sobre estas materias.

La institución de la Corona gozaba de un prestigio y legitimidad afianzado en la historia (ya en las Partidas de Alfonso el Sabio, 1221-1284, se afirmaba que "Todo home debe de ser sometido a los Reyes, porque son puestos por mano de Dios y el Poderío que han de él lo reciben"), tradición, la religión (los neotomistas se pronuncian a favor de la monarquía como la forma de gobierno más adecuada) y el funcionamiento del aparato administrativo. Todos los funcionarios reales desde los virreyes hacia abajo estaban sujetos a juicios públicos y controles privados. Estas medidas – conocidas también en otros casos históricos de dominación patrimonial – no eran las únicas que cooperaban a fortalecer la lealtad de los funcionarios hacia el monarca, también lo hacía la prohibición a los funcionarios y sus hijos de contraer matrimonio con personas nacidas en el distrito o región en que ejercían su autoridad, para impedir la creación de lazos que podían obstruír el desempeño acabado de las obligaciones relacionadas con el servicio al rey.

El aparato administrativo estaba organizado de tal manera que redundaba en el fortalecimiento del poder central. Las esferas de competencia de virreyes, audiencias y eclesiásticos no estaban bien delimitadas y en la práctica se controlaban mutuamente informando al monarca y su Consejo de Indias de anomalías y faltas. En realidad no sólo los representantes del rey se comunicaban con él, los Cabildos, encomenderos y ciudadanos ilustrados también lo hacían. El monarca actuaba como un padre y juez que dirimía en los conflictos que surgían entre los grupos, instituciones y personas en sus posesiones americanas. A él podía dirigirse quienquiera que buscase satisfacción de agravios o la defensa de sus intereses.

Se esperaba del rey que reformara o aboliera cualquier medida que se considerase contradecía la misión principal del monarca: Gobernar de manera justa. Este principio encontró expresión en el famoso lema, "Se obedece pero no se cumple", que significaba, que una ley orden o decreto proveniente de la Corona era aceptada – nadie ponía en duda el derecho del monarca de regir y legislar sobre sus posesiones – pero la ley o orden en cuestión no era ejecutada porque se apreciaba que ella crearía conflictos e injusticias que el rey no podía desear, ya que era una convicción arraigada de que éste no podía cometer injusticias con pleno conocimiento de causa. Este es un antecedente importante en la percepción de la relación relajada y displicente con las leyes escritas en el período posterior a la Independencia.

La centralización y flexibilidad del sistema de dominación contribuía a crear un sentimiento de irresponsabilidad en los funcionarios y en los súbditos americanos – las decisiones y soluciones venían siempre desde arriba – y una falta de sentimientos antagónicos hacia el monarca: Los funcionarios podían cometer faltas, las instrucciones podían ser equivocadas, pero el soberano era siempre justo. De hecho la estabilidad del Imperio – que ha asombrado a historiadores y estudiosos – tienen mucho que ver con la confluencia de todos estos factores. La dimensión armada jugó un rol secundario durante los tres siglos de dominio y fueron muy pocas las rebeliones dirigidas en contra de la institución de la Corona.

El intento de modernización defensiva de España propulsado por los Borbones, especialmente en la segunda mitad del siglo XVIII, implicó un fortalecimiento de las tendencias centralistas y patrimoniales que he señalado. La piedra angular de estas Reformas era el convencimiento – compartido por el soberano y sus consejeros – de que el refortalecimiento de la Corona era una condición insoslayable en la perspectiva de hacer resurgir España. Para ello se hacía necesario eliminar los bolsillos de autonomía y todos los privilegios sociales, eclesiásticos y municipales que no estuviesen al alcance de la Corona. Esta convicción ocasionó ataques, por parte de la Corona, hacia las instituciones coorporativas que gozaban de privilegios basados en su condición especial, el ejemplo más diáfano lo proporcionaba la Iglesia cuya misión religiosa descansaba en poderosos fundamentos, tales como sus riquezas y fuero especial. Los Reyes Borbónicos intentaron poner al clérigo bajo la jurisdicción de las cortes civiles y limitaron fuertemente la inmunidad eclesiástica. Los jesuitas – siempre leales al Papado – fueron expulsados de la América Española en 1767; disfrutaba, esta Orden, de derechos especiales y autonomía económica en virtud de sus haciendas y otras actividades económicas exitosas.

No existen, por otro lado, evidencias convincentes, que permitan afirmar que el sistema de dominación imperial se encontraba en una aguda crisis en los comienzos del siglo XIX o que la legitimidad del monarca estuviese siendo cuestionada por parte de las oligarquías criollas. De hecho, al producirse, por la invasión napoleónica, el descabezamiento del sistema, las primeras Juntas de Gobierno formadas por las élites criollas, se apresuran a jurar lealtad y preservar sus posesiones al único soberano legítimo : Fernando VII.

¿Cómo creer que estas mismas personas tirarían por la borda unos años más tarde todo el contexto ideológico, histórico e institucional en el que habían sido socializados, sólo por la influencia de unos cuantos libros de los pensadores liberales europeos?

Mi conclusión es que éste no fue el caso, al producirse el vacio de legitimidad las respuestas de las élites criollas adquieren significado sólo a la luz de las matrices ideológicas e institucionales a las que he intentado aproximarme.

Los caudillos intentaron mediante sus dotes y dones carismáticos agrupar a las fuerzas políticas y sociales ahora dispersas, en torno a su liderazgo. El lider maquiavélico, en virtud de su profunda identificación con principios orgánicos logró, en algunas regiones, imponerse -y adquirió con ello legitimidad -sobre las luchas de clanes familiares, la falta de espíritu público y creó – a diferencia del caudillo – un orden que trascendió su persona. Es importante acentuar que estas nuevas formas de legitimidad tenían un carácter autoritario – concordante con el de una tradición de autoritarismo institucionalizado – y que juntos con otras del mismo signo – legitimidad por resultados, mediante la legalidad autoritaria – han predominado en la historia de la América Latina. La legitimidad democrática, basada en el control y delimitación del poder, ha sido más bien la exepción. La concordancia entre teoría y práctica ha sido más estrecha de lo que se ha pretendido. Desde un comienzo las Constituciones Hispanoamericanas cristalizaron claramente el intento de los detentores del poder – las razones históricas de ello he intentado explicarlas – de controlar al ciudadano lo más estrechamente posible, y esto es precisamente la inversión del ideal liberal, que propugnaba la protección del ciudadano frente a aquellos que detentaban el poder.

Si se vuelve la mirada al caso chileno, en el cual me he concentrado, éste puede ilustrar convincentemente las problemáticas que he venido tratando. Así la respuesta a la pregunta formulada en la introducción sobre la existencia de experiencias, ideas y legados institucionales no democráticos en el pasado nacional chileno debe, entonces, ser respondida afirmativamente: el legado autoritario se encuentra, por así decirlo, inscrito en los fundamentos mismos de la nueva nación independiente.

Los fundadores del Estado Nacional y un sector decisivo de la oligarquía criolla rechazaron implícita o explicitamente el liberalismo y la democracia como las fórmulas adecuadas para obtener estabilidad política y alcanzar las metas perseguidas tales como el orden, la tranquilidad, el bien público y la unidad nacional. Las primeras deliberaciones independientes de la aristocracia criolla – al producirse el quiebre del sistema imperial – desembocaron en septiembre de 1810 en una declaración de lealtad al monarca legítimo, Fernando VII, y en el juramento de conservarle sus territorios frente a la amenaza francesa. Con anterioridad a los intentos de Napoleón de imponer a su hermano como rey de España no se puede constatar en Chile una actividad organizada en pro de la ruptura definitiva con España.

El primer período de autonomía relativa con respecto a la metrópoli, años de 1810 a 1814, implicaron una mayor conciencia de la aristocracia criolla con respecto a sus capacidades directivas y ante la inminencia del retorno del monarca, sectores sustantivos de ella intentan negociar un reconocimiento del grado de autonomía alcanzado dentro del sistema. La figura que resalta durante estos años es la de José Miguel Carrera. Carrera, al que los liberales chilenos remontaban su geneología, intentó resolver el vacio de legitimidad y poder, provocado por el descabezamiento del sistema imperial, mediante el caudillismo. Carismático y perteneciente a una poderosa familia conquistó rápidamente posesiones de poder que fueron utilizadas en provecho de aquella. Carrera no reconocía otra legitimidad que la emanada de la capacidad de imponerse por las armas y no respetó a las autoridades surgidas de procedimientos electorales. A pesar de su habilidad militar y debido, entre otros factores, a la escisión creada por su actuar en el seno de la oligarquía, no pudo hacer frente con éxito a las tropas enviadas por el virrey del Perú para reestablecer el dominio español en la forma que éste tenía antes de la invasión napoleónica.

La Reconquista, como se denomina al restablecimiento del dominio español, con sus persecuciones, vejamientos y brutalidades terminó por enajenar al grueso de la oligarquía para la causa monárquica y las esperanzas se volcaron entonces a las actividades del general argentino San Martin que, al otro lado de los Andes, adiestraba, junto con el chileno O'Higgins, un ejército que via Chile debía poner término al dominio español destruyendo su centro vital en la América del Sur: el Perú. Este ejército derrotó en febrero de 1817 a los españoles desalojándolos de la capital, Santiago, e instaurando luego en el corazón del país un gobierno patriótico dirigido por el libertador chileno, Bernardo O'Higgins.

Durante su gobierno, años de 1817 a 1823, O'Higgins y sus consejeros intentaron darle estabilidad al país y establecer el orden en la nueva nación mediante la concentración del poder y las facultades en la persona del Supremo Director O'Higgins. Toda oposición y crítica fue implacablemente reprimida, los hermanos Carrera ejecutados en la Argentina, y el popular héroe de la guerra de independencia, Manuel Rodríguez, asesinado en Chile. No obstante, los inminentes, logros obtenidos por O'Higgins y sus colaboradores sobre todo en el plano militar – consolidación de la independencia nacional, organización de la expedición libertadora del Perú – parte sustancial de la oligarquía se fue apartando del prócer y padre fundador debido a los ataques del gobierno a ciertos privilegios aristocráticos, a la Iglesia y a actos de corrupción administrativa promovidos por el favorito de O'Higgins el ministro Rodriguez Aldea. El surgimiento de disidencias entre la oligarquía y el libertador chileno conllevó exigencias por parte de aquella por una mayor ingerencia en las decisiones gubernamentales y significaron la instauración de organismos legislativos, Senado, Convención y la elaboración de dos Constituciones. Los organismos legislativos fueron, sin embargo, conformados de acuerdo a la voluntad del Director y las Constituciones mediante procedimientos cada vez más ingeniosos – a medida que aumentaba la presión de la oligarquía – terminaban por subordinar los demás poderes a la persona del jefe de Estado y entregarle facultades para el control de la oposición y los ciudadanos. Todo ello, a pesar de la utilización de giros, frases y expresiones provenientes del constitucionalismo europeo y norteamericano y concesiones formales a él. O'Higgins y los personeros de su gobierno estuvieron siempre convencidos que la única forma de lograr sus metas en el plano militar, de evitar el caudillismo y la confrontación de grupos e individuos con ideas opuestas era mediante la concentración del poder en la persona del Supremo Director y el sometimiento irrestricto de instituciones y personas a ella. Los intentos de O'Higgins de prolongarse en el poder llevaron a la oligarquía a solicitar el concurso de otro militar, el protegido y amigo de O'Higgins, Ramón Freire, quien promovió una insurrección en el sur seguida de una similar en el norte, que de una manera dramática pero no sangrienta, pusieron fin al Gobierno del libertador chileno.

El período que siguió a la caida de O'Higgins estuvo caracterizado por experimentos constitucionales, políticos y administrativos promovidos por fracciones políticas con una vaga adscripción a ideales políticos liberales. Durante esta fase, innumerables jefes militares promovieron asonadas en contra del gobierno establecido intentando obtener una legitimidad por dominio, es decir basada en la convicción de que el que está en condiciones de alcanzar el poder y mantenerse en él, desplazando a los rivales, tiene el derecho a hacerlo y a ser obedecido. Ninguno de los bloques y fracciones políticas en disputa respetaba mayormente las normas abstractas o reglas del juego democrático, este hecho es especialmente significativo en el caso de los grupos políticos de adscripción política liberal, portadores de lo nuevo y de una ideología que, en su versión originaria, descansaba en el respeto a las normas fijadas por procedimientos democráticos y legales. Los grupos políticos llamados liberales en aquella época no trepidaban en el fraude electoral o la violación de normas por ellos estatuidas para mantenerse en el poder o elegir a sus representantes. Los caudillos militares liberales del período tampoco vacilaron en disolver el Congreso Nacional o derogar Constituciones.

La situación de anarquía creada por las circunstancias recién nombradas propició la formación de un poderoso bloque opositor al dominio de fracciones políticas de ascendencia liberal, dentro de este bloque opositor descollaban por su capacidad organizativa, directiva y acción el grupo político denominado "los estanqueros" y su jefe el hombre de negocios Diego Portales. Asegurada la victoria militar sobre los grupos que se han llamado liberales, tras una sangrienta batalla en 1830, Portales se deshizó, mediante hábiles golpes de aliados, entre los de mayor importancia, los o'higginistas o partidarios del retorno del prócer chileno al poder para poner término a la desorganización y anarquía.

Portales en dos períodos (1830-32 y 1835-37) ocupó diversos ministerios y fue el ministro todopoderoso. Con su visión política acostumbrada impuso al general en jefe del ejército del sur y líder militar victorioso en la contienda con los llamados liberales, Joaquín Prieto, (de simpatías o'higginistas) como jefe del ejecutivo y con ello le arrebató a los o'higginistas su más importante carta de triunfo. Portales fue un líder maquiavélico capaz de imponer un nuevo tipo de dominio utilizando inteligente y variadamente todo tipo de recursos. Como ministro dió de un golpe de baja a la oficialidad ligada a los grupos denominados liberales entre ellos a oficiales que se habían destacado en los combates de la independencia y ex jefes de Estado, ello le costó el odio y resentimiento de gran parte de los jefes militares acostumbrados a actuar sin que sus actos caudillescos tuvieran consecuencias para ellos. Como contrapeso a esta oficialidad, Portales veló personalmente por la organización y disciplina de las guardias cívicas, cuerpos compuestos de civiles con entrenamiento militar y promovió una mayor profesionalización de los militares mediante el fomento de la Academia Militar.

En la administración pública hizo prevalecer – dando el ejemplo, era parte de su carisma – la eficiencia, puntualidad y pulcritud, despidió a funcionarios de la administración pública y del sistema educacional ligados a los grupos llamados liberales o con tendencias opositoras. Los funcionarios eran, bajo su dirección, evaluados por su eficiencia y responsabilidad pero sobre todo por su obediencia incondicional al gobierno.

No se toleró la oposición al régimen establecido y periodistas que osaron criticar al poderoso ministro y sus actuaciones sufrieron la expulsión del país o la prisión; los intentos de alzamiento militar en contra del régimen fueron reprimidos con mano dura. Se utilizó la isla de Juan Fernández como lugar de relegación de prisioneros políticos.

Portales era un líder carismático con un humor sarcastico y franqueza brutal, ingenioso y popular; su atrevimiento y dureza en el trato a los opositores como su afición a las mujeres, su talento e idiosincrasia le valió la admiración o temor de sus contemporáneos y el culto de las generaciones posteriores.

A diferencia de O'Higgins, Portales vió la creación de un sistema político estable y duradero no ligado a una persona sino a la centralización y unificación del poder en un centro: el Ejecutivo, en este sentido utilizó el hábito profundamente arraigado de sumisión y obediciencia al poder central creado por los tres siglos de dominio español. En oposición al libertador nacional concibió a la aristocracia y la Iglesia como pilares fundamentales de la organización político institucional nacional no porque tuviese extremadas ilusiones acerca de la primera -testimonia lo contrario o fuera un creyente fervoroso – de hecho se mofa en algunas ocasiones de las creencias populares y muestra una relación relajada y hasta desenfadada con la religión y las autoridades religiosas en lo privado – sino porque creía que este grupo social y aquella institución eran la única base sólida sobre la que se podía construir un orden sociopolítico estable y duradero.

Portales no confiaba en la deliberación del poder Legislativo, tampoco deseaba que éste desempeñara un rol de contrapeso y control del Ejecutivo. El caso es que los Congresos del período actuaron de acuerdo al rumbo trazado por el ministro. En cuanto a las leyes, Portales se esforzó por que ellas fuesen acatadas sin vacilaciones por la ciudadania; pero ni la legalidad ni las garantías y derechos individuales debían, en su opinión, constituir un obstáculo cuando la vida del gobierno y el orden instituido se encontraban amenazados, en esos casos – lo expresó claramente – era lícito violar la Constitución.

Portales no participó en la elaboración de la Constitución de 1833; pero ella fue elaborada en "su espíritu" y era en gran medida una codificación y sistematización escrita del sistema de dominio por él ideado e impuesto y de su práctica política. La Constitución – cuyo reemplazo por otra Carta Fundamental se produjo en 1925 – concedía al Presidente facultades y poderes de nominación que lo hacían un personaje omnipotente, concentraba el poder en el Ejecutivo (el cual podía ejercer una influencia decisiva en la conformación de los otros dos Poderes), y no establecía mecanismos para controlar, limitar y contrapesar efectivamente el poder de aquél.

Especialmente, en el último período de Portales como ministro, con posterioridad a la expedición que hiciera desde el Perú Ramón Freire, caudillo liberal y ex-Director Supremo, con la intención de derrocar al Gobierno establecido, cuando las conspiraciones y asonadas se sucedían, las relaciones entre el ministro Portales y el poder Judicial fueron tensas y conflictivas por la reluctancia de los jueces a imponer penas de muerte a los participantes en estos intentos en contra del Gobierno. El conflicto culminó -y ello muestra una parte esencial del problema- con el castigo por parte del Ejecutivo de los jueces en cuestión y la concesión por parte del Congreso de facultades al Ejecutivo para conformar tribunales especiales de acuerdo a sus deseos.

El ministro Portales cayó victima de la más seria de las conspiraciones de esos años encabezada por su válido y protegido el coronel Vidaurre jefe de uno de los regimientos que debía participar en la expedición en contra de la Confederación Perú-Boliviana y su jefe el caudillo boliviano Santa Cruz. Portales fue ultimado agresiva y cruelmente, pero el motín fue sofocado eficazmente y sus promotores ejecutados. El sistema creado por el ministro y fundador le sobrevió. Se puede afirmar que Chile no estuvo libre del caudillismo militar pero en virtud del talento de Portales contó con un sistema que estuvo en condiciones de ponerle barreras y someterlo efectivamente.

En el trasncurso de esta investigación he intentado dar cuenta de la forma en que los grandes fundadores del Estado Nacional en Chile, legitimaban el ejercicio del poder y del tipo de organización institucional al que aspiraban. Han sido éstos, pasos preliminares el contexto de la tarea más amplia del estudio de cultura política en América Latina, con posterioridad a la Independencia. Empresa es esta última vasta y prometedora. La inversión de la tesis, aceptada por muchos, de que la democracia es un producto casi automático del desarrollo socioeconómico, contiene perspectivas interesantes. No puede uno dejar de preguntarse: ¿En qué medida la legitimidad política y formas de gobierno autoritarias han precisamente frenado el desarrollo socioeconómico?. Pocos se negarán a aceptar que las luchas entre caudillos, la falta de un recambio pacífico y ordenado de las élites políticas, la represión a la crítica, etc. han tenido consecuencias negativas en la perpectiva a que me estoy refiriendo. El estudio de las instituciones e ideas adquiere luego un alcance mucho mayor que el que tradicionalmente se le reconoce; pero no estudios de carácter notarial que sólo se limiten a registrar y ordenar, sino estudios que realmente ayuden a una comprensión de la especificidad de América Latina en los niveles mencionados. Para ello, es necesario incorporar y ampliar categorías de análisis como las elaboradas por Max Weber, recurrir si es posible a la ayuda de ciencia auxiliares como la semántica, adentrarse en la filosofía política y hacer estudios comparativos con la cultura política de los países de la Europa Occidental situados al norte de la Península Ibérica y con los EE.UU. y el Canadá en América.

Volviendo a mi estudio reitero, que se trata de unos primeros pasos, limitados por la amplitud y complejidad de una problemática que merece ser tratada más exhautivamente mediante un estudio más detallado – en los siglos XIX y XX – de los escritos y memorias de aquellos que en diferentes períodos han conformado la élite política, del desarrollo institucional, del sistema educacional y los textos de enseñanza, de la Iglesia y su rol socializador, de las obras literarias y las canciones populares. Todo lo anterior son antecedentes necesarios para la comprensión de los cambios de énfasis en cuanto a los tipos de legitimidad política aceptados por la élite, la recepción de nuevas influencias y, no menos importante, en que medida los valores y concepciones de las élites políticas han sido incorporados y han encontrado resonancia en la población.

Fuentes y Bibliografia

Fuentes Primarias Manuscritas

Archivo del Ministerio del Interior

Vol. N° 72: Decretos Supremos 1825-1831.

Vol. N° 92: Comunicaciones con el Congreso Nacional 1828-1842.

Vol. N° 100: Documentación relativa al Congreso Nacional Plenipotenciario.

Vol. N° 135: Comunicaciones con el Congreso Nacional (Leyes) 1833-1842.

Vol. N° 142: Decretos Supremos 1834-1838.

Fuentes Primarias Impresas

ARCHIVO de don Bernardo O'Higgins, 37 Vols. Santiago (1916).

BLAND, Teodorico. *Descripción Económica y Política de Chile en el año de 1818.* Santiago, aprox. 1926.

BRITISH Consular Reports on the Trade and Politics of Latin America, 1824-1826. Compilado por R.A. Humphreys. Londres, 1940.

CARTAS de don Joaquín Prieto a don Diego Portales. Editadas por la Academia Chilena de la Historia. Santiago, 1960.

CONSTANT, Benjamin. *Curso de Política Constitucional.* Madrid, 1968.

CONSTITUCION Política del Estado de Chile 1822, en *Anales de la República,* págs. 69-94, Compilación de Luis Valencia Avaria. Santiago, 1951.

CONSTITUCION Política de la República de Chile 1828, en *Anales de la República*, págs. 138-159, Compilación de Luis Valencia Avaria. Santiago, 1951.

CONSTITUCION de la República Chilena 1833, en en *Anales de la República*, págs. 160-185, Compilación de Luis Valencia Avaria. Santiago, 1951.

CONSTITUCION Política de la República de Chile 1925, en *Anales de la República*, págs. 221-251, Compilación de Luis Valencia Avaria. Santiago, 1951.

CONSTITUCION de los Estados Unidos de 1787, en *Constituciones españolas y extranjeras*. Madrid, 1977.

EPISTOLARIO de don Diego Portales Tomos I-III, recopilación y notas de Ernesto de la Cruz, con un prólogo y nuevas cartas recopiladas y anotadas por Guillermo Feliú Cruz:

I: años de 1821 a 1832. Santiago, 1937.

II: años de 1832 a 1834. Santiago, 1937.

III: años de 1834 a 1837. Santiago, 1937.

EPISTOLARIO de O'Higgins, ed. por Ernesto de la Cruz. Santiago, 1916.

EPISTOLARIO de don Bernardo O'Higgins con autoridades y corresponsales ingleses, 1817-1831. *Historia* 11 (1972-1973): págs. 399-458.

GACETA de Santiago de Chile 1917. Santiago, 1952.

GACETA Ministerial de Chile. Santiago, 1952.

GAY, Claudio. *Historia Física y Política de Chile*, Agricultura, Tomo I y II. Edición Facsimilar, Santiago, 1973.

GOSSELMAN, Carl August. *Informes sobre los Estados Sudamericanos en los años de 1837 y 1838*. Edición, Introducción y Notas por Magnus Mörner. Estocolmo, 1962.

GRAHAM, María. *Journal of a Residence in Chile during the year 1822 and a Voyage from Chile to Brazil in 1823*. London, 1824.

HAIG, Samuel. "Viaje a Chile en la época de la Independencia, 1817" en *Viajeros en Chile 1817-1847*. Santiago, 1955.

IDEAS y Confesiones de Portales. Recopilación de cartas, documentos y artículos de Raúl Silva Castro. Santiago, 1954.

PROYECTO de Constitución Provisoria para el Estado de Chile 1818, en *Anales de la República*, págs. 52-69, Compilación de Luis Valencia Avaria. Santiago, 1951.

SALAS, Manuel de. "Representación al Ministerio de Hacienda, hecha por el síndico de este Real Consulado sobre el estado de Agricultura, Industria y Comercio de este reino de Chile" en *Estructura Social de Chile* (estudio, selección de textos y bibliografia de Hernán Godoy Urzua). Santiago, 1971.

SUAREZ, Francisco. *Tratado de las leyes y de Dios Legislador*, 6 vols. Madrid, 1967.

SUCINTA IDEA de lo que ha ocurrido en Chile. Carta del ex-ministro Rodríguez Aldea al Capitán General don Bernardo O'Higgins, escrita en Santiago de Chile a principio de 1831, en la segunda edición del *Don Diego Portales* de Vicuña Mackenna. Santiago de Chile, 1937.

Libros y Revistas

ARANGUIZ DONOSO, H. "La situación de los trabajadores agrícolas en el siglo XIX". *Estudio de la Historia de las Instituciones Políticas y Sociales* 2 Universidad de Chile (1967): págs. 5-31.

AMUNATEGUI, M.L. y VICUÑA-MACKENNA, B. *La Dictadura de O'Higgins*. Madrid, apr. 1920.

BARBIER, Jacques A. "Elite and Cadres in Bourbon Chile". *The Hispanic American Historical Review* 52:3 (1972) págs. 416-435.

BAUER, Arnold. *Chilean Rural Society from the Spanish conquest to 1930*. New York, 1975.

BERLIN, Isaiah. *Four essays on Liberty*. Oxford, 1969.

BERLIN, Isaiah, "La Originalidad de Maquiavelo", en *Contra la corriente. Ensayo sobre historia de las ideas.* Fondo de Cultura Económica, México D. F., 1983.

BLOCH, Ernest. *Derecho Natural y Dignidad Humana.* Madrid, 1980.

BORAH, Woodrow. "Colonial Instutions and Contemporary Latin America." *The Hispanic American Historical Review* 43 (1963): págs. 371-394.

BOTTOMORE, Thomas B. *Elites and Society.* London & New York, 1966.

CACIQUISMO and Caudillismo en, Jacques Lambert: *Latin America. Social Structures and Political Institutions.* Berkeley 1969.

CAMPBELL, Margaret V. "The Chilean Press: 1823-1842". *Journal of InteráAmerican Studies* 4:4 (Oct. 1962): págs.545-555.

CARRASCO, Adela. *El Pensamiento de O'Higgins.* Santiago, 1974.

CLAUDIA, Sister M.C. *Dictionary of Papal Pronouncements.* New York, 1958.

CLAUSEN, Svend. *De Vestlige Statsteorier.* Copenhague, 1952.

COLLIER, Simon. *Ideas and Politics of Chilean Independence 1808-1833.* Cambridge, 1968.

COLLIER, Simon. "The Historiography of the Portalian Period (18301891)". *Hispanic American Historical Review* Vol. 57, no. 4 (1977): págs. 660-690.

COLLIER, Simon. "Conservatismo chileno, 1830-1860. Temas e imágenes." *Nueva Historia*, Revista de Historia de Chile Año 2, N(1983, Londres): págs.143-163.

CORTES, Lia y FUENTE, Jordi. *Diccionario Político de Chile.* Santiago, 1967.

COUYOMDJIAN, Juan Ricardo. "Los magnates chilenos del siglo XVIII. *Revista Chilena de Historia y Geografía* 136: págs. 315-322.

CHEVALIER, Francisco. *America Latina: De la independencia a nuestros días.* Barcelona, 1979.

DEALY, Glen. "Prolegomena on the Spanish American Political Tradition." *Hispanic American Historical Review* 48:1 (1968): págs.37-58.

DEALY, Glen. "The Tradition of Monistic Democracy in Latin America". *Journal of the History of Ideas* (July 1974) págs. 625-646.

DONOSO, Ricardo. *Las Ideas Políticas en Chile.* Santiago, 1967.

DORE, Ronald P. "Making Sense of History". *Archives Européennes de Sociologie* X (1969): págs. 295-305.

EDWARDS, S.F. "Archival Resources for Chilean Economic History, 18001850", en *Research Guide to Andean History: Bolivia, Chile, Ecuador, and Peru.* Durham N.C., 1981.

EDWARDS VIVES, A. *La Fronda Aristocrática. Novena edición,* Santiago, 1984.

EDWARD VIVES, A y FREI MONTALVA, E. *Historia de los Partidos Políticos Chilenos.* Santiago, 1949.

ENCINA, Francisco Antonio. *Historia de Chile. Desde la prehistoria hasta 1891,* 19 Tomos. Santiago, 1946.

ESTEBAN, Jorge. *Constituciones españolas y extranjeras* Tomos I y II. Madrid, 1977.

ESTELLE, Patricio. "Sources for the Study of Chilean Political History, 1810-1850", en *Research Guide to Andean History: Bolivia, Chile, Ecuador and Peru.* Durham 1981.

FELIU CRUZ, Guillermo. *El Pensamiento Político de O'Higgins.* Santiago 1954.

FELSTINER LOWENTHAL, Mary. "Kinship Politics in the Chilean Independence Movement." *The Hispanic American Historical Review* 56 (1976): págs.5880.

FEMIA, Joseph V. "Barrington Moore and the Preconditions for Democracy". *British Journal of Political Science* 2:1 (1972): págs. 21-46.

FRIEDRICH, Carl F. *Constitutional Goverment and Democracy.* The Atheneum Press, 1946.

GARCIA de CORTAZAR, J.A. La Epoca Medieval, *Historia de España Alfaguara II.* Madrid, 1981.

GERT, H. H. y WRIGHT MILL C. *From Max Weber. Essays in Sociology.* London, 1982.

GIBSON, Charles. *Los Aztecas bajo el dominio español 1519-1810.* México, 1978.

GIMENEZ FERNANDEZ. *Las Doctrinas Populistas en la Independencia de Hispanoamérica.* Sevilla, 1947.

GONGORA, Mario. "Estudios sobre el Galicanismo y la Ilustración Católica en América Española" en *Estudio de Historia de las Ideas y de Historia Social.* Valparaiso, 1980.

GONGORA, Mario. *Ensayo Histórico sobre la Noción de Estado en Chile en los siglos XIX y XX.* Santiago, 1986.

GRAHAM, Richard. "Political Power and Landownership in Nineteenth Century Latin America", en *New Approaches to Latin American History.* University of Texas Press, 1974.

GRIFFIN, Charles C. "Economic and Social Aspects of the Era of Spanish American Independence." *Hispanic American Historical Review* 29 (May 1949): págs. 170-187.

HAIG, Robert M. *The Formation of Chilean Oligarchy.* Salt Lake City, 1962.

HAMILTON, Bernice. *Political Thought in Sixteenth-Century Spain: A study of the political ideas of Vitoria, de Soto, Suárez and Molina.* Oxford, 1963.

HARTZ, Louis. *The Founding of the New Societies.* New York, 1964.

HEISSE GONZALES, Julio. "O'Higgins y la organización de la República". *Revista Chilena de Historia y Geografía* 146 (1978): págs. 73-92.

HERNANDEZ PONCE, Roberto. "Algunos aspectos de la educación durante el gobierno del libertador don Bernardo O'Higgins." *Revista de Educación* 57 (1976): págs.17-23.

HERNANDEZ PONCE, Roberto. "La Guardia Nacional de Chile. Apuntes sobre su origen y Organización 1808-1824." *Historia* 19 (1984): págs. 53-113.

HUNEEUS GANA, Antonio. "La Constitución de 1833. Ensayo sobre nuestra historia constitucional de un siglo 1810-1910." *Revista Chilena de Historia y Geografía* 79 (1933): págs. 231-266.

HUMPHREYS, R.A. "Latin America: The Caudillo Tradition" en *Soldiers and Government. Nine Studies in Civil Military Relations.* Bloomington, 1959.

HORSTBØLL, Henrik y WEIGELT, P. *Frihed og Borgerskab, En undersøgelse af det Borgerlige Samfund og dets civilisationsteori i Frankrig og Skotland i det 18. årh.* Aarhus, 1982.

HORSTBØLL, H. y WEIGELT, P. "Marxismen de borgerlige revolutioner og kapitalismen." *Praksis* 13:3 (1983): págs. 18-22. Aarhus.

IMAGENES DE CHILE. *Vida y costumbres chilenas en los siglos XVIII y XIX a través de testimonios contemporáneos.* Selección y notas de Mariano Picón-Salas y Guillermo Feliú Cruz. Santiago, 1972.

JOHNSON, John J. "The Latin-American Military as a Politically competing Group in Transitional Society", en *The Role of the Military in Underdeveloped Countries.* Princeton, 1962.

KEIT, Robert G. "Encomienda and Corregimiento in Spanish America: A Structural Analysis." The *Hispanic American Historical Review* 51:3 (1971): págs. 431-446.

KONETSKE, Richard. *América Latina, la Epoca Colonial.* Siglo XXI México, 1978.

LASKI, Harold J. "Democracy". *Encyclopædia of the Social Sciences* Vol. 5. New York, 1954.

LASTARRIA, José V. *Don Diego Portales: Juicio Histórico.* Santiago, 1861.

LASTARRIA, José V. "La Constitución de la República de Chile Comentada", en *Obras Completas de don J.V. Lastarria* Vol 7 : págs. 201-481. Santiago, 1906.

LOVEMAN, Brian. *Chile: The Legacy of Hispanic Capitalism.* New York, 1979.

LYNCH, John. *The Spanish American Revolutions 1808-1826*. London, 1973.

MACPHERSON, C. B. *The Life and Times of Liberal Democracy*. Oxford, 1977.

MANNHEIM, Karl. *Ideology and Utopia, An Introduction to the Sociology of Knowledge*. New York, 1936.

MARIATEGUI, José Carlos. *Siete Ensayos de Interpretación de la Realidad Peruana*. Lima, 1968.

MARX, Karl. "La cuestión judía" en Karl Marx y Friedrich Engels *Obras* Vol. 5. Barcelona, Buenos Aires, México, 1978.

McBRIDE, George. *Chile: Land and Society*. New York, 1936.

MILLAN PUELLES, A. "Bien Comun". *Gran Enciclopedia Rialp*, Tomo IV. Madrid, 1981.

MOORE, Barrington Jr. *Political Power and Social Theory*. Boston, 1958.

MOORE, Barrington Jr. *Social Origins of Dictatorship and Democracy: Lord and Peasant in the Making of the Modern World*. London, 1981.

MORENO, Francisco José. *Legitimacy and Stability in Latin America, A Study of Chilean Political Culture*. New York and London, 1969.

MORENO, Frank J. "The Spanish Colonial System: a Functional Approach". *Western Political Quarterly* 20 (june 1967) págs. 308-320.

MORSE, Richard. "The Heritage of Latin America", en *The Founding of New Societies*, edited by Louis Hartz. New York, 1964.

MORSE, Richard. "Toward a Theory of Spanish American Goverment". *Journal of the History of Ideas* 15 (1954): págs. 71-93.

MÖRNER, Magnus. "Caudillos y Militares en la Evolución Hispanoamericana. *Journal of Inter-American Studies* Vol. II:3 (1960): págs. 295-310.

MÖRNER, Magnus. "The Spanish American Hacienda: A Survey of Recent Research and Debate". *The Hispanic American Historical Review* 53:2, 1973.

MÖRNER, Magnus. "European Travelogues as Sources to Latin American History from the Late Eighteenth Century Until 1870". *Revista de Historia de América* 93 (enero-junio). México, 1982.

MÖRNER, Magnus. "Padrones de Estratificación en los paises bolivarianos durante la época del libertador." *Cahiers des Amériques latines* 28:30 (1984): págs. 1-12.

NEUMANN, Franz. *The Democratic and the Authoritarian State.* The Free Press, 1957.

NEWTON, Robert. "On Functional Groups, Fragmentation and Pluralism in Spanish American Political Society." *Hispanic American Historical Review* 50 1(february 1970): págs. 1-29.

OSBORNE, Harold. *Indians of the Andes: Aymaras and Quechuas.* London, 1962.

PAZ, Octavio. *El Laberinto de la Soledad.* México, 1973.

PAZ, Octavio. *El Ogro Filantrópico.* Barcelona, 1979.

PAZ, Octavio. *Tiempo Nublado.* Barcelona, 1986.

PHELAN, John L. "Authority and Flexibility in the Spanish Bureaucracy". *Administrative Science Quarterly*, Vol. XLIV (June 1960): págs. 47-65.

PIKE, Frederik: "The New Corporatism: Social-Political Structures in the Iberian World". *Review of Politics* 36 (special edition) 1974.

RAMIREZ NECOCHEA, Hernán. *Antecedentes Económicos de la Independencia de Chile.* Santiago, 1971.

ROLDAN, Alciabades. "El Centralismo de la Constitución de 1833." *Revista Chilena de Historia y Geografía* 79 (1933): págs. 410-416.

RUGGIERO, Guido de. *The History of European Liberalism.* London, 1927.

SARTORI, Giovani. "Democracy". *International Encyclopedia of the Social Sciences*, Vol. 4 : págs. 112-121.

SCOCPOL, Theda. "Barrington Moore's Social Origins of Dictatorship and Democracy". *Theory and Society* 2:3 (1975) págs. 1-34.

SEGALL, Marcello. *Desarrollo del Capitalismo en Chile*. Santiago de Chile, 1953.

SHAW VANORDEN, Paul. *The Early Constitutions of Chile 1810-1833*. New York, 1930.

SKINNER, Quentin. *The Foundations of Modern Political Thought, The Renaissance*. Cambridge, 1978.

SIMPSOM, Lesley B. *Los Conquistadores y el Indio Americano*. Barcelona, 1970.

SMITH, David G. "Liberalism". *International Encyclopedia of the Social Sciences*, Vol. 9 : págs. 276-282.

SMITH, Peter H. "Political Legitimacy in Spanish America" en *New Approaches to Latin American History*. University of Texas Press, 1974.

SOTELO, Ignacio. *Sociología de América Latina, Estructuras y problemas*. Madrid, 1975.

SOTO, Pedro. "Como era la Prensa en tiempos de O'Higgins". *Boletín de la Universidad de Chile* 37(Abril de 1963) págs. 61-64.

SOTOMAYOR VALDES, Ramón. *Historia de Chile bajo el Gobierno del Jeneral don Joaquín Prieto* Tomos I-IV. Santiago, 1900-1903.

STEIN, S. y STEIN, B. *The Colonial Heritage of Latin America*. Oxford, 1978.

STERN, Steve. *Peru's Indian Peoples and the Challenge of the Spanish Conquest: Huamanga to 1640*. Madison 1982.

VALENCIA AVARIA, Luis. "Apuntes sobre la política constitucional de O'Higgins." *Boletín de la Academia Chilena de Historia* 60 (1959): págs. 110-116.

VARGAS CARIOLA, Juan E. "El Pensamiento Político del Grupo Estanquero (1826-1829)." *Historia* 9 (1970): págs. 7-35.

VELIZ, Claudio. *The Centralist Tradition of Latin America*. Princeton, 1980.

VIAL CORREA, Gonzalo. "Los prejuicios sociales en Chile al terminar el siglo XVIII. *Boletín de la Academia Chilena de la Historia* 73 (1965): págs. 14-29.

VICUÑA MACKENNA, Benjamín. *Don Diego Portales.* 3ʳᵃ edición, Santiago, 1974.

VILLALOBOS, Sergio. "El bajo pueblo en el pensamiento de los precursores de 1810." *Anales de la Universidad de Chile* 120 (1960) págs. 36-49.

VILLALOBOS, Sergio. *Tradición y Reforma en 1810.* Santiago, 1961.

VILLALOBOS, Sergio. *El Comercio y la Crisis Colonial.* Santiago, 1968.

VILLALOBOS Sergio, Estellé Patricio, Silva Osvaldo y Silva Fernando. *Historia de Chile* Tomos I-IV. Santiago de Chile, 1974.

VITALE, Luis. *Interpretación Marxista de la Historia de Chile.*

    Tomo II: *La Colonia y la Revolución de 1810.* Santiago, 1969.

    Tomo III: *La Independencia Política, la Rebelión de las Provincias y los Decenios de la Burguesía Comercial y Terrateniente.* Santiago, 1971.

WARD, John W. "Una ojeada retrospectiva: Andrew Jakson, Symbol for an age" en *El Taller del Historiador.* México D.F, 1975.

WEBER, Max. *Makt og byrkrati.* Oslo, 1971.

WEBER, Max. *Economía y Sociedad.* México, 1983.

WIARDA, Howard. "Toward a Framework for the Study of Political Change in the Iberic-Latin Tradition: The Corporative Model." *World Politics* 25:1 (1972-73) págs. 206-235.

WIRDA, Howard. "Corporatism and Development in the Iberic-Latin World: Persistent Strains and New Variations." *The Review of Politics* 36(1974): págs. 3-33.

WILENIUS, Reijo. *The Social and Political Theory of Francisco Suárez.* Helsinki, 1963.

WOLF, Eric. *Sons of the Shaking Earth*. Chicago, 1959.

WOLF, Eric R y HANSEN, Edward C. "Caudillo Politics: A structural Analysis.". *Comparative Studies in Society and History* 9 (1966-1967): págs. 168-179.

WRIGHT MILLS, C. *The Sociological Imagination*. New York, 1959.

ØSTERUD, Øyvind. *Utviklings Teori og Historisk Endring*. Oslo, 1978.